FEMINISMO SILENCIOSO

REFLEXIONES DESDE EL YO, EL NOSOTROS, EL AQUÍ Y EL AHORA

BEATRIZ GUTIÉRREZ MÜLLER

FEMINISMO SILENCIOSO

REFLEXIONES DESDE EL YO, EL NOSOTROS, EL AQUÍ Y EL AHORA

© 2024, Editorial Planeta Mexicana, S.A. de C.V.
Bajo el sello editorial PLANETA M.R.
Avenida Presidente Masarik núm. 111,
Piso 2, Polanco V Sección, Miguel Hidalgo
C.P. 11560, Ciudad de México
www.planetadelibros.us

Primera edición en formato epub: julio de 2024
ISBN: 978-607-39-1656-1

Primera edición impresa: julio de 2024
Cuarta reimpresión: septiembre de 2024
ISBN: 978-607-39-1591-5

ÍNDICE

A mi hermana Gabriela;
a Laura Nieto;
a mi Jesús Ernesto, el más resistente.

INTRODUCCIÓN

Desde el inicio advierto: si alguien espera encontrar en mis palabras dictados provenientes de otras bocas, lo mejor es que abandone este libro. La autora está explícitamente señalada en la portada y forros, y es la que ha registrado sus derechos de autor (ISBN). Es la responsable de lo que aquí se escribe y nadie más. No hay fusión de pensamientos, no hay autor tras telones. Si eso se entiende desde el inicio, enhorabuena; si no, lo que pasará aquí será una «transferencia», palabra que formará parte del contenido por ser justo uno de los propósitos que me han motivado a poner ante el lector estas reflexiones sobre temas concretos.

Este volumen nació en la práctica y pretende generar una referencia teórica. El asunto surgió a raíz de una situación peculiar en la esfera pública que me obligó a plantearme cuestiones fundamentales sobre este nuevo escenario. Dicho de otro modo: la praxis no surgió de un marco referencial, sino de un ámbito circunstancial no elegido, sino coyuntural, relacionado con decisiones de vida exclusivamente personales.

A más de un lector o lectora quizá le haya ocurrido estar en un lugar y sentir un impulso instintivo de hacer algo. Sin embargo, al llevar a cabo esa acción (que no es una imaginación), se descubre que no hay correlación entre lo supuesto y la realidad. No hay, asimismo, un manual práctico, por no decir una escuela de pensamiento, que pueda explicar, para ayudar, qué camino seguir. «Al andar se hace el camino, / y al volver la vista atrás / se ve la senda que nunca / se ha de volver a pisar»,[1] versó Antonio Machado. La montaña que he debido subir y bajar ha estado

13

llena de surcos, malezas; algunos solares, relieves indescifrables, riscos, tramos llanos, promontorios para descansar, cuestas riesgosas, repentinas elevaciones a las que hay que entrar a ciegas y, en fin, un camino abriéndose porque hay que atravesarlo. No hay retorno. Atrás, esa senda «que nunca / se ha de volver a pisar».

EN QUÉ CONTEXTO SE ESCRIBE

Creo en la explicación causa-efecto sobre el origen de los actos y las actitudes, atribuida a Platón: «Todo lo que nace proviene necesariamente de una causa; pues sin causa nada puede tener origen» (*Timeo*). Este libro es una consecuencia, como lo explicaron en su momento dos grandes filósofos: Tzvetan Todorov y Judith Butler, de los que me apoyo para explicar algo más.

En la primera edición de *Nosotros y los otros* (1989), Todorov anotó:

> debo renunciar también a la reserva del historiador: a lo largo de este trabajo, mi objetivo ha sido aprender no solo cómo han sido las cosas, sino también cómo deben ser; he querido conocer y juzgar. No podemos solamente estudiar a los otros: siempre, en todas partes, en todas las circunstancias, *vivimos* con ellos.[2]

Por su parte, Butler se vio en la necesidad de aclarar, hasta la segunda edición de su famoso volumen *El género en disputa* (1999), nueve años después de la primera (1990), algo fundamental que recojo para mí de igual modo:

> Hay un elemento acerca de las condiciones en que se escribió el texto que no siempre se entiende: no lo escribí solamente desde la academia, sino también desde los movimientos sociales convergentes de los que he formado parte [...] Detrás hay una persona: asistí a numerosas reuniones, bares y marchas, y observé a muchos tipos de géneros.[3]

Todorov y Butler me ayudan a declarar que afirmo, pero, sobre todo, pregunto. Estoy en un continuo aprendizaje. Conversar con los que me han precedido en temas afines sobre situaciones parecidas me permite al menos intentar comprender qué ocurre y, en el mejor de los casos, ofrecer una respuesta, una réplica, una refutación.

Este libro no está escrito para la academia, porque el lenguaje científico es muy especializado; tiene pocos lectores. Pero, a la vez, en su afán de ser divulgativo, toma la elocución de la academia, porque discierne en torno a un problema. Es mi testimonio razonado, producto de mi personal participación en movimientos sociales y un *sui generis* rol que me tocó o que el azar puso en mi camino para responder: «Sí, adelante».

Como Butler y Todorov, busco comprender por qué yo estoy detrás de estas líneas. Yo misma he visto, acompañado y asistido a reuniones, marchas y cónclaves durante años. He atestiguado la expresión de un sinfín de géneros, no solo sexuales, sino géneros de personas, de individuos, de *yoes* distintos, así como grupos y comunidades que, a su vez, son un *nosotros* en un país como México, plurilingüístico, diversísimo, con una raigambre cultural milenaria y, al mismo tiempo, orgánicamente fuerte, original, poderoso, amable, admirable. Un país dentro del mundo (los otros), el cual, a su vez, ha construido su historia sobresaliente y reconocida, pionera en muchos momentos, vanguardista en todos los ámbitos.

Por lo anterior, me parece relevante comenzar advirtiendo que, antes que nada, soy una persona, una mujer, una mujer mexicana, republicana, a favor del laicismo y de la legalidad. Soy partidaria de la fe, y considero la libertad como un don tanto particular como colectivo. En el momento en que escribo esto soy madre, esposa, ama de casa, profesional académica, y modesta partícipe y entusiasta de grandes causas de nuestro tiempo: la democracia, la justicia, el compromiso social, la inclusión, la igualdad y la paz.

Por la necesidad de comprender sobre *mi ser persona* y, en particular, *mi ser mujer* en el lugar donde me encuentro hoy, incurro quizá en una falta, ya que no soy filósofa y menos en temas relacionados con la mujer. Sin embargo, cavilo como todos los demás. Cada uno de nosotros orienta su pensamiento, ya sea como «modo de pensar» o «modo de vivir», según nuestro pasado y nuestro presente. Considero que la filosofía que no ayuda a resolver los problemas fundamentales de los seres humanos tiene poca utilidad. La vida contemplativa es hermosa (¡a mí me lo parece!), pero mirar sin actuar es vivir a medias.

Admiración y violencia

María Zambrano expresó algo en verdad profundo y cierto: «La filosofía es hija, a su vez, de dos contrarios: admiración y violencia». Esto no significa que pensar produzca admiración o violencia, sino que a partir de ese terror o sorpresa dimanan las reflexiones.[4] El binomio se parece al que emplearon algunos tratadistas retóricos de la Antigüedad para indicar cómo es que recordamos más unos hechos que otros. Es lógico que, a causa de una emoción inédita o de un suceso no común que nos toca vivir, nuestra mente arraigue con mucha más vehemencia unos episodios más que otros. Y aunque Zambrano funda el pensar en la sensación extrapolada de emociones, cualquier ser humano que filosofa («de filósofo y loco todos tenemos un poco») lo hace a partir de algo sumamente impresionable.

Cualquiera de nosotros se sumerge en la explicación o búsqueda de respuestas ante aquello que nos hechiza o impacta, ya sea por su fealdad, su maravilla, su dolor, su hermosura; por las rasgaduras que nos deja, por la curación que ofrece, o por su espontaneidad y su forma casi milagrosa de aparecer y desaparecer como una ráfaga en el infinito. ¿Quién que no haya conocido del suicidio de un ser querido, por decir, no se pregunta qué llevó a esa persona a quitarse la vida? ¿Quién que haya sido secuestrado o le haya tocado vivir de cerca tal situación no indaga en un nivel mucho más allá de la expresión de barbaridad cuál o cuáles son las causas que lo provocan? ¿Quién que haya sido un refugiado o asilado, como la española María Zambrano, a causa de sus ideas políticas, no indaga exhaustivamente por qué pensar distinto tiene un precio tan alto? Hay una anécdota narrada por ella misma, con fecha del 15 de febrero de 1987, en «A modo de prólogo», donde reflexionaba de cara a su primer libro, de 1939, titulado *Filosofía y poesía* (meses después regresó a España):

> Cuando fue llamada a filas la quinta de mi compañero [...] en el momento en que era más evidente que nunca la derrota de la causa en la que creíamos. «¿Y por qué vuelven ustedes a España si saben muy bien que su causa está perdida? Pues por esto, por esto mismo».[5]

Es la lucha por la utopía, aunque nos toque perder.

Los liderazgos que hoy se asoman sobre temas diversos han partido de la admiración o de la violencia. No es una violencia genérica, como la de un arma disparándose contra otros. Es mucho más. La violencia es una transgresión injusta, una brutalidad; el asomo de nuestro ser salvaje que está poseído por la ira y la virulencia. Lo que una persona recuerda más es, en efecto, lo que tocó su conciencia por ser un hecho extraordinario, impresionable.

Por lo que veo, hombres y mujeres que encabezan esfuerzos por una causa muy concreta es porque les admiró o les violentó, en el sentido que explica Zambrano. Si una padeció cáncer, tiene hijos con síndrome de Down, parientes con alzhéimer y otras enfermedades, siente, comprende y actúa. Ha mediado el «ir más allá». De manera genuina, surge el deseo de ayudar al prójimo en circunstancias idénticas o parecidas. Si tiene los medios, casi por impulso se convierte en activista de esa causa. Lo mismo sucede con aquellas mujeres que han padecido violencia de género, escarnio digital; que han perdido a sus hijos a causa del narcotráfico, la migración, la desaparición forzada o la persecución política. He conocido mujeres que, por haberlo vivido, se agrupan en fundaciones o colectivos a favor de esos problemas concretos, y conversar con ellas amplía siempre mi visión de las miradas particulares que tienen; cómo es que tomaron la decisión de «ir más allá», actuar, defender, motivar, resolver. Así comenzó su carrera Rosario Ibarra de Piedra. Ella era una «señora de casa» y su hijo Jesús, quien había decidido participar en movimientos clandestinos en Monterrey con la Liga 23 de Septiembre, «desapareció» por motivos políticos. Fundó el Comité ¡Eureka! y hasta el último día de su vida luchó por todos los desaparecidos debido a su forma de pensar: contra la represión y por la democracia.

Así como ella, hay mujeres que han abogado por las presas, por artistas; las que le plantan la cara al acoso de hijos en las escuelas, al robo de infantes o a la sustracción de menores por parte de la pareja; otras que intentan poner el ojo en el suicidio, la salud mental o la propagación de enfermedades ginecológicas. Han vivido esto y les ha dejado una impronta en el alma; están indignadas, heridas, pero luego de un tiempo lo racionalizan y deciden poner manos a la obra para acompañar y ayudar a otras que han pasado por lo mismo. Este es un encomiable trabajo.

Yo misma, con este libro, intento sensibilizar a las pocas personas que se encuentran, o podrían llegar a hallarse en mí, en mi circunstancia y los asombros y las intimidaciones que ha causado esta obra, a mí y a mi familia. Sin embargo, es preciso aclarar ahora mismo que no pretendo generar ningún tipo de liderazgo ni conformar colectivos u organizaciones sobre los temas que aquí se exponen. Estoy a favor de la integración, no de la atomización de las necesidades, quejas, peticiones, reclamos y exigencias. Todos somos personas y hemos experimentado asombros, violencias, bravatas, estímulos, desgracias, verdaderos regalos de la vida, generosidades de todo tipo, y un sinfín de cosas. Ahora mismo, considero que aferrarnos a una causa muy específica y suponer que es la única o la más importante puede llevarnos a desdeñar las razones más profundas que denigran a la humanidad y la envilecen. Mi actitud ante los desafíos sociopolíticos del mundo es sumar al bien, a lo justo, a lo bello, a la paz. Lo que resta a tales fines no me genera interés.

ORIENTACIONES

Todo suceso impresionante nos lleva a inquirir. Muchas de las respuestas obtenidas nos aquietan por un tiempo, porque creo que solo un puñado de preguntas tienen para mí un «Sí» o un «No» definitivo o prolongado en el tiempo. Como *Homo sapiens,* reflexionamos, interrogamos. Entonces, las interpelaciones que de manera inevitable tienden a cambiar serán contestadas a propósito, pero vendrán otras inquietudes que antes ni si siquiera imaginábamos y tras de ellas aparecerán respuestas, de nuevo, prolongables hasta que surja otro interés o satisfagan por un buen tiempo lo que antes urgía conocer.

Preguntarse es indispensable para vivir, aunque no todo tenga contestación o la réplica no sea vigente para siempre. Del mismo modo, considero que hay interrogantes tan enigmáticas que el atrevimiento de dar un «sí» o un «no» puede ser engreimiento. Ante el saber, lo mejor es permanecer humildes y aprender hasta donde se pueda. Lo que ignoramos es demasiado y conformarnos tal vez con algo que aquieta nuestra curiosidad por un lapso es una manera sana de vivir.

Y sí, para pensar con profundidad, para filosofar, deben ocurrirnos eventos luminosos u otros enceguecedores, fatídicos. Las grandes conmociones ameritan, exigen, un procesamiento anímico y racional que puede atenderse de inmediato o soslayarse. De hecho, es tan importante abordar estas cuestiones en la mente que la inquisitiva presión de la conciencia ante la dilatación prolongada puede ocasionar una actitud o reacción descortés, poco humilde y fuera de lugar. Puede ser el origen de un gran mal, de un acto inhumano que, a lo mejor, repite aquel patrón que rechazamos como episodio inicial.

Soy una estudiosa del lenguaje, especialmente del literario. Con esta preferencia, pretendo meditar, sobre todo a partir de un entorno espaciotemporal que me relaciona con el máximo poder político de manera fortuita. Sí, tiene que ver con mi condición de mujer, pero intento ir más allá: antes que nada, soy una persona y pertenezco al género humano. Simone de Beauvoir «siempre se negó a aceptar lo "femenino como esencia", lo que le valió duras críticas de autoras feministas».[6] Para ella, lo diferente de lo humano es una invención.

Bienvenidos a esta reflexión que, a propósito de un tema de nuestro tiempo, el yo, el nosotros, el aquí y el ahora, sigue la raíz, a su vez, de una miscelánea de ideas circundantes.

Mis cavilaciones están forjadas en la línea del tiempo por mi entorno familiar (del pasado y del presente), mi formación escolar, mis lecturas, mis empleos y actividades, mis viajes (a lugares y a fantasías) y mis experiencias en la militancia política de modo contiguo, aunque con pleno convencimiento y con el circunspecto sortilegio de haberme hallado en esa peripecia de muchos años.

Los lectores y las lectoras notarán una clara tendencia humanista (esta es una más de mis otras militancias) en los que me apoyo en los antiguos y siempre sorprendentes grecolatinos, hasta referencias de autores contemporáneos, pasando por el Medievo, el Renacimiento, el Barroco, el Neoclasicismo, el Romanticismo y lo que siguió.

Reconozco como central una orientación lingüística, sobre todo interpretativa y de actualización, y una admitida influencia de la fenomenología, la hermenéutica, la retórica y en general de todas las corrientes filosófico-discursivas con las que estoy en sintonía. No sobran pinceladas teológicas, porque las veredas literarias por las que he transitado a causa de mi profesión me han llevado al tema de Dios: si hay Dios, qué es Dios, cuáles son los caminos para comprender a Dios, cómo es Dios... Por ejemplo, para percibir de la mejor manera posible los textos del Barroco es casi una obligación tener nociones mínimas de teología.

También he querido revitalizar los dichos, los proverbios, el famoso «dicen que» (del antiguo *dizque*), porque son expresiones lingüísticas que nacieron para resumir en pocas palabras enciclopedias completas sobre ética, ciencia empírica, lógica, tradición y forman parte de la sabiduría popular. La mayoría de estas máximas pervive porque se ajusta al hoy; los sabios y buenos consejos son parte del sentido común. Cuando ha sido posible, he tratado de localizar quién o cuándo se expresó.

No falta la poesía porque es parte de mi vida desde la infancia. Por último, las veredas profesionales en las que corro me han acostumbrado a apoyarme en otros autores y a otorgar sus respectivos créditos. El plagio es un delito y un vicio. Si la idea no es original, no es mía, ¿por qué habría de tomar prestadas reflexiones ajenas sin referenciar? Incluso puede ser que los autores las hayan explicado de alguna forma (un solo tema, por ejemplo, «lo santo», abordado por Rudolf Otto) y yo tome o haya recuperado como aprendizaje algo distinto. De hecho, ya nada recuerdo sobre el contenido de ese ensayo publicado en 1917, pero el tema de lo santo, la santidad y lo sacro sigue siendo de mi profundo interés.

Admito que soy esquemática (virtud y defecto al mismo tiempo) y fundamento lo más que puedo a través del lenguaje. Soy heurística y hermenéutica. Agradezco, por tanto, la paciencia de quienes quieren comprender la propuesta que realizo y se topan con otros personajes, ciertos tópicos o planteamientos que van aderezados —cuando lo he considerado pertinente— con digresiones de mi autoría o viceversa. Es un hecho que ningún autor aquí citado ha sido elegido de manera aleatoria, menos aun cuando he tomado palabras prestadas de personas públicas, teóricos, estudiosos o escritores que admiro, a quienes he seguido la pista porque me han ayudado a responder, siquiera por un tiempo, inquietudes de las muchas que he tenido a lo largo de mi vida, y las que todavía tengo y tendré.

El diálogo tiene como característica que comienza un día y termina, como propuso Mijaíl Bajtín, con la muerte. Nunca está dicha la última palabra. El origen de su propuesta dialógica fue hallado en los *Diálogos socráticos*, de Platón, y así lo explica:

> El método dialógico de la búsqueda de la verdad se opone a un monologismo *oficial* que pretende poseer una verdad ya hecha; se opone también a la ingenua seguridad de los hombres que creen saber algo, es decir, que creen poseer algunas verdades. La verdad no nace ni se encuentra en la cabeza de un solo hombre, sino que se origina entre los hombres que la buscan conjuntamente.[7]

En este prólogo, reconozco que Bajtín es quien, hasta ahora, mejor me ha respondido muchas de las interrogantes sobre el pensamiento, el lenguaje, la singularidad en la pluralidad, la pluralidad en lo singular, y también quien más curiosidades me genera. Es el filósofo de la otredad, según lo llaman. Todavía en 2006 Wayne C. Booth se sorprendía de haber conocido tan tardíamente el legado del filósofo ruso y cómo mientras en Occidente se complicaban tratando de explicar las relaciones entre «ideología» y «forma», Bajtín ya había superado este tema y solo repasaba y reescribía «sus miles de páginas asombrosamente variadas pero impresionantemente armoniosas».[8]

Bajtín es un filósofo no valorado a cabalidad en parte por el entorno en el que le tocó vivir: el estalinismo más duro, en donde cualquier propuesta no ajustada al pensamiento oficial era considerada una severa disidencia. Esto lo llevó a ser proscrito y desterrado. Por ello, la mayoría de su obra consiste en apuntes, y aún hay mucho que entresacar de su archivo personal. Algunos títulos han sido publicados al castellano. Si entre los lectores hay quienes quieran conocer cómo es posible que, ante el más infame de los ácratas, el ser humano que piensa y habla no puede callar, en Bajtín encontrarán al filósofo de la diversidad, de la pluralidad; en sus propios términos, del dialogismo y la polifonía.

Los lectores hallarán en este volumen experiencias, dudas, interrogantes, episodios, aprendizajes, decisiones, palabras sabias dichas por otros y una cauda de meditaciones sobre el ser en el mundo, *aquí* y *ahora*. En un tiempo corto, seré otra en el mundo, inmersa en distintos *aquí* y *ahora*, a quienes les he puesto unas sillas para recibirlos con ánimo y no sin cierta circunspección para escuchar de ellos qué sobrevendrá, más allá de lo que está en mis manos prever y zanjar. Espero, como cualquier ser humano, hallarme bien cuales sean las circunstancias futuras y procurármelas favorables en la proporción que me corresponde. Si no es pronto, mientras llega la paz, deberé resistir, estar a la mira, reservar mis palabras si no es preciso externalas; tratar de comprender quién *seré* para entonces y quiénes *seremos*, porque hay *espacio* y *tiempo* y estos dos últimos cambian sin parar, y así.

En el presente (hoy), aspiro a continuar obrando conforme a mi conciencia. Me despido de estas andanzas políticas con el deber cumplido para con mi México amado, y con una conmovedora gratitud a todos los mexicanos por todo lo que he recibido (desde lo mejor hasta lo peor), pues todo es enseñanza.

De cara hacia el futuro, cuando este meteoro haya pasado, ojalá pueda mirar atrás y sentirme de igual modo: en paz conmigo, con Dios y con mi prójimo.

BEATRIZ GUTIÉRREZ MÜLLER
Ciudad de México, mayo de 2023-febrero de 2024

I
INDIVIDUO, PENSAMIENTO, LENGUAJE Y SOCIEDAD

Qué somos

Si analizamos a un individuo desde la óptica biológica, descubrimos que es un ser unitario e indivisible que ocupa un lugar en el espacio y en el tiempo. Ya he dicho que acudir a los clásicos es un buen comienzo, y fueron los griegos quienes consideraron al individuo una entidad *sui generis*. José Luis Romero, al comprender que así se consideraba al individuo, lo colocaba «equidistante del plano divino y del plano de la Naturaleza».[1] Lo divino es perfecto; lo humano, imperfecto. Con este antecedente, Heracles aconsejará a Eurípides: «Siendo mortales debemos tener pensamientos mortales». En *Medea*, Eurípides —razona Enrique Herreras—:

> Al igual que los sofistas de su generación, nos deja en un callejón de pocas salidas, incluso en un cierto inmoralismo [...] Puede parecer que en sus obras no observemos ni un enjuiciamiento de las conductas de sus personajes ni de orden religioso (Esquilo, Sófocles), ni social, como propondría la primera sofística. Pero sí hay un enjuiciamiento, el que parte del interior de sus héroes, ya que en algún momento llegan a sentirse responsables de sus acciones.[2]

La idea de individuo también es antigua. Platón lo llamó «hombre»; para Aristóteles —a quien suelo recurrir a menudo para explicaciones eruditas sobre temas universales—, el hombre es una mezcla de materia y forma.

Tenemos un cuerpo irrepetible y finito (aunque su genética tenga alta similitud con alguien de nuestra familia biológica).

En *Acerca del alma,* Aristóteles nos había recordado que somos tan animales como la vaca o la serpiente, con idénticas necesidades: nutritivas, sexuales, reproductivas. Al igual que los elefantes o los cangrejos, tenemos la capacidad de percibir; se nos antojan cosas; sentimos placer, cansancio y dolor, y queremos o sentimos la necesidad de movernos. En ese mismo libro, enseguida, nos distingue del resto de la fauna por nuestra capacidad racional. Desde luego, como en el caso de Dios, el argumento puede desarrollarse si los individuos aceptan de entrada que el ser humano es pensante; de otro modo, puede quedar también en calidad de respuesta especulativa, de mito, de suposición.

Concediendo que el hombre es un animal racional (pensante, pues), tiene la capacidad de hablar y es político (sigo con Aristóteles), porque esa naturaleza siempre lo llevará a asociarse con otros como él y a involucrarse en la «cosa pública» de manera automática. Desde luego, hoy se reconoce que también los gatos, los perros y otros animales tienen la capacidad de expresar de alguna forma que algo les duele o que temen alguna acechanza.

El pensador griego sí especificó que ese ser racional y social que somos tiene la capacidad de comunicar, por ejemplo, sobre lo justo y lo injusto; lo bello y lo feo; lo bueno y lo malo, y una serie de binomios. Somos pensamiento y lenguaje. De este par derivan nuestros actos, de los cuales también somos responsables, según Aristóteles.

Comparto esta síntesis de Julián Marrades sobre el planteamiento aristotélico: «Solo podemos explicar que el cuerpo llegue a vivir y esté vivo si lo concebirnos como dotado en sí mismo de la potencia de vivir, y no como materia inerte».[3] Es decir, así lo entiendo, vivir es ese movimiento necesario que requieren los individuos y que los hace únicos. Por ello, «lo básico no son dos entidades separadas —un cuerpo inerte y un alma transcendente a él—, sino un uno internamente diferenciado: el cuerpo vivo».[4]

Séneca (los autores clásicos ¡por algo lo son!) creyó que un individuo es aquel que no se divide; entonces, un individuo puede ser desde un árbol hasta una persona. Pero es posible cortar maderos de aquel pino y, a una persona, amputársele las piernas. La diferencia que salta a la vista es que el madero no morirá, crecerá; y el individuo, extrayéndole otros órganos que se fragmentan, no. Sin corazón, la muerte es instantánea.

Para los medievalistas, que fueron discípulos de primera línea de la escolástica, permeó el *principio de individuación* tomado de Aristóteles, pero cristianizado. El más famoso —y por mucho— de los teólogos escolásticos fue Santo Tomás de Aquino, quien emprendió la enorme tarea de realizar una *Suma de Teología*, colección que sigue consultándose hoy porque también da respuesta a problemas fundamentales.

El método escolástico consiste en presentar cuestiones sobre el tema a tratar, las cuales se dividen en artículos que darían respuesta a ciertas preguntas. Entonces, primero hay que formular la pregunta *(quaestio);* enseguida, se han de mostrar los argumentos en contra *(objectio);* después, el tesista decidirá si acepta o rechaza las objeciones basándose en lo que antes haya declarado una autoridad teológica *(sed contra);* vendrá el desarrollo de la respuesta a la pregunta *(responsio),* y al fin se contestarán una a una las objeciones *(solutio).*

Contrario a lo que se cree, los filósofos medievales eran inteligentísimos y no tenían nada de oscurantistas, como se les ha hecho fama. Una vez que un lector de hoy comprende el modelo lógico que siguen Tomás y los escolásticos, descubre un campo infinito de saber sobre los temas del Dios cristiano. A pesar de las escisiones en el cristianismo, con luteranos, anglicanos, metodistas, presbiterianos y otros en el siglo XVI, este libro continúa siendo un método útil para los cristianos reformados, pues parte de la *quaestio*. La respuesta dependerá de la pregunta. La dialéctica aristotélico-tomista tiene muchas semejanzas con el método dialéctico-marxista.

En esta *Suma,* Tomás define que «la materia es el principio de individuación»,[5] para explicar que Dios es inmaterial y, por tanto, no puede atribuírsele el nombre «persona». Y así justificó a San Atanasio, quien había explicado que Dios es tres personas en una: Padre, Hijo y Espíritu Santo: «Es conveniente que a Dios se le dé el nombre de persona. Sin embargo, no en el mismo sentido con que se da a las criaturas, sino de un modo más sublime; así como los otros nombres que damos a Dios, como ya dijimos anteriormente al tratar sobre los nombres de Dios».[6]

Menuda y confusa disquisición, ¿verdad? Como sea, Tomás es consciente de que se debe creer en Dios para poder continuar, independientemente de si Dios es una persona o no.

Quiero seguir conduciendo al lector para demostrarle que debe entenderse a sí mismo como un individuo, o al menos comprometerse a pensarlo. No hay uno como otro. Quizá, cuando sepamos, ¡si es que lo llegamos a saber!, que hay vida después de la muerte en un sentido racional o científico, no axiológico o doctrinal, se podría confirmar que las personas son irrepetibles. Cada uno tiene una huella digital. Por ejemplo, el ácido desoxirribonucleico, conocido como ADN, es una molécula que nos permite conocer cómo se unen todos nuestros nucleosomas, heredados por nuestros padres biológicos. Cada cual posee un material genético distinto a otro, incluso entre gemelos univitelinos de padre y madre. Los genes son cada una de las secuencias específicas del ADN que tenemos todas las personas, pero también los encadenamientos están presentes en granos, semillas, animales y plantas.

El ADN, hasta donde he leído, nos lleva a reconocer que recibimos información de nuestro material genético precursor que puede influir en nuestra salud, nuestro comportamiento y nuestras aficiones, pero no las determina. De ser así, la libertad estaría condicionada a factores biológicos. Desde luego, respeto a quienes creen en la predestinación; sin embargo, después de décadas de estudio sobre el tema, no comparto la idea de que nuestra manera de actuar y dejar huella esté predeterminada.

El filósofo Miguel Moreno Muñoz, con base en los estudios de muchos investigadores como Irenäus Eibl-Eibesfeldt (*Biología del comportamiento humano. Manual de etología humana*, 1993),

considera que «el sustrato genético individual no tiene demasia-
das competencias para interferir con las creencias, conocimientos y valores que orientan la conducta libre de un individuo».[7]
Hay un neologismo que quiere desvelar ese mito: la «discriminación genética». Quienes la han usado (muchos forenses en el
siglo XIX, por ejemplo) infieren que la información genómica de
cada cual es la causa de su ignorancia, de su discapacidad, de su
orientación sexual, de su pobreza. Nada más falso que esto. El
fervor que hubo hasta hace no mucho por el tema de las razas
(y, en consecuencia, del racismo) facultó a unos para erigirse
como racialmente superiores. El *Homo sapiens* es una sola especie sin razas.

Coincido con Moreno Muñoz en que la genética, surgida en
la biología,

> ha sido la disciplina preferida para dar el barniz seudocientífico a
> planteamientos ideológicos, insolidarios y antisociales difícil-
> mente digeribles en crudo. Algunos descubrimientos importantes
> en este terreno han servido de pretexto para amplificar el eco que
> dichos planteamientos, siempre presentes, no tienen en periodos de
> normalidad.[8]

El «holocausto mexicano» que se hizo contra la etnia yaqui, entre finales del XIX y principios del XX, es uno de los mejores
ejemplos de las consecuencias que acarrea la creencia en la *genética de la conducta*. Hay mucho que leer y averiguar sobre esto.
En particular, considero que los individuos no estamos destinados
a ser hombres o mujeres sufridos o felices; pobres, enfermizos,
exitosos; traidores; con buenos dientes, alegres. Nuestra genética
nos lega fisiología y fenotipos, es cierto; pero, que yo sepa, no
dictamina nuestra actitud ante la vida. Esa la elabora cada individuo conforme a su ser y a su circunstancia.

En un ensayo de Simone Weil, publicado por primera vez
en 1943 (año en que murió), la filósofa considera que, además,
la libertad de expresión es propia de los seres humanos. Se su-
pondría que los partidos políticos recogen ese tipo de libertad;

pero, al final, considera que «controla[n] la distribución del poder»[9] (lo expresa en relación con su país, Francia, y con su régimen. Nunca leas sin indagar sobre el contexto en el que se vierten las expresiones).

Francisco Canals Vidal, en un ensayo de 1976 sobre la dignidad personal, quiso combatir la idea de que el antropocentrismo solo es praxis y no hay en ella modo de contemplación ni tiempo. Coincido.

Se puede continuar desbrozando el concepto que he repasado, pero no profundizaré más. Enlistaré epítetos para nombrar al individuo: «hombre [o mujer] concreto e individual», «persona», «substancia individual de naturaleza racional», «espíritu subsistente "en carne y hueso"». No nos desviemos tanto, así que reflexiona lo siguiente: todo eso que somos «es totalmente heterogéneo respecto de la nebulosa de la ilimitada y absoluta acción postulada por la metafísica de la primacía de la praxis».[10]

El ser humano, pues, es una materia física y una metafísica, que puede ser llamada espiritual, cultural, intelectiva, cognitiva, lingüística, histórica, y un largo etcétera. Cada estudioso de una disciplina, durante el siglo XX y lo que va del XXI, incorporará esa esencia metafísica en su campo de estudio: el hombre, así como la mujer, es materia pensante; es materia lingüística, es materia racional. Son siempre interesantes las reuniones de especialistas que desde su formación definen temas, gustos, aficiones, orientaciones: pensemos en una joven llamada Estela, que está embarazada. El biólogo la verá como un ser vivo en proceso de gestación, es decir, se encuentra en estado de embarazo o gravidez; es mejor usar «en gestación», pues en su útero crece un feto. Lo que yo veo es una mujer embarazada que está en proceso de asumir una gran responsabilidad ética y estoy segura, segura como de que yo misma escribo esto, que cuando ocurra lo que la Organización Mundial de la Salud denomina técnicamente «alumbramiento», en efecto, Estela verá una luz jamás vista y su vida cambiará para siempre de un día al otro; también la de su hijo o hija. Ese ser que vivía en la oscuridad del vientre ha nacido y ha conocido la luz. Esto es hermoso.

¿PARA QUÉ VIVIR?

Un cuerpo detenido va sintiendo el frío poco
a poco, cambia de posición, dobla las piernas,
las estira, se gira sobre un costado, se levanta,
se cambia de ropa, se vuelve a la cama;
de nuevo el detenimiento, de nuevo el frío. Un
cuerpo que no es precisamente todo paz, que no
es solo carne y huesos sino sustancia alterada.
Un cuerpo
que se comporta como un arbusto en pleno
crecimiento
y se afecta por la irrupción de los retoños; un
cuerpo altamente despierto que no se contiene en sí
mismo y se busca en las partes que lo conforman,
en las
conexiones que lo articulan, en el adentro
que se configura
de una serie de recuerdos entre los que domina una
imagen que origina todo el movimiento.

«[Poema] V»,
GABRIELA CANTÚ WESTENDARP[11]

El ser humano vive para algo. Su objetivo primario es satisfacer
sus necesidades y las de sus dependientes —si es el caso—, quienes
a su vez son otros individuos, que poco a poco se han agrupado
de maneras distintas, como en el caso de las descendencias. El
sentido común nos llevará a asumir de inmediato que los grandes
deberán procurar a los pequeños y cubrir lo indispensable.

Pero ¿para qué vivir?, ¿solo para dormir, comer, realizar nuestras necesidades fisiológicas, crecer y procurar a nuestra progenie
en las mismas? Es obvio que no.

Para mí, es fundamental que mi existencia no se consuma
solo en dormir (o en protegerme del frío), sino en contribuir a

que llegue el bello día en que todos seamos amor. ¿Te fijaste? Del pensamiento se pasa a la acción lenta o rápidamente. La acción supone un acto de maduración. Desde niños aprendimos que correr con los pies mojados al salir de la alberca puede hacer que resbalemos y salgamos volando por encima del camastro. Aunque los niños tienen una cabeza que amortigua golpes de manera impresionante. Conforme se deja de ser niño, la materia que nos conforma se acerca a su corporeidad definitiva y pierde esas ventajas que nos permitían ser esos exploradores audaces que no advertían ningún peligro, que no pensaban en las consecuencias de sus actos. En la edad adulta y en la vejez también el cuerpo cambia: se deteriora. La acción puede seguir siendo intrépida, aunque ya más razonada y sin que falte la temeridad. Es bueno ser temerarios para vivir con menos miedos.

¿Para qué vivir? Esta es una de las mejores preguntas que se puede plantear un ser humano. La respuesta no se da de una vez y para siempre. No es así porque ese ser vivo que se mueve, que cambiará su fisonomía, que aprenderá a hablar, a comunicarse, a estar y ser con los demás y, por supuesto, a pensar, tendrá respuestas a ella dependiendo de la situación en que se encuentre. En algo coinciden los filósofos de manera general: vivo para esto cuando soy bebé, para aquello cuando soy niño, para esto otro cuando soy adulto... y cada adulto tiene una trayectoria personal puesto que es único.

¿Para qué vivo? Esta es, repito, una pregunta sustancial. Hace presuponer que se conoce el qué, por ejemplo, *qué es un individuo*. ¿Para qué estamos aquí? Tú, lector, lectora, ¿para qué estás aquí en este momento?, ¿cuál es el fin de tu existencia en un cuerpo o materia que se mueve, razona, tiene instintos, necesidades, y, por qué no, sueños, metas, planes, preocupaciones, obligaciones, ideales y fantasías? Una respuesta simple sería: somos individuos para tener todo lo anterior, porque eso es vivir. No obstante, para cada individuo, en la etapa en que se encuentre, el horizonte de miras es más o menos inmediato; las preocupaciones de antaño hoy no existen; las audacias de aquellos días infantiles se han convertido en pánicos mortales; la ponderación de esa persona o forma de pensar ya no es de tu interés; hoy te cautivan los paisajes, antes no los mirabas. Por ejemplo, quizá ahora suspendas la lectura para indagar qué respuesta darías porque la autora de este libro te ha sugerido que lo hagas, y tal vez no es mala idea indagar sobre ello. Yo misma, en la lista de libros que he planeado o soñado escribir (muchos están terminados; son pacientes, supongo, pues no me presionan para ir a la estampa, no me imaginé escribir en 2024 sobre el tema que nos ocupa. Los «temas de género» no son mi especialidad como investigadora.

Acerca del sentido de la vida, hay quienes con mejores conocimientos, argumentos y gran dedicación han hablado de ello. No es simplemente vivir, sino para qué vivir… ¿Qué sentido tiene que yo escriba este libro?, ¿qué sentido tiene que tú lo leas? Ese es el punto que se plantearon muchos intelectuales desde finales del siglo XIX, porque esta sustanciosa pregunta ha acompañado a la humanidad desde el principio de los tiempos. Recuerdo cómo mi etapa universitaria causó furor en mí y en un grupo de amigos ñoños que le daba vueltas a la pregunta sobre el sentido del ser… ¡Madre mía! El sentido, el sentido de la vida. Qué pregunta, qué pregunta…

Yo puedo realizar una actividad durante muchos años (un trabajo, un voluntariado), pero ¿para qué? Ahí está el sentido. Si no tengo claro hacia dónde dirijo mis esfuerzos y cómo tengo que sobrellevar mis desaciertos, mis inseguridades, mis habilidades, mi temperamento, todo lo que depende de mí más todo lo externo, lo que no depende de mí… ¿para qué lo hago? Saber o intentar al menos conocer qué sentido tiene mi ser en este tiempo y lugar es pieza clave para todo: con al menos la mínima orientación, estoy en condiciones de conducir alguna parte de mis pensamientos, el esfuerzo diario, las rutinas. Si no sé para qué realizo incluso con alguna mecanicidad o monotonía tales acciones, ¿qué sentido tiene vivir?

Como universitaria, recuerdo cómo me impactó *Del sentimiento trágico de la vida*, de Miguel de Unamuno. He vuelto a él. Me sorprendo otra vez con su propuesta. He podido constatar que ya es de dominio público y se puede conseguir en internet sin gastar. Lo recomiendo mucho. Para Unamuno, el hombre (o la mujer) constituyen un principio de unidad y de continuidad: porque somos un cuerpo solo y porque actuamos y tenemos propósitos. Ambos, unidad y continuidad, están sujetos a la vez al principio de continuidad en el tiempo.

> Sin entrar a discutir —discusión ociosa— si soy o no el que era hace veinte años, es indiscutible, me parece, el hecho de que el que soy hoy proviene, por serie continua de estados de conciencia, del que era en mi cuerpo hace veinte años. La memoria es la base de la personalidad individual, así como la tradición lo es de la personalidad colectiva de un pueblo.[12]

SOY Y SOMOS

Michel Foucault, en *La hermenéutica del sujeto* (1982), acuñó un término que se ha convertido en un clásico: «Ocuparse de sí», que a su vez, como casi en toda corriente filosófica, se origina en el mundo grecolatino. *Nosce te ipsum* (que traducido del latín e interpretado en su sentido completo es «Conócete a ti mismo y conocerás el universo y a los dioses») es un aforismo que, según se cuenta, estaba inscrito en la entrada del templo de Apolo, en Delfos. Fue difundido por Sócrates, el personaje principal de las obras de Platón.

Silvana P. Vignale interpreta que, para Foucault, la inquietud por uno mismo es una «actitud general, una manera determinada de atención, de mirada sobre lo que se piensa y lo que sucede en el pensamiento».[13] En consecuencia, ese ser que piensa lleva a cabo acciones «sobre sí, mediante las cuales se hace cargo de sí mismo, se modifica, se purifica, se transforma y transfigura. En síntesis, es una actitud con respecto de sí mismo, con respecto a los otros, y con respecto al mundo».[14]

Parece que todo lo ha disertado Aristóteles (discúlpame por apoyarme tanto en él, pero su mérito tiene). Parto de una frase suya que ha tenido enorme repercusión en el mundo occidental:

«El hombre es un ser social por naturaleza». Está tan difundido el principio que diversos ni siquiera lo atribuyen al filósofo griego. En este tema hay muchos expertos desde el surgimiento de la sociología, la diversificación del derecho, la política, los estudios antropológicos y lingüísticos, y demás disciplinas que han abordado cómo es que somos individuos sociales. Paulo Freire, en la misma tesitura, expresa:

> Esta conciencia de uno mismo y del mundo no es el resultado de una elección puramente privada, sino de un proceso histórico, a través del cual las sociedades-objeto —algo más rápidamente que las demás, debido a las transformaciones estructurales que experimentan— se reflejan sobre sí mismas y perciben su dependencia.[15]

Pues bien, por ahí continuamos. Los individuos únicos e irrepetibles no podemos ser sin el prójimo. Somos sujetos de colectividad de manera voluntaria o involuntaria, por el azar, por la época en que nos toca vivir, por la familia en la que nacemos, por el sexo que nos ha predeterminado o por el sexo hacia el que nos sentimos orientados, en fin, la lista puede alargarse. Sucede que ese infinito proceso de individuación, en donde se reafirma qué somos, qué pensamos (aunque cambiemos de parecer con el tiempo), qué realizamos, va a la par de nuestra inserción social; lo anterior no equivale a decir: primero debo reafirmar mi individualidad, y ya bien precisada, socializar. No. Soy y somos al mismo tiempo.

La gran hora del parto, la más rotunda hora:
estallan los relojes sintiendo tu alarido...

«Hijo de la luz y de la sombra»,
MIGUEL HERNÁNDEZ[16]

La relación con la madre es esencial porque es el primer ser con el que nos vinculamos. Incluso madre e hijo están conectados desde antes mediante el cordón umbilical. La madre también inicia con el recién nacido una relación social que se caracteriza por su dedicación absoluta al amparo y satisfacción de las necesidades elementales de la criatura. Todas las lectoras madres que van siguiendo este libro lo saben de sobra. Pero no está de más ponderar que este es el origen de nuestra primera socialización. Después aparecerá el padre o progenitor, los familiares, los visitantes, y un sinfín de personas.

La criatura ha iniciado ya un largo proceso de dependencia, porque el bebé humano es de las criaturas más lentas en aprender. Repasemos esto: en promedio, les toma dos meses levantar la cabeza; 180 días sentarse; luego viene gatear y, con suerte, de los 12 a 13 meses de nacido, ¡caminar! Para este momento el peligro nos carcome. En todo vemos un siniestro potencial: la grapa que se cayó del escritorio y que tenía quién sabe cuánto tiempo adherida al piso ahora es visible en proporción gigantesca; las tijeras y lápices del buró son armas; las esquinas de los muebles y las escaleras son dagas… ¡todo es inseguro! Y para las que tienen niños, que luego se convierten en adolescentes, y más tarde en adultos, todas sabemos que la responsabilidad no termina jamás; sea un hijo, cinco o siete.

Las aves nidífugas, como los patos, por el contrario, casi están aptas para volar el día que salen del cascarón. Una cría de tortuga instintivamente avanza hacia el agua o el mar, incluso sin el acompañamiento de su madre. ¿Cuál es la respuesta científica? La tardanza está relacionada con el proceso de maduración cerebral.

Arriba recordé que lo que nos diferencia de los otros integrantes del reino animal es que los seres humanos somos capaces de hablar y de pensar, idea —repito— nada novedosa en este siglo XXI. La formación de neuronas en los primeros años de nuestra vida tiene un impacto duradero. Sin embargo, desde hace unos cincuenta años se ha demostrado la neurogénesis de los mamíferos, incluidos nosotros: en la vida adulta es posible la formación de nuevas neuronas. Me declaro neófita en estas disciplinas. Me sorprende cómo es posible que el desarrollo de la ciencia siga desvelando lo que ignoramos, y acepto la propuesta de aprender más sobre ello. Para este libro he leído lo mínimo al respecto, y seguramente alguien muy preparado explicaría con satisfacción esto que solo miro por encima, pero que contribuye a la explicación de lo que quiero compartir. Por ejemplo, Gerardo Ramírez Rodríguez, Gloria Benítez King y Gerd Kempermann exponen que incluso «la actividad física, el ambiente enriquecido y la interacción social» pueden modular para bien el proceso de la neurogénesis o, por el contrario, la depresión o las enfermedades neurodegenerativas pueden retrasarlo.[17]

Somos lo que pensamos

La socialización comienza en la familia. El hijo crece y no madura de un día para otro. Este proceso ha sido también estudiado durante siglos y siempre resulta interesante repasarlo porque los adultos pasamos por él y las nuevas generaciones de lactantes o niños de hoy lo están viviendo. Lev Vygotsky, un importante teórico de la psicología del desarrollo, autor de *Pensamiento y lenguaje* (1934), profundizó en ello y aquí solo hago un recordatorio de lo que muchos saben: los niños no aprenden en la escuela, sino que llegan a ella con conocimientos adquiridos previamente en la casa. El desarrollo del pensamiento está vinculado al del lenguaje. Dar significado a una palabra involucra a ambos, porque una palabra sin significado no nos dice nada. Un ejemplo de ello son los regionalismos: en el norte de México, a los jóvenes se les llama «morros», «morras»; en el centro, «vato», «chavos», «chavitos», «muchacho», «chamaco»; en el sur, sureste, «checho», «pipiolo» si es más niño, «escuincle» o «mocoso».

También los sinónimos, que son otra forma de significar a una palabra, cambian a causa del tiempo o por localizaciones distintas en forma de modismos; esto es, un grupo se identifica por su lenguaje, compartiendo significantes y significados que todos entienden. No deja de maravillarme cuán viva está la lengua. El significado de una palabra cambia con el tiempo. El clásico *Curso de lingüística general*, de Ferdinand de Saussure, lo ha expuesto con claridad (para mí, hasta hoy). Incluso Émile Benveniste se pregunta sobre los sonidos de la lengua dada[18] (para él, el francés) y ofrece ejemplos que adapto a la castellana. En el español que se habla en México no es lo mismo *moro* que *morro*. La palabra *moro* es un despectivo hacia los musulmanes; *morro* es un chavito en Sinaloa. Por algo afirma: «Todo hombre inventa su lengua y la inventa toda la vida. Y todos los hombres inventan su propia lengua en el instante y cada quien, de manera distintiva, y cada vez de modo nuevo».[19] Muy de acuerdo. Por ello siempre habrá modismos y neologismos. «Una lengua es primero que nada un consenso colectivo», resume Benveniste.

Por ejemplo, cuando escuchamos la palabra *ladrillo* suponemos que se hace referencia a un bloque de arcilla, elaborado de manera rectangular, de unos treinta centímetros y con un alto de unos diez centímetros. La mejor parte de esta batalla por la significación consensuada es que no faltará quien (disentir es indispensable en la vida) alegue que un ladrillo no es de tierra, sino de cemento con piedra o solo de cemento y cal, y aunque puede ser rectangular, no es tan alto (cinco centímetros, explica el otro). Estas discusiones por el significado de la palabra pueden derivar en digresiones infinitas que a su vez pueden resultar simpáticas y deshiladas, pero que, si se trataba de verdad de significar algo como un problema a resolver, terminan ofreciendo nada.

Nuestro mundo está lleno de mesas redondas en donde, en el mejor de los casos, los ponentes disertan sobre un significado; en el peor, dan por hecho que todos entendemos lo mismo cada vez que dicen *esa* palabra y su análisis sobre el acontecimiento que implicó el uso o definición del término ya se ha desviado y se encuentra «amasado» de una manera incorrecta. Una discusión puede derivar en un galimatías que nos alejó de la definición consensuada que queríamos alcanzar o algo peor: la mera discusión en sí misma de qué significa esa palabra extraña que ahora usan y cuya referencia queremos conocer no ha nacido de la curiosidad del grupo, sino de una presión exterior ejercida sobre quienes discuten, aquí o en cualquier parte, porque sin advertirlo nosotros ya estábamos hablando de los temas que llegaron de fuera. Veámoslo así: esos «distractores» lingüísticos (porque no estábamos hablando de ese tema) se gestaron en un universo fuera de nosotros y nos han hecho sentir que es necesario que se incuben en nosotros. El propósito de ese «distractor» lingüístico no es otro que *dejar de lado la idea de definir*, porque, desde un punto de vista lógico, se necesita definir para poder actuar. Y entre más se tarden discutiendo en ese grupo sobre qué es qué, el universo ajeno nos tendrá paralizados. Cabe plantearse una pregunta: de tu lista de temas, ¿cuáles son propuestos por ti y los buscas y cuáles llegan desde el exterior y hasta de una forma forzada? Nunca falta quien quiera poner la palabrita de moda y ofrecer ahí mismo el significado y la solución. Yo no dejo de observar este fenómeno en la política. Las relaciones políticas están llenas de persuasión, de demostración y de definición (muchas veces, definición falaz).

La pandemia por COVID-19 nos heredó un cartapacio de palabras no escuchadas antes, o acaso recordadas, sobre las cuales la mayoría de nosotros nos apresuramos a conocer. No había otro tema en 2020-2021. De ese *sobre* salieron las siguientes: *cubrebocas* (como se le llamó en México) y sinónimos que escuché en otros lugares: *máscara, mascarilla, barbijo, nasobuco*, etc., hasta tecnicismos que ya no hacía falta explicar, pues todos nos íbamos haciendo del habla pandémica: «prueba PCR», «prueba de antígenos», «prueba COVID», «cuarentena» de tres días, de siete días (siempre me llamó la atención, porque cuarentena equivale a cuarenta días), y otros, incluso propios de un sistema fascista: «no» para todo; es decir, «no hables», «no escupas», «no toques», «no contagies», «no salgas», «no sudes»… bajo el argumento de que las autoridades sanitarias que sí saben nos persuaden de que el coronavirus se aproxima a nosotros por todos los caminos que hay y, por tanto, debemos repelerlo; si ya te contagiaste, abstente del prójimo. También fueron comunes «confinamiento», «aislamiento», «sana distancia», «distancia», «distanciamiento», «hacer fila», ¡jamás terminaría el acopio lingüístico!

¿Aplica lo anterior a lo que hace unos ochenta años escribió Simone Weil? En parte sí. Ella prefirió emplear «persona» para referirse al individuo y a la expansión social de cada uno como «colectividad». A partir de las circunstancias de su vida (Segunda Guerra Mundial, Francia), se deduce y se justifica que llegara a la conclusión de que lo colectivo debe anteponerse a lo personal:

There is nothing scandalous in the subordination of the person to the collectivity; it is a mechanical fact of the same order as the inferiority of a gram to a kilogram on the scales. The person is in fact always subordinate to the collectivity, even in its so-called free expression.[20]

[No hay nada de escandaloso en la subordinación de la persona a la colectividad; es un hecho mecánico del mismo orden que la inferioridad de un gramo respecto de un kilogramo en la balanza. De hecho, la persona siempre está subordinada a la colectividad, incluso a su llamada libre expresión].

Ella misma acuñó un término que me resulta imprescindible: «El justo balance» (*The just balance*); es decir, cómo un sujeto social cumple tanto sus necesidades propias como las del mundo en el que está inmerso, pero que no siempre tiene el «poder de rechazar» o de negarse a algo. Peter Winch, en un ensayo sobre tópicos que Weil estudió con mucho sentido de conciencia social, resume esta relación interdependiente:

When we recognize another's power to refuse we recognize certain necessities to be observed in our dealings with the other. This may mean simply that we recognize that we shall get into trouble, shall no be able to realize our wishes and projects, if we do not acknowledge the other's power to refuse, in so far as the other is in a position to enforce his or her own wishes.[21]

[Cuando reconocemos el poder del otro para rechazar algo, reconocemos ciertas necesidades que debemos observar en el trato con el otro. Esto puede significar nada más que reconocemos que nos meteremos en problemas; que no seremos capaces de realizar nuestros deseos y proyectos si no reconocemos el poder del otro para rechazar, en la medida en que el otro también está en condiciones de cumplir sus propios deseos].

Weil escribió muchos de sus ensayos en plena guerra mundial. Si interpretamos lo anterior en función de su posible perspectiva, lo expuesto tiene más sentido aún. Por ello, repito y repetiré la relevancia que tiene analizar lo dicho o lo escrito a partir del tiempo y la circunstancia en que se enuncia. El deseo de otros era ganar una guerra... ¿qué hace un ciudadano común cuando no tiene el «poder de rechazar», esto es, de impedir un conflicto bélico?

La filósofa francesa falleció a los 34 años, por tuberculosis, en 1943, durante esa guerra. Fue una admiradora de la práctica de la no violencia de Gandhi. Observo que una mayoría de intelectuales destacados que sobrevivieron a esos años aciagos ponderarán esto que Weil llama «sacralidad» en las personas. ¿Qué está detrás de un conflicto bélico? ¿Por qué se atenta contra la vida que es sagrada? ¿Por qué tanto daño, muerte, pérdidas en todo orden? ¿Por qué el holocausto? ¿Dios se fue de la humanidad? ¿Qué respuestas podían darse todos aquellos que sufrieron, murieron, emigraron, enfermaron, fallecieron por epidemias y hambre, perdieron a toda su familia, resistieron en los campos de concentración? Si no hay Dios, ¿qué explicaciones racionales habría para millones de anónimos ante tal desazón?

Friedrich Nietzsche, mucho antes que los filósofos de la posguerra, declaró la célebre frase «Dios ha muerto» y que completa va así:

> Dios ha muerto. Dios sigue muerto. Y nosotros lo hemos matado. ¿Cómo podríamos reconfortarnos, los asesinos de todos los asesinos? El más santo y el más poderoso que el mundo ha poseído se ha desangrado bajo nuestros cuchillos: ¿quién limpiará esta sangre de nosotros? ¿Qué agua nos limpiará? ¿Qué rito expiatorio, qué juegos sagrados deberíamos inventar? ¿No es la grandeza de este hecho demasiado grande para nosotros? ¿Debemos aparecer dignos de ella?[22]

En *La persona y lo sagrado*, Weil da a entender que donde hay «un error de vocabulario» no hay más que pensar, es decir, hay «un grave error de pensamiento». El ejemplo que usa es este: «No me interesas». Cuando alguien se lo espeta a otro, está cometiendo un acto de crueldad y lesiona la justicia.[23] ¿En verdad esa expresión tan nimia, quizá enunciada sin mucho discurrir, puede llevarnos a concluir que subyace un grave error de pensamiento? En mi opinión, basada en los estudios del lenguaje, sí. Somos lo que hablamos.

Aquellas palabras que intercambiamos con otros, ya sean frases de cortesía, enunciados bien articulados o ideas desarrolladas y largamente expuestas, son la evidencia de que lenguaje y pensamiento van unidos y de ninguna manera corren aparte de la persona ni de su corporeidad; asimismo, pertenecen a una época, al tiempo que nos toca vivir. Como cuando un bebé comienza a hablar: sus palabras importantes estarán vinculadas a sus necesidades elementales. Conforme crezcan su cerebro y sus neuronas y comience a elaborar sus propios pareceres, aun faltándole un glosario, empleando manos, expresiones y otros elementos no lingüísticos, pero que comunican, externará una postura. Por ello, Weil insistirá en que en el hombre está el hablar y actuar en función del bien y lo que le rodea, porque en la persona hay sacralidad:

> Hay, desde la primera infancia hasta la tumba, en el fondo del corazón de todo ser humano, algo que, a pesar de toda la experiencia de los crímenes cometidos, sufridos y observados, espera invenciblemente que se le haga el bien y no el mal. Esto es lo sagrado en todo ser humano antes que ninguna otra cosa. El bien es la única fuente de lo sagrado. No hay nada sagrado que no sea el bien y lo relacionado con el bien.[24]

En los *Diálogos socráticos* se halla una idea muy parecida. Sócrates cavila con Critón:

SÓCRATES.— Tampoco debe cometerse injusticia con los que nos las hacen, aunque ese pueblo crea que esto es lícito, puesto que tú convienes en que en manera alguna debe tal cosa hacerse.

CRITÓN.— Eso me parece.

SÓCRATES.— ¿Es lícito o no lo es hacer mal a una persona?

CRITÓN.— No lo es.

SÓCRATES.— ¿Es justo, como el vulgo lo cree, volver mal por mal o es injusto?

CRITÓN.— Es muy injusto.

SÓCRATES.— ¿Es cierto que entre hacer el mal no hay diferencia alguna?

CRITÓN.— Lo confieso.

SÓCRATES.— Luego, nunca debe cometerse injusticia ni volver mal por mal [...]. Ahora bien: es imposible que los que no son de iguales opiniones puedan llevarse bien; porque al despreciar cada uno las opiniones del otro, suele también despreciar al que las profesa.[25]

En páginas posteriores retomaré esta profunda afirmación: «porque al despreciar cada uno las opiniones del otro, suele también despreciar al que las profesa».

Para Weil, en lo impersonal del hombre está lo sagrado. Un individuo puede estar gritando a manera de protesta personal, pero esos insultos, esas altas voces y los lamentos enconados «carecen de importancia» porque no vulneran lo sagrado. «Aquello que es sagrado en la ciencia es la verdad. Aquello que es sagrado en el arte es la belleza. La verdad y la belleza son impersonales».[26] El hombre (y la mujer) son sacros en cuanto impersonales y, para la filósofa, el camino es la perfección.

A su vez, ella vincula —de la manera que me habría gustado decirlo— al individuo y lo social con el lenguaje:

Without language, one would never be able to relate what one sees to what one does not see or to what one has seen. Language is a bridge crossing over the moments of time. The past, without language, wouldn't only exist as a vague feeling which could not help us to know anything. Likewise, the future only exists thanks to language.[27]

[Sin el lenguaje, no podríamos relacionar lo que vemos con lo que no vemos o algo que ha sido visto. El lenguaje es un puente que cruza los momentos del tiempo. El pasado, sin lenguaje, solo existiría como un vago sentimiento que no podría ayudarnos a saber ninguna cosa. Del mismo modo, el futuro solo existe gracias al lenguaje].

Su contemporáneo Jean-Paul Sartre también debía, por naturales condiciones, proponer una nueva mirada al mundo desde el continente europeo. Mientras Weil se acercó a lo sagrado, a lo místico, Sartre se decantó por el ateísmo y el activismo político de izquierda.

«El existencialismo es un humanismo» es el nombre de la ponencia que Sartre ofreció en París el 29 de octubre de 1945. Fíjate, lector, cómo lanzaba la primera invectiva, defendiendo el existencialismo: se ha dicho contra este que es «filosofía contemplativa», que la «contemplación es un lujo», que es un «quietismo de desesperación»; que «consideramos que el hombre está aislado» y que ha perdido de vista «el lado luminoso de la belleza humana».[28] Repito: París, 1945... ¿qué aliento tenían los franceses? ¿No estaban orillados, por todo lo ocurrido, a contemplar, a mirar hacia adentro, a pensar en el ser de los hombres y en el para qué vivir?

Por un lado, Sartre define al existencialismo como «una doctrina que hace posible la vida humana» y que «declara que toda verdad y toda acción implica un medio y una subjetividad humana».[29] Por otra, explica que «el existencialismo ateo» que él representa se fundamenta en lo siguiente:

Si Dios no existe, hay por lo menos un ser en el que la existencia precede a la esencia, un ser que existe antes de poder ser definido por ningún concepto, y que este ser es el hombre, o como dice Heidegger, la realidad humana.[30]

Luego profundiza aún más: «el hombre empieza por existir». Cuando llega al punto de querer algo, debe tener voluntad para realizarlo y, por tanto, es responsable de su «estricta individualidad», pero también «es responsable de todos los hombres».[31]

Esa postura tuvo gran efecto en la filosofía de Heidegger. Asimismo, en los planteamientos religiosos de muchos activistas y líderes del siglo XX, en sus respectivas luchas y batallas.

Sin duda, adentrarse en el tema de las corrientes filosóficas que derivan de las guerras requiere tiempo y delicadeza de análisis. Me gustaría incluso, alguna vez, demostrar con muchos más elementos cómo las circunstancias del hombre y de la mujer pueden llegar a determinar su pensamiento y, por tanto, su lenguaje; esto tiene implicaciones significativas para la dirección de sus acciones. Una guerra (no mediática, no sucia, no encubierta), una guerra armada como la de la Independencia de México, o como las del continente americano conquistado —sin duda, la Segunda Guerra Mundial, de 1939 a 1945—, no debe ser indiferente a nadie en nuestros días. No obstante, ocurre la desmemoria, incluso aquella deliberada por un sistema patriarcal.

Las generaciones de ciudadanos que recibimos de nuestros predecesores una sociedad en paz quizá no profundizamos en lo nociva que es una guerra armada y por qué debemos impedirla a toda costa.

Mi pacifismo no es retórico. Mi postura es agotar todas las posibilidades que nos da el lenguaje, sea en forma de enunciación a favor o en contra; sea mediante un debate, incluso, uno acalorado, grotesco, vulgar o de otra índole; sea incluso a través de mensajes engañosos, falsos, manipulados o verosímiles, también sinceros o aquellos que solo siguieron pulsaciones naturales del animal que todos somos.

Si algún día nos toca vivir una guerra (espero que no, «toco madera»), entonces realmente podríamos considerarnos víctimas en el sentido más auténtico de la palabra. Mientras continuemos en el nivel del lenguaje, aun con su rostro más ruin, esto es, alegatos infundados, difamaciones, calumnias, malos deseos, rumores, estercoleros verbales, y otras bajezas que también el lenguaje nos ofrece, estaremos realmente a salvo. Estas enunciaciones liberan a quien las profiere. Se desahoga, se desquita, pero no pasa a mayores. No es lo más civilizado, pero la pasión es propia del hombre y todas las imprecaciones que no pasan a la acción son solo eso: manifestaciones verbales de baja ralea, pero lenguaje al fin.

La paz está también en nuestro pensamiento. La paz es una acción diaria, aunque sea silenciosa.

Les comparto este deseo de Mahatma Gandhi:

> Cuando una persona afirma ser noviolenta, se espera que no se muestre colérica con quien la ofende. No le deseará ningún mal, sino su bien; no la ofenderá de palabra; no le causará ningún daño físico. Asumirá todas las injurias a las que es sometida por el ofensor. Así pues, la noviolencia es una completa inocencia [...] [Es un] estado perfecto. Es un objetivo hacia el que toda la humanidad tiende de forma natural aunque inconsciente.[32]

«Somos lo que pensamos» pertenece también a la tradición budista, más allá de la disertación que hasta aquí he llevado a cabo, de la manera más sencilla y sintética que me ha sido posible. Completo y atribuido a Buda, el aforismo es «Somos lo que pensamos. Todo lo que somos surge de nuestros pensamientos. Con nuestros pensamientos construimos el mundo».

Es recomendable considerar la máxima como un supuesto irrefutable, incluso una idea genial que ya antes alguien enunció y escribió. Nunca lo olvides. La humanidad reflexiona desde que existe. La originalidad de las ideas a veces no lo es tanto.

SOMOS LO QUE DECIMOS

Como he tratado de desmenuzar, individuo, sociedad y lenguaje son distintos, pero cuando se compenetran con otros dilemas pueden resultar bastante complejos. Por ejemplo, hace no muchos años, en 1988, Ernest Gellner, un filósofo británico, consideró que la discusión durante el siglo xx tuvo dos visiones antagónicas del ser humano y de la sociedad. Por una parte, se encuentra el «individualismo atomista que ve al individuo construyendo su mundo cognitivo (como cualquier otro) a partir del esfuerzo personal», actividad que aun cuando mantenga relaciones cooperativas con otros es, a fin de cuentas, «solitaria». Por otra parte, refiere que:

[El] organicismo romántico, que ve la comunidad o la tradición en marcha como la unidad real, que trasciende al individuo, que solo encuentra la posibilidad de autorrealización, creatividad, pensamiento e incluso, o especialmente, de su misma identidad, dentro de esta comunidad.[33]

El «individualista —explicó— ve el sistema de gobierno como un contrato funcional y por conveniencia». En cambio, el «holista ve la vida como participación en una colectividad, solo la cual da significado a la vida».[34]

En esta visión, ¿dónde te colocarías, lector, lectora? ¿Eres, a la manera de Gellner un animal social que solo te realizas mediante la comunidad o eres un individualista que «ingresa en comunidades» como si fuera un contrato, «esperando que le suministren servicios, pero no permitiendo que le dominen, ni conceptual ni políticamente»?[35] No tienes que responderlo ahora. Tampoco tienes que ir de un extremo al otro, como si la única respuesta fuera «sí» o «no». Estamos reflexionando. Sin embargo, la pregunta es formidable porque polariza y no te permite elegir más que entre dos opciones: individualismo o comunitarismo. Y las preguntas *polarizantes* también se ponen sobre la mesa. No se postergan. Deben ser aceptadas o rechazadas *ahora mismo* porque hay inminencia, una situación límite, un tiempo que corre en contra de la pasividad incluida en la disertación.

Por cierto, puesto que en este ensayo he inclinado la balanza hacia desentrañar sobre referentes, conceptos y significaciones de la manera más sencilla que me ha sido posible, aprovecho para anotar algo sobre el sustantivo «polarización». Desde su etimología insinúa que se trata de dos polos. A mi cabeza vienen de inmediato el polo sur y el polo norte. Supongo que para mucha gente también es un extremo u otro. No consulto el diccionario, y mucho menos algún análisis político actual sobre este término de los muchos que se oyen en las mesas de los versados que no definen qué es, pero que juzgan peligroso lo que provoca; esto está mal. Para juzgar qué es bueno o malo, primero es fundamental definir qué se entiende por tal o cual cosa.

Me entretengo algún tiempo a costillas de muchos «expertos». (Esta es otra palabra usada en los medios de comunicación, para diferenciar a los neófitos, tú o yo, sobre temas de los que ellos *saben mucho*, lo que los convierte en una autoridad incuestionable cuando hacen declaraciones). Y confieso que me entretiene porque el lenguaje me importa muchísimo y a este le he dedicado gran parte de mi vida intelectual; entonces, escuchar, leer y analizar cómo se usa el lenguaje en el terreno público me seduce. Parafraseando a Ludwig Wittgenstein y otros lingüistas, somos lo que hablamos. Es muy divertido, ya que a través de este camino pueden ser conocidas distintas formas de pensar, de manipular, de seducir, de estafar, de imponer ideologías, de propiciar la necesidad de consumir esto o aquello, en fin.

Pienso que la polarización política es una consecuencia natural de un régimen democrático. En uno autoritario solo hay pensamiento único. En las naciones cuyo sistema electoral consta de primera y segunda vueltas (balotaje) para elegir presidente, supone que, de no alcanzarse una mayoría en la primera, a la segunda pasarán los dos primeros lugares. Se induce la polarización. ¿Por qué quejarse de ella si la democracia en sí misma sigue a un sistema electoral que emplaza a los votantes a tomar decisiones?

Los «expertos» quieren apantallarnos, pero la mayoría se olvida del sentido común. Individuos y sociedades se mueven más por el buen criterio que por un conocimiento intelectivo de los peritos sabelotodo. Unamuno nos recuerda lo siguiente:

Todo conocimiento tiene una finalidad. Lo de saber para saber, no es, dígase lo que se quiera, sino una tétrica petición de principio. Se aprende algo, o para un fin práctico inmediato, o para completar nuestros demás conocimientos. Hasta la doctrina que nos aparezca más teórica, es decir, de menor aplicación inmediata a las necesidades no intelectuales de la vida, responde a una necesidad —que también lo es— intelectual, a una razón de economía en el pensar, a un principio de unidad y continuidad de la conciencia.[36]

La polarización política es consustancial a una sociedad donde se ha llegado al punto de decidir entre «este» o un «aquel», entre un «sí» o un «no» (el plebiscito, por ejemplo). O expresado de manera más cotidiana: el juez del registro civil pregunta a ella: «¿Acepta usted por esposo a fulano de tal?». Y luego torna a él: «¿Acepta usted por esposa a zutana?». La respuesta es «Sí» o «No». Esto es polarización o mutuo acuerdo.

Asociada la polarización a su antinomia, el consenso, se me hace imperativo abordarlo. Me da escalofríos la insinuación de que todos debemos estar de acuerdo. El diálogo —necesarísimo, por cierto— parece obligarnos en las democracias a coincidir en todo. Esto es una falacia de cabo a rabo. En una sociedad plural, viva, actuante, libre (porque también pueden referirse tiempos históricos en los que los individuos ni las sociedades han gozado de sus derechos humanos), ¿acaso no es una contradicción? El disenso es vital. «Cada cabeza es un mundo», reza el refrán.

Hoy puedo estar de acuerdo contigo en que no puede posponerse más atender a las mujeres víctimas de violencia doméstica; sin embargo, ¿estoy yo dentro de esa casa para censurar, dirigir, validar, descartar, juzgar? No, y seguramente no lo estaré; y si me tocara presenciar esto (situación eventual), quizá intervendría a favor de ella. Pero resulta que no deseo gobernar la casa de nadie.

Cuando hay violencia doméstica en contra de una mujer, ¿hay consenso en que debe impedirse? Quiero pensar que sí, porque la intimidación o ultraje en todas sus formas debe evitarse, pero ¿es responsable la familia, el vecindario, el resto de la sociedad o el Gobierno, de que ese abusivo actúe con tal bajeza contra su mujer o contra cualquier otra mujer? No. El responsable es este individuo y quien se lo permite. Pero, como lo señaló Sartre, todos somos responsables de los hechos sociales. No pueden sernos indiferentes. Sin embargo, es decisión de ella salir de ahí y no permitir más ser violentada. ¿Ella es consciente de que es agredida?

Es lamentable, de acuerdo con lo que he visto en México, que no siempre la mujer se percata de la anomalía. Considera que es parte del vivir con alguien. Podemos estar de acuerdo en que en una relación de pareja haya *lapsus* de ira, coraje, frustración, pero si esta dominación mental, este sometimiento verbal e incluso físico se normaliza, ¿cómo le explicamos a esa mujer que hay límites y posteriormente cuáles son los límites? No es un tema que encuentre una solución aquí, porque los orígenes de la violencia son múltiples, pero hay algo en lo que deberíamos estar de acuerdo: es mejor no tener relaciones emocionales que nos dañen. Que el hogar, en vez de ser espacio de paz y descanso, se convierta en trinchera para el combate, no. No, nunca. Lo sano es la disolución de esa relación.

Otra pregunta: ¿el vecindario, la familia, la autoridad o el Gobierno debe ayudar a guarecerla, apoyarla, curarla si es preciso cuando es agredida, minimizada, golpeada por su pareja? Por supuesto que sí, porque no somos ni podemos resolver muchos de nuestros problemas sin los demás.

LA COMPRENSIÓN

Con las guerras y revoluciones del siglo XX, filósofos brillantes, sobre todo europeos, y otros que pasaron desapercibidos, trataron de responder, proponer y llegar a fondo sobre por qué la especie humana llega a confrontaciones que destruyen y provocan pérdidas humanas. Aunque la mayoría de la gente también vivió en carne propia estas maldades y latrocinios. Me refiero a los damnificados o agraviados de los que hoy se puede conocer nombre y apellido, pero sobre todo a los miles que acabaron enterrados sin que hoy sepamos quiénes fueron, qué les ocurrió, qué reflexionaron, qué sacrificaron, a qué se resignaron. No solo los grandes líderes han dado la cara; detrás de ellos hay miles, millones de rostros anónimos a los cuales también hay que escuchar.

El brillante Jürgen Habermas, quien aún vive, elaboró aspectos conceptuales «de la acción orientada hacia el entendimiento». Vaya tarea titánica: que la comunicación humana nos lleve a forjar una avenencia, comprendernos, ponernos en el lugar del otro. Llevada al límite, esta actitud de sincronía con nuestro prójimo evitará que nos estemos matando. Recupero, de manera breve, su pronunciamiento sobre la «acción comunicativa»:

> Es un proceso circular en el que el actor es dos cosas a la vez: es el iniciador que domina situaciones con acciones de las que es responsable; y, al propio tiempo, es el producto de tradiciones en las que se encuentra, de grupos solidarios a los que pertenece y de procesos de socialización dentro de los cuales crece.[37]

Coincido plenamente hasta aquí.

Como refuerzo a lo que desarrolla, Habermas incluso analiza las «perspectivas de acción» de Robert L. Selman[38] y que, como madre, yo misma he podido atestiguar: de los 7 a los 12 años, más o menos, los niños comienzan a ser capaces de salir de sí mismos y descubrir que, así como ellos tienen sus propios pensamientos y actúan de una manera, existen más individuos capaces de lo mismo. En cambio, de 5 a 9 años, cada chico descubre frente a otro o los adultos que «tiene una vida psicológica subjetiva encubierta y única».[39] Hay estudios muy interesantes, algunos considerados clásicos, como los de Jean Piaget, Maria Montessori, Lev Vygotsky y demás, entre psicólogos y pedagogos o filósofos, acerca del desarrollo del pensamiento y el lenguaje en la persona que crece (de bebé a adulto).

Vygotsky, en particular, consideró desde hace tiempo que es un error considerar «el pensamiento y el habla como dos procesos sin relación».[40] El niño coincidirá con el adulto en la referencia a un objeto (pelota), pero esto no equivale a que ambos entiendan lo mismo.[41]

Este horizonte ajeno al individuo es lo que Bajtín llama «palabra ajena»: viene de otros (la madre, el padre) y hasta que se internaliza, hasta que se tiene autoconciencia de que ese horizonte ajeno es propio, deja de ser palabra. De hecho, quien enseña a hablar a un bebé lo hace de manera autoritaria. Una cosa solo puede significar esto; no lo otro. Esto se hace para entendernos. En algún momento, el hablante se emancipará y expresará sus propias palabras con sus debidos significados para el referente al que destaca. Este es el comienzo de un largo proceso ideológico.

Hace años estudié este tema en relación con los dogmas religiosos, siguiendo a Bajtín, para concluir (por ahora) que las doctrinas de esta naturaleza (también las leyes) deben construir enunciaciones inamovibles, aunque al final se derrumben, a fin de generar otras con la misma intención: que sean apotegmas.[42] Un caso que atañe a México, estudiado por Todorov: fray Diego Durán, a finales del siglo XVI, diseñó un plan con el propósito de convertir al catolicismo a los indios, fincado en dos acciones. «Para imponer la religión cristiana, hay que extirpar toda huella de religión pagana» y «Para lograr eliminar el paganismo, primero hay que conocerlo bien».[43] La obra de Durán es *Historia de las Indias de la Nueva España* (1867-1880), para quien guste adentrarse en el mundo de las estrategias de imposición autoritaria.

De igual modo procede el absolutismo: sin discutir, destruye con un plan de exterminio previo, bien elaborado.

El lenguaje, según Bajtín, se convertirá en ideológico de cualquier manera porque el hablante está en constante diálogo con otros y con sus ideologías, y en algún momento tal o cual supuesto le calzará y lo tomará... o no. Todo el tiempo se emiten *ideologemas*; esto es, enunciados que enfatizan una manera socializada de entenderlos. «La ideología es expresión de las relaciones histórico-materiales de los hombres», escribe Augusto Ponzio, relaciones que implican organización y regulación. El mismo estudioso identifica, en Bajtín, la existencia de una «ideología oficial» e «ideología no oficial». Por «oficial» no debe entenderse la narrativa de un poder legítimo nada más, sino aquella en la que concurren otros poderes, sean económicos, mediáticos, transnacionales, colonialistas, expansionistas, anti-X o pro-X y más. La «oficial» es todo discurso usado en «las diferentes formas de la cultura, los sistemas sobrestructurales, como el arte, el derecho, la religión, la ética, el conocimiento científico, etc.».[44] A esta «ideología oficial», continúa Ponzio, pueden pertenecer «los diferentes sustratos de la conciencia individual». A la «no oficial» van a llegar los «sustratos del inconsciente, del discurso censurado»,[45] y todas aquellas ideologías no determinadas por un grupo social o una clase aparentemente minoritaria.

Para Bajtín, analizar un texto implica sumergirse en la ideología de la época en la que fue escrito. Wayne C. Booth lo entiende de una manera que me gusta: los lenguajes no solo contienen palabras con significantes, sino que todo el discurso humano es un «sistema de significados» y cada lenguaje constituye un bloque de sistemas o normas. Booth entiende, siguiendo a Bajtín, que la ideología no está en ningún momento ausente del discurso humano. [«Hablamos *con* nuestra ideología»] («We speak *with* our ideology») y *hablar* es algo así como ser políglota; *hablar* es como hacer uso de una colección de lenguas.[46] Unas las usamos en el arte, otras en el salón de clases, otras en el ámbito religioso, en la ciencia, en el espacio familiar, y así sucesivamente.

Hoy podemos discutir sobre feminismos, acerca del cambio climático, en torno de la pandemia por noticias falsas en un mundo digital y, ¿quién lo puede saber ahora? Tal vez en una década el público estará orientando el centro de su discurso público a estas o a nuevas discusiones. De hecho, cabe preguntarse: ¿estos temas de los que habla la gente hoy en día (en los medios, en las mesas redondas, en el aula) forman parte de un discurso oficial o no oficial? Pensémoslo bien. ¿Dónde nace esa narrativa: es propia o ajena? ¿Cuál es el interés de promoverla o censurarla? Cuando circula tal idea o hipótesis masivamente, ¿se tiene conciencia, autoconciencia?, ¿se cuenta siquiera con un mínimo interés de reflexión, de una legítima y convincente invitación a pensar, o esa lexicografía se adquiere porque ya está en la narrativa social y es tema del cual no podemos estar exentos de abordar en el café, en la oficina, en los teatros y en las escuelas?

De sobrevivir este libro, un futuro intérprete podría escudriñar sobre la intencionalidad de pasar de una práctica (la mía) a una reflexión teórica, y tal vez lo aquí expuesto resulte anacrónico y rebasado por nuevas realidades. Acaso, ya archivado o durmiendo en el lecho del olvido y descubierto cien años después, el hermeneuta que quiera hallar entre estas páginas algo original y hasta precursor sobre el *yo-en-el-público* puede concluir, sin mucho análisis, algo así como: *La autora era una persona que buscaba comprender una realidad que no entendía del todo.* Me gusta y la acepto ya mismo.

Vuelvo con la necesidad de consenso que Habermas llama «orientación hacia el entendimiento». La acción comunicativa es aquella en la que

> los actores aceptan coordinar de modo interno sus planes y alcanzar sus objetivos, únicamente, a condición de que haya o se alcance mediante negociación un *acuerdo* sobre la situación y las consecuencias que cabe esperar.[47]

Habermas presupone que los dos involucrados en el diálogo acuerdan o deben acordar en todo momento una acción comunicativa. Que ese entendimiento que busca un acuerdo depende de la aprobación «racionalmente motivada, del contenido de una aseveración». Este ideal, en mi opinión, es nada más una propuesta. Yo no veo por qué en grupos y sociedades deba haber un entendimiento todo el tiempo. El consenso y el disenso van y vienen porque las circunstancias cambian.

Ahora bien, el entendimiento o consenso no significa que, en el punto de desacuerdo, se rompe lo discutido y se procede a abandonar la comunicación para insertar en su lugar la violencia. «Se rompió el acuerdo», se escucha. «Puede que no lleguemos al consenso sobre esto», se oye por allá.

La falta de entendimiento o de consenso se expresa como un fracaso, pero no lo es. Mientras haya diálogo humano, pero sobre todo una actitud de comprensión hacia uno mismo, hacia los demás, el disenso aparece y reaparece.

Ninguna premisa política o ética es inamovible. Esta es la realidad: se hace el esfuerzo por buscar el discernimiento, comenzando por argumentar lógicamente y llegar a una afirmación y, a partir de ahí, alcanzar un acuerdo... o no. Pero la diferencia, que es consustancial al diálogo humano, implica que cada individuo tiene su propio contexto, sus propios egos o desengaños, e incluso una ética que puede no coincidir con la nuestra. No obstante, esto no significa que, en un intercambio intelectivo producido a la sazón de una coyuntura, ya sea de manera muy educada, cautelosa, o incluso ardiente, vehemente o poco tersa, la diferencia sea un rumbo equivocado. Es posible, como sugiere Habermas, llegar a una «convicción conjunta».[48] Pero ello no supone que la convicción conjunta dure para siempre.

Sin embargo, tengo la sensación, a partir de lo que escucho en pláticas cotidianas, en la calle o en la esfera pública, de que el consenso es imperativo. Objeto: lograr principios de universalidad es una tarea ideal a la cual debemos aspirar y forjar día con día. Pero ¿cuáles son los principios de universalidad?, ¿qué es aquello en lo que todos estamos de acuerdo, incluyendo, por supuesto, su significación? A veces ni siquiera una misma logra consenso en torno a ir por aquí o allá, afirmar con contundencia esto o aquello, porque las circunstancias no se mantienen inamovibles. Incluso es bueno estar preparados para cuando estas se modifiquen de manera repentina. El consenso es una ilusión. Los que piensan (y luego hasta los idiotas) van a aducir y los argumentos cambian porque ese señor llamado «Tiempo» está haciendo su trabajo desde que el mundo es mundo.

Volvamos. Las inequidades son reales, pero no todas son atribuibles a la autoridad, al marco legal o al régimen. Muchas están en la casa o en la familia. Incluso nos podemos llenar de leyes, pero ¿existe voluntad, valores, conciencia y responsabilidad de que más allá de lo que prohíbe o permite la norma cada uno y todos nos debemos a un comportamiento ético que obra en beneficio nuestro y el de los demás?

La discusión entre la frontera del individuo y lo social no termina aquí; tampoco la temporalidad ni el lugar en el que convergen. La reflexión, el debate y el diálogo siguen abiertos. No se ha dicho la última palabra. Esta no es mi última palabra sobre ningún tema de primordial esencia en el quehacer del hombre o la mujer. Al menos desde lo individual, junto con el pensamiento y el lenguaje, es posible definir algo por un tiempo para avanzar. Después, cuando haya caducado la idea o los escenarios nos insten a crear o recrear nuevas significaciones, si es el caso, es preciso volver a discutir y plantear un nuevo axioma. Tal es el fin de las leyes, los códigos, los reglamentos (oficiales o no oficiales). Son vigentes hasta que nuevos elementos, procedentes de una realidad modificada, fuerzan a que estos sean derogados, modificados, suprimidos en partes o adicionados con los elementos de ese nuevo contexto. Individuo y sociedad, pues, han sido un binomio pensado y debatido desde hace siglos.

¿Por qué decir nombres de dioses, astros,
espumas de un océano invisible,
polen de los jardines más remotos?
Si nos duele la vida, si cada día llega
desgarrando la entraña, si cada noche cae
convulsa, asesinada.
Si nos duele el dolor en alguien, en un hombre
al que no conocemos, pero está
presente a todas horas y es la víctima
y el enemigo y el amor y todo
lo que nos falta para ser enteros.
Nunca digas que es tuya la tiniebla,
no te bebas de un sorbo la alegría.
Mira a tu alrededor, hay otro, siempre hay otro.
Lo que él respira es lo que a ti te asfixia,
lo que come es tu hambre.
Muere con la mitad más pura de tu muerte.

«El otro»,
Rosario Castellanos[49]

II
LAS FÉMINAS HISTÓRICAMENTE

Eres la mujer que me bañó
a la orilla de una pileta llena de estrellas y sapos,
la que formaba en mi nuca cebollas con mis cabellos,
la que me daba huevo tibio con limón y sal.
Mi nariz de metate guarda los aromas del arroz y la canela.
La que me enseñó a amar los aretes y las gasas de seda,
eres la que curó mis heridas
con el tejido de las arañas.
Sin duda dos cosas, madre:
las nubes y tus brazos de jícara me engendraron.

«Olga»,
NATALIA TOLEDO[1]

HISTÓRICA DIATRIBA: DUMAS E IDEVILLE

De modo extraño, se llama «feminismo» y no acostumbramos en México decir que somos féminas, sino mujeres. El uso regular sintáctico del sufijo -*ismo* nos permite formar sustantivos que suelen significar dos cosas: una, un tipo de pensamiento, actitud, tendencia, condición o un gran número de términos científicos; dos, se entiende que las palabras que lo incluyen equivalen a «movimiento», «estar en favor de», «doctrina», «escuela». En México no empleamos mujerismo.

Antes de avanzar, ofrezco anticipadas disculpas por no revisar más allá de dos siglos. En el mundo indígena prehispánico, es poco lo que se ha estudiado sobre el tema, pero percibo que comienza a ser del interés de algunos investigadores, sobre todo desde la arqueología, la historia y la etnología.

Lo más probable es que el término «feminismo» se haya tomado del uso que tuvo en Francia, en el siglo XIX: es *femme*, fémina. En esa época, un primer significado fue el que derivó de un diagnóstico: padecen de feminismo ciertos varones; está afectada su virilidad.

Charles Fourier empleó *féminisme*, a su vez, para referirse a la necesaria emancipación de las mujeres en la primera mitad de ese siglo (al mundo anglosajón se tradujo como *womanism*). De modo posterior y en forma despectiva, «feminismo» fue empleado por el escritor Alexandre Dumas hijo en una obrita difícil de encontrar, titulada *El hombre-mujer* (*L'Homme-Femme*,1872). La anterior y *La mujer-hombre*, la respuesta de una autora anónima a Dumas, fueron recogidas en una edición en castellano titulada *Matrimonio, adulterio y divorcio* (1873).[2]

La de Dumas fue, en realidad, una carta enviada al señor Enrique de Ideville (Henri Amédée Le Lorgne d'Ideville).[3] Por considerar que dicha respuesta refleja muy bien el pensar de un francés ilustrado de su tiempo, famoso, admirado y con gran influencia en el medio artístico y cultural, me extiendo un poco más. El señor Ideville, se sobrentiende, publicó un artículo en el periódico *Le Soir* donde se pregunta si una mujer adúltera debe ser ejecutada, y concluye que lo mejor es perdonarla. Dumas, sin rodeos, objeta su solución y declara por escrito que:

La humanidad colectiva e individual continúa turbándose ante *X* hechicera y terrible: *la mujer*. Ella nos da el ser siempre, y a veces la muerte; pues si es cierto que da la vida al niño, se reserva el derecho de arrebatársela siempre que puede al hombre en el actual estado de cosas.[4]

Enseguida, Dumas considera que los orientales se han equivocado al meter en prisión a las mujeres que «ponen los cuernos», porque esto significa perder los sentimientos. Sin embargo, al destinatario de su escrito le confiesa que «el solo medio para que la mujer sea inofensiva es hacerla libre». Porque la esclavitud no permitiría que se fuera «dueña de ella totalmente».[5]

A partir de lo anterior, Dumas hijo desata una serie de estigmatizaciones que sin duda proclamaban muchos como él en su tiempo: «las mujeres nunca se rinden a la razón ni aún a la evidencia; solo las convence el sentimiento o la fuerza. Enamoradas o maltratadas: Julieta o Martina».[6]

Aunque confesó al señor Ideville que escribiría «cosas extraordinarias» y «monstruosas» para la mayoría, pero que «alguien las ha de decir», clasifica en tres los tipos de mujeres «sirviéndome de términos clásicos»: vestales (están arriba), matronas (en medio) o cortesanas (abajo). «O en términos más familiares y más inteligibles»: las mujeres del templo (vírgenes), las del hogar (esposas y madres) y las de la calle (cortesanas, prostitutas).[7] Que existan cada día más mujeres que quieran salir del templo y del hogar para luchar por una desobediencia ante los hombres es una idea de los llamados «librepensadores», cuyo fin es «emancipar a la mujer y alejarla de la Iglesia», cosa que no van a lograr.[8]

Y continúa. Las «feministas»,[9] por su parte, exclaman: «Todo el mal consiste en no querer reconocer a la mujer como igual del hombre, en no darle la misma educación y los mismos derechos, en el abuso que el varón hace de su fuerza, etc.». Ante este aserto, responde: sus dichos carecen de sentido común:

La mujer no es un valor igual, superior o inferior al hombre; es un valor de otro género, así como es un ser de otra forma y de otras funciones. Y una prueba de que no es tan fuerte como el varón es que siempre se queja de que el hombre tiene más fuerza que ella.[10]

No para el escritor: «Lo que tú ignoras es que no solo tu mujer, sino *la mujer*, la que aún es digna de llevar este nombre, estima muy poco al hombre mientras dura aquella momentánea apoteosis» del placer.[11] Vaya, incluso, cuando la mujer busca ser madre, es egoísta porque el hijo será solo suyo y el esposo se hallará «vencido por lo femenino, el eterno femenino». Porque al final, sean del templo, del hogar o de la calle, está en su «raza» ser traidoras y dominantes. «Hoy se toma lo que encuentra porque no hay otra cosa».[12]

Dumas hijo remata con esto: a la mujer adúltera no hay que perdonarla, sino matarla.

> Mi consejo, pues, queda sin efecto, como otros muchos, porque solo a los hijos que uno ha hecho y que uno mismo ha educado tiene derecho a inculcar ideas tan absolutas y probablemente tan insensatas como las mías.[13]

Quienes estudiamos el lenguaje no podemos quitar el dedo del renglón. Hay que tratar de comprender, de situar las palabras en su contexto, de recordar que la lengua está viva y que decimos lo que pensamos, pero que a la vez también somos eco de lo que piensan muchos de nuestros congéneres en la contemporaneidad. Una pregunta mínima de investigación sería, si fuera posible contestarla, ¿qué le hicieron las mujeres a Dumas?; es decir, ¿cuáles fueron sus tragedias o por qué generalizar de esta manera, aunque él mismo considere que sus juicios son insensatos? ¿De qué doctrina o ideología abrevó el escritor para generar descripciones? Una cosa es repetir lo que se debía pensar de ellas; y otra, reducir a todas las mujeres a una definición simplista, ofensiva y escandalosa. De manera sencilla, mucho del sustento de su escrito está basado en lo que referiré líneas más adelante sobre el legado ideológico de san Pablo y sus epístolas en torno a las mujeres.

En el mismo volumen, *Matrimonio, adulterio y divorcio* (1873), aparece una contestación al autor de *La dama de las camelias*. Me extiendo un poco más porque la deliberación es buena, en especial considerando que, hoy en día, muchos coinciden en afirmar que las mujeres somos débiles intrínsecamente y que ellos son los fuertes, por la misma razón; que nosotras nos movemos solo por pasiones y ellos por razones. En fin, ¡cada cosa que escucho! La misoginia (esto de tener aversión a las mujeres) no se ha extinguido.

LA RESPUESTA ANÓNIMA

La autora desconocida (francesa también) es muy audaz con sus refutaciones. Revira a Dumas que, en vez de pensar, ideologiza. Lo acusa de utilizar la fraseología de manera cautivadora pero no tener sustento racional en lo que escribe. Le explica: «la mujer no existe porque es *sui generis*, es decir, que ninguna mujer se parece a otra», puesto que Dios «ha podido también formar almas de igual esencia divina, pero teniendo cada una de ellas aspiraciones suyas particulares». A la par de esta singularidad, las mujeres son producto de circunstancias hasta geográficas. «Tenemos un carácter nacional, instintos, pasiones, virtudes, que son en cada país simplemente el efecto de la influencia ejercida sobre la humanidad por la de los cuatro agentes físicos: el suelo, los alimentos, el clima y los aspectos que presenta la Naturaleza».[14]

Sorprende el siguiente aserto: «La mujer no existe; solo hay mujeres cuyos tipos varían al infinito».[15] Y se basa en las diferentes formas de ¿ser mujer? que encuentra desde antes de Cristo; entre los Vedas, los antiguos germanos, griegos, romanos... Por ello, quienes fuera de Francia leen sus obras literarias advierten a sus hijos que jamás se casen con francesas porque son las «más perversas del mundo».[16] Sobre el adulterio, la autora también lo condena, pero es el derecho el que debe decidir. El marido no debe de hacer justicia por sí mismo.

Ella aprovecha para censurar el Código Napoleón, suponemos, vigente en ese tiempo, porque «las leyes, para ser respetadas tienen que ser respetables; deben ser la expresión de la justicia misma», y esta ley no cumple con esas condiciones. Ese código es «el verdadero padre del adulterio» porque asegura a los hombres «el derecho de ser inmorales impunemente».[17] Además, solo castiga a uno de los culpables.[18] Por lo tanto, la autora está a favor del divorcio porque «sería un freno saludable para detener la desmoralización y para devolver al matrimonio su carácter digno y sagrado».[19]

Así, uno a uno, va desmontando la fraseología de Dumas hijo. Como afirmó que él no es padre y no da consejos a los hijos, ella anota los que daría a una hija, cuando la tuviera, entre los cuales se encuentra no enviarla ni al convento ni al colegio, sino el compromiso de que ella misma la educará para que lea «libros serios y científicos». Y cuando esté en edad de casarse, le hablará de los hombres y cómo puede ser que su marido, que antes era dulce y cariñoso, se vuelva más «prosaico». Agrega que, en ese supuesto, si el esposo no la esclaviza, «tratará al menos de imponerle sus gustos, sus preferencias, sus voluntades, y que tendrá que someterse a él moral y físicamente».[20] Si fuera varón:

> Me limitaré a hacerle comprender lo criminal que es seducir a las doncellas inocentes, y en vez de hablarle mal de las mujeres, le inculcaré el respeto y la veneración hacia la mujer honrada, haciendo que un antiguo amigo le insinuase cuán peligrosas son las cortesanas, y aún más las mujeres de la calle. Ese amigo se encargará de explicarle por qué. Haré lo posible para hacer de él un cumplido caballero y un hombre de honor.[21]

En dicha respuesta, termina solicitando a Dumas hijo lo siguiente:

> No puedo concluir lo relativo a la mujer sin pediros una pequeña explicación acerca de los siguientes párrafos, tomados de vuestro prólogo de *El amigo de las mujeres*: «La emancipación o renovación de la mujer, estas palabras que nuestro siglo está harto de oír, carecen para nosotros de sentido. La mujer no puede ser emancipada ni renovada; su función, así como su destino, están ya establecidos y marcados desde su origen; no hay que modificarlos, solo hay que conocerlos bien» [...] Os ruego, caballero, que tengáis la amabilidad de indicarme a qué clase de emancipación y de renovación aluden esas frases; o si lo preferís, decidme qué entendéis por eso de emancipación de la mujer, o bien a qué teorías emitidas se dirigen semejantes palabras. Yo por mi parte, caballero, he leído sobre ese particular unos libros muy serios, entre otros el del Sr. D. Enrique [sic] Stuart Mill, y este libro, os lo puedo asegurar, no ha provocado esa hilaridad que según vos ha de hacer reír a Dios eternamente.[22]

Pide, en fin, que la mujer pueda disponer de su fortuna personal; que se le permita comparecer en un juicio sin el permiso del esposo; ser tutora de un consejo de familia; que, en caso de viudez, de orfandad temprana o cuando el cónyuge esté discapacitado, las mujeres puedan tener una carrera para obtener ingresos. Entre otras cosas, solo de esta manera «se emancipará a la mujer de la miseria», pues esta «horrible miseria es la que ha precipitado a las tres cuartas partes de las mujeres en el viejo vicio y la depravación».[23]

Que la mujer emancipada tenga derecho al trabajo y a la instrucción gratuita, ¿por qué no había de ser así? Cuando los hombres tienen sus escuelas del gobierno gratuitas, ¿sería acaso exigir demasiado el pedir para la mujer, aunque no fuese más que las artes mecánicas gratuitas? Es menester emancipar a la mujer del vicio, hay que emanciparla de la miseria, de la ignorancia, y últimamente, hay que emanciparla del ocio intelectual. He aquí, caballero Dumas, lo que es la emancipación. Esto es lo que exigen para las mujeres aquellas que vos calificáis de amazonas, y que otros literatos llaman viragos. ¿Y ahora creéis que la emancipación así entendida se preste tanto a la risa como decíais?[24]

Eché un vistazo a qué decía la prensa mexicana del siglo XIX sobre el divorcio.[25] En primera plana de *La Mujer*, un articulista anónimo daba sus argumentos en contra, teniendo como telón de fondo la agitación pública en Francia sobre el tema. Los promoventes eran el diputado Alfred Naquet, apoyado en labores de propaganda por «hombres de ideas avanzadas»: Alejandro Dumas hijo, C. Augier y E. Legouvé. Quienes quieren el divorcio, escribe, son los «librepensadores». Es cierto, analiza, que la vida conyugal a veces puede convertirse en un martirio, pero hay que aceptarlo «no solo porque así lo ordenan las máximas cristianas, sino para conservar el orden y la moralidad en el cuerpo social; son sacrificios que se hacen en aras del bien de la sociedad». El divorcio, de aceptarse, acarrearía «funestas» consecuencias para la familia «a menos que se cambie radicalmente el modo de ser social; pero ese cambio sería muy peligroso, y determinaría un cataclismo en la historia de la humanidad».[26]

FEMENISMO, LUEGO FEMINISMO

Después de este imperdible debate, sabemos que el vocablo *femenismo* o «feminismo» en nuestros días no puede ser considerado nuevo.

Casi un siglo después, en 1987, Karen Offen llamó la atención sobre el resurgimiento de los motes «feminismo» y «feminista» que «usan» en el mundo occidental para «describir tanto las ideas que abogan por la emancipación de la mujer, los movimientos que buscan lograrla y los individuos que se adhieren a ellos». Ella localizó el anterior empleo (en tiempos de la agitación política de Francia, en 1830), «durante el cual las palabras relacionadas socialismo e individualismo aparecieron en el vocabulario político de los francófonos».[27]

Según recuerdo, la primera vez que escuché «feminismo» en vez de «liberación femenina», término más antiguo, fue hace unos 15 años. Para Marta Postigo Asenjo, en España, esta etapa se conoció allá como la «Tercera Ola del movimiento feminista»; esto es, en las décadas de 1960 y 1970.[28] También de joven escuché «hembrismo», «amazona» y quien lo enunciaba, según recuerdo, lo hacía de manera despectiva.

De hecho, el concepto específico que oí fue «teología feminista». Lo pronunció un orgulloso joven marido al hablar de la profesión de su esposa, quien era teóloga y daba clases en una universidad privada. Explicaba que era muy oportuno ir quitando la mirada masculina a la Biblia, por ejemplo. Al principio estuve de acuerdo con eso y todavía sigo reflexionando sobre el tema.

Dos han sido las formas de fichar a la mujer: por una tradición religiosa (en el caso de Occidente, el cristianismo) y por un supuesto determinismo biológico.

Años y años he considerado que el libro religioso más importante en Occidente realmente tiene una predominancia de voces masculinas. Sin embargo, también he llegado a la conclusión de que este no es un libro de géneros de feminidades o masculinidades, sino el estandarte de una de las más importantes religiones de salvación que existen. Entonces, allí el adepto encontrará la escritura sagrada bajo la cual se sustenta un aparato religioso. Un teólogo diría: «Es el libro de la revelación». Alguien de letras, más allá de la fe, verá que es un extraordinario compendio de autores, obras, tiempos, situaciones y géneros (literarios) que a la vez puede ser estudiado bajo una perspectiva social, antropológica, matemática, «de género», y más, y supongo que a ello se dedicaba la esposa de aquel empresario católico que abordaba un avión, igual que yo.

LA MUJER PURA Y LA MUJER PECADORA

Muy interesada en el tema, hace unos diez años escribí un trabajo académico sobre estas concepciones precristianas y cómo la Biblia fue el argumento que blandieron para consumar la antinomia que prevalece, cuando menos en Occidente, por siglos: la mujer es virgen o pecadora. Virgen, por María, o pecadora, por María Magdalena. Hallé, por ejemplo (ahora que he vuelto a ese escrito), que, como muchos otros conceptos occidentales, con Aristóteles quedó definido un estigma chocante para nosotras hoy en día: «el macho es por naturaleza superior y la hembra inferior; uno gobierna y la otra es gobernada; este principio de necesidad se extiende a toda la humanidad».[29]

De vuelta con los orígenes de esta dinámica de pareja, encuentro que, sin duda, el cristianismo —no Jesucristo— llevó a cabo una construcción dogmática[30] que ha acumulado más de dos mil años, en donde la mujer, con base en el Nuevo Testamento, tenía una cara u otra del binomio. La exhortativa moral era asemejarse a la Virgen, no a la pecadora, de donde surgió todo un tema relacionado con la virginidad premarital y la demostración de esta como prueba de pureza.

Aquí voy a referir de manera breve cómo se configuró esa radical dualidad y por qué. Para hablar del feminismo hoy en día, es fundamental, en primer lugar, romper el tabú histórico y social entendiendo sus raíces y razonando al respecto.

Nada se encuentra en los Evangelios sobre que Jesús haya dicho algo en contra de las mujeres por su género. Las teólogas feministas o las feministas que indagan en las religiones tienen la palabra para abundar en ello. Si acaso, Jesús las quería junto a él, como discípulas, como compañeras, para compartir sobre qué es el reino de Dios. Juan Pablo II, en 1988, tuvo que aclarar que «en las enseñanzas de Jesús, así como en su modo de comportarse, no se encuentra nada que refleje la habitual discriminación [hacia] la mujer, propia del tiempo; por el contrario, sus palabras y sus obras expresan siempre el respeto y el honor debido» a ellas.[31]

En las cartas de san Pablo, sin embargo, aparecen señalamientos concretos sobre las formas de ver y tratar a las mujeres, y cómo ellas deben comportarse. Haciendo una revisión hermenéutica, con el nacimiento de las primeras iglesias cristianas, esa era la concepción cultural predominante que, para infortunio de nosotras, se impuso durante siglos y aún no se va. En 1 Corintios se lee: «El varón no tiene que cubrirse la cabeza, siendo imagen de la gloria de Dios; mientras que la mujer es gloria del varón. Pues no procede el varón de la mujer, sino la mujer del varón».[32] Renglones más adelante, san Pablo advierte que en todas las iglesias «de los consagrados, las mujeres deben callar en la asamblea, porque no se les permite hablar, sino que han de someterse, como manda la ley: si quieren aprender algo, pregúntenlo a sus maridos en casa. No está bien que una mujer hable en la asamblea».[33]

En Romanos, se lee que «la mujer casada está legalmente ligada al marido mientras este vive. Si muere el marido, queda libre de la ley que lo unía a él. Si se junta con otro mientras vive el marido, se la considera "adúltera", pero si es viuda, no es adúltera».[34] Pablo, además, reprodujo en 2 Corintios la leyenda del Génesis: «La serpiente sedujo a Eva, con astucia», lo que ayudó bastante a inmortalizar el mote de Eva, la pecadora, la tentadora, la provocativa, la maligna, la seductora. En 1 Corintios también advirtió que el matrimonio debe ser monógamo y de hombre con mujer y que ella «no es dueña de su cuerpo, sino el marido; lo mismo el marido no es dueño de su cuerpo, sino la mujer».

Enseguida, san Pablo recomendó a las viudas y a los solteros no casarse,[35] y si lo están, no divorciarse e instó a preferir que «quien se casa con su compañera virgen hace bien, quien no se casa hace mejor».[36] Desde luego, no soslayamos la condena a la homosexualidad paulista en Romanos: «los hombres, dejando la relación natural con la mujer, se encendieron en deseo mutuo, cometiendo infamias hombres con hombres y recibiendo en su persona la paga merecida por su extravío» y su mente es «depravada», por tanto, «dignos de muerte a los que hacen estas cosas, no solo las practican, sino que aprueban a los que las hacen».[37]

Es claro que, sobre el tema de las mujeres y la homosexualidad, la Iglesia católica y las iglesias evangélicas han superado bastante el viejo discurso. Esto no significa que hayan desaparecido pastores, sacerdotes u obispos, en pleno siglo XXI, que no han actualizado su peroración ni escuchado las declaraciones del Vaticano. Porque, por lo menos, el papa Francisco desde 2013 explicó: «Las reivindicaciones de los legítimos derechos de las mujeres, a partir de la firme convicción de que varón y mujer tienen la misma dignidad, plantean a la Iglesia profundas preguntas que la desafían y que no se pueden eludir superficialmente».[38]

En la exhortación *Evangelii Gaudium*, Francisco colocó a María como una figura «más importante que los obispos» al explicar por qué el sacerdocio aún es reservado solo a los hombres. Considero que no es una respuesta contundente; sin embargo, al menos ya ha sido abordada por un pontífice y las mujeres ya no aparecemos, en la boca de un líder espiritual, como las engañosas y traicioneras, entre otros epítetos, alejándose de la castidad, la pureza y la mojigatería. Este es un gran avance.

EL SEXO FUERTE Y EL SEXO FRÁGIL

Una demanda muy sentida, desde el siglo XIX, fue el derecho al voto. El sufragio fue una conquista muy dura de obtener. Si Esta-

dos Unidos ya era independiente desde 1776 y las mujeres obtu-
vieron el derecho al sufragio en 1920, en un repaso veamos cómo
para nuestra nación fue aún más dilatado el proceso. México, en
1810, comenzaba su batalla por liberarse de la Corona española
(lo cual ocurrió hasta 1821) y votar no era prioritario. Si no hay
soberanía, ¿de qué derechos hablamos?

En el caso de Estados Unidos de América, Elizabeth Cady
Stanton y Lucretia Mott fueron un par de pioneras en el movimiento sufragista de ese país. La *Declaración de sentimientos de
Seneca Falls*, de 1848, fue solo eso: sentimientos.[39] (De hecho, en
ese país la democracia es indirecta todavía: los ciudadanos votan,
pero es un colegio electoral el que elige al presidente).

Cualquier cambio comienza a convertirse en hecho a partir
de deseos. Las estadounidenses, para cuando se firmó el manifiesto, reclamaban —como las francesas— el derecho a votar y a
postularse por un cargo; a tener un empleo; a que sus propiedades no fueran transferidas al esposo, y así.

El movimiento sufragista mexicano logró que las mujeres
pudiéramos votar en 1953. Ya para entonces había muchos intelectuales, políticos, escritores, legisladores y gobernantes que
apoyaban esta iniciativa. El casi desconocido en nuestro tiempo
Guillermo de Luzuriaga y Bribiesca dio a la estampa *El derrumbe*
(México, Materia, 1946), una novela en donde denunciaba la situación de las mujeres de México, sobre todo, las más pobres, en la
capital del país. Ya no era nada más obtener el derecho al sufragio,
sino igualdad y justicia para nosotras. Eso ya abordaba Luzuriaga.

En México, hasta hace no mucho, las parejas que se casaban
ante el juez del Registro Civil firmaban con sus testigos la unión
legal y a ambos se les leía la famosa *Epístola de Melchor Ocampo*,
a que obligaba la Ley de Matrimonio Civil. Quiero resaltar desde
el principio que Ocampo era un liberal que participó en la Guerra
de Reforma, uno de los momentos clave en la historia del México
independiente. Lo anterior no debe pasarse por alto, porque fue
a partir de 1859 que comenzaron a publicarse varias legislacio-
nes que separaron a la Iglesia y el Estado. México es un país laico
desde entonces y que siga así por siglos.

La Ley de Matrimonio Civil reivindicaba el matrimonio civil como el importante, no el religioso. La lectura pública de la epístola de Ocampo era una exhortativa a la pareja a llevar una buena vida juntos, forjar una familia, cuidar de los hijos y respetarse. En la concepción de aquellos tiempos —¡en una república liberal!—, el hombre debía agradecer a sus «dotes sexuales», «el valor y la fuerza»; por lo tanto, era su responsabilidad dar a la mujer «protección, alimento y dirección, tratándola siempre como a la parte más delicada, sensible y fina de sí mismo, y con la magnanimidad y benevolencia generosa, que el fuerte debe al débil». La mujer, a su vez, era la parte frágil, pues entre sus «dotes sexuales» se encuentra «la abnegación, la belleza, la compasión, la perspicacia y la ternura». Siendo así, en reciprocidad, ella «debe dar y dará al marido, obediencia, agrado, asistencia, consuelo y consejo, tratándolo siempre con la veneración que se debe a la persona que nos apoya y defiende».[40]

Pese a lo obsoleta que pueda parecer, esa carta es muy valiosa, porque desde que se mandó leer en los juzgados a los casamenteros, se consignó que hombres y mujeres en México son libres e iguales ante la ley. El feminismo más reciente logró que la lectura de esta carta fuera suprimida en 2006, bajo el argumento de que violaba la Constitución Política de los Estados Unidos Mexicanos. Todavía en 2016, desde el Congreso de Tamaulipas, se exhortaba a suprimir su lectura obligatoria en el estado de Tamaulipas.

Revisando periódicos viejos (es parte de mi trabajo, me gusta), descubrí que la definición de hombre y de mujer no variaba. Uno editado en Monterrey, el 18 de noviembre de 1911, reprodujo un texto de Victor Hugo, el famoso escritor francés, en primera plana: al hombre le es dada la fuerza, el cerebro, el genio y su aspiración es la suprema gloria; la mujer posee, a manera de balance, corazón, es el ángel, «el más sublime de los ideales» y su aspiración es la «virtud extrema». «El hombre piensa, la mujer sueña», «el hombre es un océano, la mujer es un lago», «el hombre está colocado donde termina la tierra, la mujer, donde comienza el cielo».[41] Vaya que han cambiado los tiempos.

El derecho al divorcio

Me detengo en otro suceso relevante: las sesiones de la Soberana Convención Revolucionaria que se llevaron a cabo en 1914, en Aguascalientes. Ya comenzaba a discutirse nuestra Constitución.

Los convencionistas discutían el artículo «XXI. Proteger a los hijos naturales y a las mujeres que sean víctimas de la seducción masculina, por medio de leyes que les reconozcan amplios derechos y sancionen la investigación de la paternidad». En torno a dicho artículo se formularon varios argumentos: que lo mismo valía proteger a la esposa que a la concubina; que no todas las madres lo eran de hijos naturales; que no todas las mujeres eran seducidas. Quedó aprobado de la manera anterior.[42]

Enseguida discutieron el «XXII. Favorecer la emancipación de la mujer por medio de una juiciosa *Ley sobre el divorcio*, cimentando la unión conyugal sobre la mutua estimación y el amor y no sobre las mezquindades del principio social». Los convencionistas se oponían por considerar que el matrimonio era indisoluble y, a la vez, la base de la estabilidad de la familia. Uno de ellos afirmó que, si se consultara a la población, el 80% estaría en contra del divorcio. El convencionista coronel Federico Cervantes, quien estaba a favor, declaró:

> Es común en nuestra sociedad que la mujer sea la esclava, y por eso los hombres mezquinos y egoístas llamamos a la mujer mexicana la mujer más llena de virtudes de todo el mundo, porque es la mujer que menos ha comprendido su papel principal en la tierra, y porque somos los hombres que de la manera más bestial o absurda golpeamos a la mujer o la obligamos a trabajar o a obedecernos.[43]

Asimismo, se pronunció por la igualdad entre los sexos. «Queremos que la mujer no sea cosa ni sea esclava, ni sea menor por el hecho de ser mujer, queremos que la mujer por el hecho de ser un ser que fisiológicamente tiene más penalidades y más sufrimientos que nosotros [...] tenga, si es posible, más derechos y consideraciones mejores que el hombre».[44] El artículo fue apro-bado.

No puedo omitir, aunque no me haya extendido, que durante esos tiempos también se puso fin a la esclavitud (1917). El 22 de julio de 1914 se promulgó la Ley del Divorcio (en donde subyacía la implícita aceptación de que la esposa no puede ser esclava del cónyuge). El 29 de diciembre de 1914 se estableció lo siguiente:

> Fracción IX.- El matrimonio podrá disolverse en cuanto al víncu-lo, ya sea por el mutuo y libre consentimiento de los cónyuges cuando el matrimonio tenga más de tres años de celebrado, o en cual-quier tiempo por causas que hagan imposible o indebida la reali-zación de los fines del matrimonio, o por faltas graves de alguno de los cónyuges, que hagan irreparable la desavenencia conyugal. Disuelto el matrimonio, los cónyuges pueden contraer una nueva unión legítima.[45]

En esos tiempos, cuando se definían tremendos asuntos a favor o en contra nuestra, Felipe Carrillo Puerto, preso por el movimien-to revolucionario, en 1912, le expresó a su hija Dora, de 14 años:

> Las mujeres son tan libres como los hombres, porque somos hijos de ambos sexos y yo creo que no debo ser más que mi mujer, porque en ese caso cometeríamos una injusticia muy grande, como se está haciendo. Trabaja, hija mía, y así nomás te verás respetada y querida por los demás y así honrarás a la humanidad.[46]

En la presentación de la Ley del Divorcio se aceptaba que la legítima desunión es la única manera racional de «subsanar, has-ta donde es posible, los errores de uniones que no pueden o no deben subsistir». Además, que la mayor parte de las parejas en México vivía en «amasiato» porque eran demasiado pobres para organizar una boda religiosa y firmar un acta de matrimonio. Como se dice ahora, casarse por la Iglesia y por el civil.

Desde entonces se empezó a hablar de la «incompatibilidad de caracteres».[47] El periódico *El Pueblo*, en una simpática crónica durante los inicios de 1915, recreó la forma de pensar de las mujeres veracruzanas en torno a la nueva ley: todas, lo mismo «señoronas que las damitas remilgadas», están enteradas de los éxitos militares del Ejército Constitucionalista, pero también de la nueva Ley del Divorcio, que

> las ha apasionado un poco; pero no temen que la cadena de flores que ellas saben tejer las deshaga el que tenga la suerte de ser cautivo de amor. Ninguno se divorcia más que cuando a la mujer le place —las excepciones confirman el aserto— y ellas lo saben, pues no hay mortal que resista el fuego graneado de unos ojos amantes, ni las palabras dulces de la compañera de nuestra vida.[48]

LA POLÉMICA ENTRE SUFRAGISTAS Y ANTISUFRAGISTAS

El feminismo en México ha tenido, pues, varias denominaciones. Mencionaba líneas atrás la de «liberación femenina», pero en aras de acopiar más expresiones que conducen a lo mismo (la lucha a favor de las mujeres), encuentro mencionado «feminismo mexicano» en la voz de un orador anónimo que, en marzo de 1917, presentaba a Hermila Galindo como candidata a diputada federal. No exaltaba su condición de mujer, sino su capacidad, ser una «luchadora incansable». Algunos, en aquel debate, asumían que postular a una mujer era un «contrasentido que pugna contra la costumbre o, si queréis, contra la preocupación secular. Podría ir al fracaso por el peor de los caminos, ¡por el ridículo!».[49]

El expositor desconocido reviró: «La señorita Galindo es un espíritu fuerte, es una vidente que tiende sus miradas lejanas hacia los horizontes del porvenir, por encima de todas las miopías y de todas las preocupaciones de su País y de su época».[50] Y qué hermoso se lee lo que sigue: «está hecha de la madera de roble de la que son sus congéneres, las heroínas, republicanas y democráticas».

Tú, lector, lectora: ¿dudas de que todas las mujeres estamos hechas de roble? Yo no: estamos hechas de roble.

Hermila Galindo no ganó, pero escribió una reflexión aún más sorprendente: en la democracia hay que «saber perder». En ningún momento argumentó su condición de mujer. Se limitó a aceptar que «perder una elección significa no obtener la gracia de ocupar el primer puesto en servir una causa por el bien general».[51]

Pero antes, en el gobierno de Francisco I. Madero, las mujeres comenzaron a tener un lugar público. Madero, por así decirlo, era feminista. Fuera con apodos a la hora de escribir en los periódicos (que eran el principal medio de educación y formación política) o con sus nombres «de señorita» o de «señora casada», poco a poco salían del anonimato. Muchas participaron en la fundación de los llamados «clubes antirreleccionistas», pues —como se sabe— el lema del maderismo para combatir la dictadura de Porfirio Díaz se sustentó en «Sufragio efectivo. No reelección». Algunos nombres: Juana Belén Gutiérrez de Mendoza, Dolores Jiménez y Muro, María Trejo, Rosa G. de Maciel, Laura Mendoza, Jacoba González, Dolores Medina y otras conformaron el club político maderista «Amigas del Pueblo». Casi de forma simultánea nació el Club Femenil Antirreeleccionista «Hijas de Cuauhtémoc», también en 1910, en donde aparecen algunos de los nombres anteriores sumados a los de Julia Nava de Ruisánchez y Mercedes A. de Arvide, entre otras. Es difícil completar la lista aún.

Con el gobierno provisional de Venustiano Carranza, nuestras antepasadas avanzaron un poco más en materia de derechos. Fue célebre el Primer Congreso Feminista que promovió Felipe Carrillo Puerto en Mérida, realizado en 1916, en dos sesiones: una en enero y otra entre noviembre y diciembre. Desde este Congreso destacaba el derecho que exigían para poder votar. La pregunta elemental era esta: si la Revolución se inició por una reivindicación del voto, ¿por qué las mujeres no tenían ese derecho?

El Congreso Constituyente estableció lo siguiente:

Artículo 34. Son ciudadanos de la República todos los que, teniendo la calidad de mexicanos, reúnan además los siguientes requisitos: I. Haber cumplido dieciocho años, siendo casados o veintiuno si no lo son. II. Tener un modo honesto de vivir.

Artículo 35. Son prerrogativas del ciudadano: I. Votar en las elecciones populares. II. Poder ser votado para todos los cargos de elección popular, y nombrados para cualquier otro empleo o comisión, teniendo las calidades que establezca la ley [...][52]

De los 190 diputados constituyentes, todos varones, unos pocos discutieron sobre la falta de aclaración respecto al voto de las mujeres. Declararon que tal redacción dejaba en la ambigüedad si ellas podían o no sufragar. El 23 de enero de 1917, cuando se discutieron estos artículos, el diputado Antonio Ancona Albertos ofreció estas razones aclaratorias en contra: hombre y mujer son sexos diferentes, y «en el estado en que se encuentra nuestra sociedad», la actividad de la mujer «no ha salido del círculo del hogar doméstico, ni sus intereses se han desvinculado de los miembros masculinos de la familia».[53] Agregó: «las mujeres no sienten, pues, la necesidad de participar en los asuntos públicos, como lo demuestra la falta de todo movimiento colectivo en ese sentido».[54] La mayoría prefirió no aclarar y se perdió una oportunidad de oro para que las mujeres pudieran expresarse en las urnas.

Estas palabras y el texto final de los artículos 34 y 35 habían tenido también opinión en la voz de tres mujeres, las cuales debatieron en las páginas de *El Gladiador*. Inés Malváez dio sus razones sobre por qué debía posponerse el derecho de la mujer al sufragio. *1)* No pueden «mientras no se hayan empleado algunos años en su educación»; *2)* se pondría en peligro «la soberanía de la Patria, los principios constitucionales y la idea general de la Revolución»; *3)* el clericalismo se apropiaría del Gobierno, y *4)* si el hombre

no tiene suficientes conocimientos de lo que es el sufragio [...] la mujer en general está más incapacitada [...] puesto que el mismo hombre la ha descuidado dejándola entregada en el seno de un absoluto fanatismo [religioso], que le impide la libertad de pensar, de aprender y ser capaz de llegar a tener el conocimiento exacto de lo que son los derechos individuales.[55]

¿Una declaración así merece o no analizarse en su contexto? Pienso que sí. ¿En realidad era tan grande el poder de la Iglesia sobre las mujeres hacia 1917? Inés Malváez consideraba, hay que asentarlo, que la mujer debe tener los mismos derechos que el hombre; pero, «por el momento», «solo debe concedérsele el de opinar y emitir libremente sus ideas».[56]

Hermila Galindo respondió con estos argumentos: 1) el hecho de que «la mujer haya sido instrumento del clero no quiere decir que siempre lo siga siendo». Para sostenerlo, (igual que la anónima francesa que respondió a Dumas hijo), se refirió a la obra de John Stuart Mill, quien afirmó que «es más perjudicial que beneficioso para una nación que se declare con igual derecho político a la ignorancia que a la ilustración», parafraseó Galindo; 2) pensar que primero tienen que estudiar es «de cepa reaccionaria, pues [es] el aplazamiento de un eterno mañana que nunca llega [...] [y constituye] el mejor ejemplo de los retrógrados»; 3) el sufragio debe ser «restringido» por ahora, en efecto, para evitar que el voto femenino sea movido por el fanatismo religioso; así, pueden votar quienes «sean acreedoras [...] por su cultura y por su evidenciada contribución para el mejoramiento de la patria»; 4) es infantil que a la mujer solo se le conceda el «derecho de opinar y emitir libremente sus ideas», pues tal «siempre lo ha tenido»; 5) es una contradicción declararse partidaria de la Revolución y «abogar por que la mujer permanezca en el mismo estado de servilismo después de la Revolución, apoyando en esta forma los argumentos de los enemigos de la liberación de ella».[57] Concluye Hermila Galindo: «mientras la mujer no obtenga derechos políticos con el debido discernimiento [...] no podrá alcanzar los sitios a que su aptitud puede llevarla».[58]

A la polémica se sumó María Campillo, días después: Hermila Galindo, escribió, no rebatió nada, solo dedicó renglones a hacer gala de erudición. No comprende que «el espíritu de la mujer es esencialmente conservador, a diferencia del espíritu del hombre [...] [que] es liberal».[59] Para ella, es de todos conocido que «todas o casi todas las mujeres» mantienen relaciones con la «facción clerical y, por tanto, con el partido conservador», por ende, sugerir que solo voten las que tienen una cultura o han probado su contribución para el mejoramiento de la patria es entregar el proyecto revolucionario a la Iglesia.

A Hermila Galindo, continúa María Campillo, «se le han indigestado los libros anarquistas y baratos que vende una conocida casa editorial, y ha salido a escape de la cocina de su casa, diciendo que ha prestado "indiscutibles servicios a la revolución"». No admite que «la política es una función que hasta hoy solo han podido desempeñar los hombres».

Y como Ricardo Flores Magón (se leerá más adelante sobre ello), Campillo termina su contestación rebajando los argumentos de Galindo al atacar a su persona: la llama «ex joven señorita». Y le recomienda conseguirse «un novio que la haga ver cuán equivocada ha vivido hasta hoy, quitando el tiempo a los políticos y viviendo como parásito».[60]

> El día avanzaba
> entre nosotros
> las armas dividían
> pero el nido no lo dejo de hacer
> aunque no logre verte
> ni decirte en medio del desastre
> que eres el cielo
> el mismo cielo
> por el que se abrió fuego.
>
> MINERVA MARGARITA VILLARREAL[61]

LOS DERECHOS DE LAS MEXICANAS

Así llegamos al movimiento sufragista. Primero aceptaron que podemos divorciarnos, pero no votar.

Desde 1912, gracias a la intervención de Francisco I. Madero, el voto de los mexicanos se convirtió en directo. La Revolución había comenzado con el lema «Sufragio efectivo. No reelección». Antes, en México, se reproducía el modelo estadounidense, es decir, de manera indirecta el elector elige a un candidato, pero en realidad el sufragio va para congresistas, quienes nombran en última instancia al presidente.

La Revolución mexicana en general, que germinó con la Constitución de 1917, nos permitió avanzar mucho más en derechos (y, por ende, en obligaciones) para todos en lo individual y en lo colectivo. Un repaso de ellos: el primero, somos libres y, por tanto, queda suprimida la esclavitud; el segundo, la nación es única e indivisible; el tercero, la educación es libre, laica, gratuita y de calidad; el cuarto, el varón y la mujer son iguales ante la ley; el quinto, libertad de trabajo; el sexto, la libre expresión de las ideas; el séptimo, la libertad de difusión de las ideas; el octavo, el derecho de petición; el noveno, el de asociación y reunión; el décimo, el de portación de armas con permiso oficial; el undécimo, el derecho de tránsito; duodécimo, no se conceden ni valen títulos nobiliarios, y el decimotercero, nadie puede ser juzgado por tribunales especiales. Nuestra Carta Magna así lo plasmó y de esa manera se convirtió en una de las más avanzadas en el mundo. Para 1926 se incorporó como derecho la libertad de culto o religión.

El repaso es muy veloz porque solo pretende aderezar el tema central, en este apartado, que es recoger los progresos en la lucha por los derechos de las mujeres. Sin duda, todos los anteriores obraron en nuestro beneficio; sin embargo, quedó pendiente el de votar y ser votadas, no solo en elecciones locales, sino para presidente. La legalización del voto femenino, en México, fue a partir de 1947; es decir, mucho después que otros países como Finlandia (1906), Noruega (1913), Dinamarca (1915), Alemania (1919), Estados Unidos (1919), y más o menos al mismo tiempo que otros como Perú (1955), Chile (1949), y mucho antes que otras naciones como Suiza (1971). En muchos países, especialmente en naciones teocráticas o reinos (monarquías parlamentarias), donde la democracia no es directa o el poder se hereda entre consanguíneos sin elecciones, las mujeres siguen siendo tratadas como esclavas, sin derechos de expresión ni asociación. También hay regímenes totalitarios o dictaduras, en donde no es permitida la pluralidad política ni el derecho a la información, entre otros.

Bien reflexiona Habermas: en las constituciones modernas hay un reconocimiento «que protege la integridad del individuo, incluso en los contextos de vida que configuran su identidad».[62] Eso ocurrió con la Constitución Mexicana. Pero dejó muchos pendientes que, a lo largo de más de cien años de su promulgación, se han ido resarciendo. Habermas indica que precisamente «una realización consecuente» de movimientos sociales y luchas políticas han sido las encargadas de mover esa incorporación a lo que quedó desdeñado en la redacción. Esto puede comprobarse, afirma, nada más repasando «la historia del feminismo, que siempre debió acometer nuevas embestidas para poder alcanzar sus metas jurídico-políticas frente a fuertes resistencias».[63]

Con el poder del voto en la mano, el feminismo mexicano comenzó a proponer peticiones más peculiares y no generalizadas u homogéneas: la reivindicación por derechos tales como tener o no hijos (el aborto incluido), la diversidad sexual, mejoras económicas para las trabajadoras; guarderías o albergues para madres trabajadoras, etc. En los años recientes arreció el tema de la paridad de género tanto en puestos gubernamentales como en los de elección popular, incluso en la iniciativa privada. Los avances han sido veloces y en ello se ha fusionado la presión social y la voluntad de gobernantes. En la actualidad, con fines políticos —me parece—, la lucha feminista se ha fragmentado y esto resta a la causa.

LIBRES E IGUALES

Ni el Estado, ni el Gobierno, ni la Iglesia, ni el pastor tienen por qué decidir dotes, fuerzas ni responsabilidades de cada parte del matrimonio, como sea que esté conformado. La vida marital (o no) corresponde vivirla (o no) a individuos libres que por común acuerdo forman una pareja o familia. Cada mexicano y mexicana mayor de edad es libre e igual ante la ley y, por tanto, responsable de sus actos. No existe, repito, ineludible ni forzosa sujeción de uno o de otro ni a sus personas ni a sus empleos o responsabilidades. En términos legales así es. En términos convencionales o morales cada pareja decide y nadie fuera de ella tiene potestad alguna. El día en que en la práctica quede absolutamente esclarecido que ninguna esposa, novia o prometida está sujeta a las decisiones de su marido, novio o prometido, México en verdad habrá dado un gran paso.

Conociendo —como he dicho— a miles de mujeres mexicanas, puedo afirmar que la criatura que toda mujer lleva dentro, en sus entrañas, en su concepción de la vida, aún debe trabajar por algo más importante aún: la valoración de sí. Le llaman también autoestima.

Me miro en el espejo y debo comenzar a reconocerme como estoy. Me parezco a alguien (un familiar) o adquirí los gestos o expresiones de quienes me rodean. Mi vida ha transcurrido de esta manera y he decidido narrarla así o asá.

¿Cómo te cuentas tu vida? De esa manera, para empezar, comienzas a valorar tu existencia. Ninguna criatura femenina está predestinada a estar detrás del hombre, arriba de él o lejos de él. Somos un todo: desde nuestra esencia animal (salvaje, instintiva) hasta nuestra esencia racional. La mujer mexicana tiene que hacer ese repaso personal, encontrar los hilos que conectan entre sí y le dan valor y sentido a su existencia, pero también detectar cuándo se perdió el vínculo.

Trasmontar y ser consciente de ello nos permitirá la verdadera dimensión individual y singular que somos. El reto es enorme: en todos los lugares existe de manera real o imaginaria algún adversario que puede deteriorar nuestra estima. Por ello, la mujer que se quiere debe ir avanzando a paso firme y con algo de sigilo. Lo expreso por experiencia propia. Las victorias íntimas son producto de largos esfuerzos en los que no hubo ayudantes *de facto,* sino, antes bien, una abundancia de agentes opositores, con o sin intención de frustrar nuestra propia valoración.

En el transcurso de la vida, las mujeres mexicanas —es mi deseo— deben abrazarse mucho más, admirarse de sí mismas y de sus capacidades, y no esperar a que vengan de fuera a reconocer ese progreso o victoria, no. Lo que veo en nuestra sociedad es, antes bien, un deseo involuntario de que caiga sobre nosotras la ruina. Ese es el patriarcado, la raíz bajo la tierra: el control que otros suponen que pueden y deben ejercer hacia el resto. Por ello la propuesta: ¿por qué no miramos nuestras propias raíces y exploramos el advenimiento del primer tallo? ¿Por qué no observamos cómo crece nuestro tronco, salen las ramas, luego otras, las hojas y hasta las flores, bellas como son? Ahí está el roble fuerte que somos.

De ninguna manera esta proposición de mirar hacia adentro para sacar de ese viaje nuestra propia estima está relacionada con la práctica de un ejercicio evasor, consistente en culpar al prójimo de nuestra incapacidad, desgracia, pérdida o ineptitud. Si en el álbum de los recuerdos ha quedado clara aquella retahíla de que éramos seres inferiores, el «sexo débil» y otras etiquetas, no es una buena estrategia acusar a otros de lo que no hacemos por nosotras mismas. Tampoco lo es ejercer un poder patriarcal hacia nuestras semejantes.

> Oh, my mama told me,
> 'cause she says she learned the hard way,
> she say she wanna spare the children,
> she say don't give or sell your soul away,
> 'cause all that you have is your soul.

> [¡Oh!, mi madre me dijo,
> porque aprendió de la manera más difícil,
> que quiere salvar a los niños,
> que no des ni vendas tu alma,
> porque es todo lo que tienes].

> «All that You have is Your Soul»,
> TRACY CHAPMAN

III
LA RESISTENCIA

Definición

Este término debo definirlo primero porque a menudo ocurre, en pláticas privadas o públicas, que se da por hecho o por consigna que tal palabra significa lo mismo para todos. Esto no es así. Cualquier observador del lenguaje se ha percatado de que los significados cambian hasta para él mismo. En la infancia, la adolescencia y la juventud, usamos determinados términos con insistencia. Pasan esas épocas y vienen las siguientes camadas y estamos ya empleando otro léxico, refiriéndonos a otros temas y, en fin, aprendiendo, como supongo que debe ser.

Concretar un concepto o una idea es lo óptimo para discutir sobre un tema. Sin embargo, cuando definimos, también tenemos que dejar fuera otro posible significado para la misma cosa nombrada (referente). Quiero poner en la mesa un primer término que para mí es sustancial en este libro: resistencia. Y, como es cosa seria hablar de resistencia, a mi manera haré un corto viaje para hallar su sentido y esclarecer por qué hoy me es muy significativa.

Al menos para nuestra cultura occidentalizada, la noción de resistencia fue heredada al cristianismo y es en el libro del Apocalipsis donde se le confiere el propósito de ser *resistencia en acción*. De hecho, por tradición, la apocalíptica (corriente literaria y teológica del judaísmo) «era una vía alterna a la revolución armada».[1] El Apocalipsis, cuyo escritor es Juan, habría sido redactado en griego en tiempos de la persecución contra los cristianos en Roma, entre el régimen de Nerón y después del de

81

Domiciano (siglo I), según los estudiosos. Es un libro de imágenes y símbolos, sin duda, y sobre él se ha figurado cualquier cantidad de interpretaciones, sobre todo a partir de la «bestia» y el «cordero», palabras que, para el tiempo de su escritura, remitían al poder, el sometimiento, la opresión, la marginación, el autoritarismo y sus contrarios.

Tomo un excelente comentario de Tarcisio H. Gaitán Briceño y Catherine Jaillier Castrillón: «La bestia no genera respeto sino miedo. Los hombres obedecen y creen en lo que sale de su boca porque de ella salen llamas que consumen y los hacen cenizas».[2] ¿Qué hacen los seres humanos ante el miedo? ¿Se quedan petrificados? Me extiendo solo un poco más para levantar hacia el aire la consideración que cada cual pueda ofrecer: muchos intérpretes del Apocalipsis indican que en ese libro no solo se habla de una «resistencia» en tiempos de tiranía o falta de libertades, sino que se trata de una resistencia adjetivada: es acción, espera, esperanza.

La resistencia tiene su origen en el antiguo latín *resistentia*. Dicho sea de paso, para mí es muy útil conocer de dónde vienen las palabras que empleamos porque nos dan una significación primaria. También se corre el riesgo de incurrir de manera incisiva en la falacia etimológica, es decir, que el significado de una palabra no cambia nunca y es forzoso tomar como única descripción lo que desde su raíz se definió de ella. La lengua está viva. Lo que significa hoy algo quizá durante siglos remitió a otros sujetos y objetos.

El desglose que he realizado sobre la palabra *resistencia* me parece, en este momento, que sobrevive al paso del tiempo y hoy vale lo mismo que en aquellos siglos. Puede ser que, estudiando más, reniegue en un futuro de lo anterior porque así es el entendimiento: un proceso de estudio y actualización constantes. Pero sí me gusta la idea de que *el resistente*, entonces, sea quien se mantiene firme, de pie, no abatido, sino que se halla dignamente sostenido esperando a que pase el tormento, el vendaval, el huracán, el mal tiempo. No se ha caído. Está observando con el cuerpo reforzado sin dejarse ir, asegurando el sitio que ocupa; está en una inmovilidad necesaria, pero al mismo tiempo en acción para que el viento no lo arrastre. Está alerta.

LOS RESISTENTES

Sin duda, el resistente cree que no siempre mantendrá esa postura (ni física ni mentalmente). Tiene la convicción de que el tiempo hará su trabajo y en algún momento podrá descansar, bajar los hombros, quizá sentarse, beber agua, caminar un poco y dormir. Es decir, tiene la conciencia de que ningún mal es eterno y que el bien (siguiendo la dicotomía o antítesis de los antiguos griegos) acabará por aparecer más adelante si se tiene paciencia, sin henderse, y tal holgura podrá permitirle continuar la difícil lucha que él y otros enfrentan o enfrentarán. La resistencia también tiene como cualidad que no confronta, no ataca y no agrede. Consiste en conservar los pies firmes. Por ende, la resistencia es inherente a la esperanza. Quien no confía en un porvenir mejor pierde perspectiva; cuando lo acomete ese rasante mal viento, avanza derrotado hacia cualquier parte.

Los resistentes sabemos que hay agua que corre. A veces aparece un lanzallamas o un agorero del mal, al mismo tiempo que, bien sostenidas las piernas, vemos pasar absurdos o maldiciones porque confiamos en que vendrán corduras o parabienes, o que no vendrán, pero algún día terminará el tiempo de mantenerse en medio de la vorágine y podremos bajar los hombros, incluso agacharnos para recoger hojas o flores. Los resistentes apreciamos mucho mirar el piso y ver qué ocurre.

Ahora bien, resistir no siempre significa ganar, ya sea en ese momento o después. Los que resistimos no buscamos la victoria, sino, sobre todo, deseamos no decaer. Resistir solo denota, para efectos de la explicación que quiero ofrecer, que cuando se viven esos tiempos convulsos en la casa, en la comunidad, en la nación o en el mundo, mantenerse de pie es la mejor manera de estar. Pero estar de pie no garantiza salvar la vida. Hay muchos acontecimientos fuera de nosotros que pueden atacar esa postura ante la vida. Nos pueden asesinar. Dicho de otro modo menos cruel: se puede morir en resistencia. Y morir en actitud resistente y activa es dignidad. Si libramos las convulsiones, resistir se tornará en una afrenta para continuar con los pies firmes luchando por aquello que se quedó suspendido o trunco; incluso resistir puede convertirse en un tiempo que necesitamos vivir, lo sepamos o no, lo queramos o no. Antes, durante o después, la resistencia nos obliga a pensar en los objetivos o metas que nos mantienen en vilo.

La lucha por las causas que defendemos debe ser clara, porque de lo contrario, si no sabemos por qué enfrentamos adversidades, los que resistimos podemos terminar desilusionados, comenzar a sentir un cansancio o una rabia que se tornará crónica y pasar el tiempo enfurecidos, con deseos de venganza, en la maledicencia y otras conductas que se ven todos los días en todas partes.

La resistencia la entiendo como una causa superior y por ella todos los sacrificios tienen sentido. No haber sido vencidos moralmente puede ser, cuando la resistencia termina, la oportunidad de razonar de nuevo sobre qué no pudimos hacer en ese lapso en que no había condiciones para emprender las tareas que nos conducirían a cumplir sueños e intenciones propios, de nuestra familia, de nuestros amigos, de la comunidad, de la nación, del mundo.

Por ejemplo, las guerras armadas (porque hay psicológicas, mediáticas, propagandísticas y de otra ralea) tienen por objetivo que una facción venza a otra. Ahí aparecen miles de resistentes que lidian contra todos los inconvenientes que derivan de un conflicto bélico: desde la pérdida de la paz social, el uso de armas, la toma de partido sobre las partes en conflicto, hasta la absoluta incertidumbre de quien, por ejemplo, se convierte en refugiado para salvar a su persona o a su familia.

Lo único bueno de las guerras bélicas es que tienen fin. Por eso, en tiempos de paz social, todas las naciones buscan retomar aquello que fue suspendido. Incluso antes de ello hay que reconstruir lo destrozado. Berlín es un buen ejemplo de esto último.

No creo que exista periodo de posguerra alguno en donde los sobrevivientes y sus líderes no se interroguen incluso acerca de cómo se delinea un nuevo tiempo. Después de la Segunda Guerra Mundial, por ejemplo, la mayor parte de las proposiciones filosóficas se encaminó hacia el terreno de la ética para explicar por qué, palabras más, palabras menos, nos matamos entre nosotros. ¿Qué motiva a los individuos, desde el punto de vista social, a unirse a un movimiento armado? ¿Es una decisión voluntaria o una obligación? Lo mismo da la respuesta. Hay guerra. Todas las guerras, se supone, defienden algo. No surgen nada más por una tendencia biológica del ser humano o del colectivo a imponerse por la vía de la fuerza sobre otro. En todas las naciones, curiosamente, glorificamos a quienes han salido victoriosos de guerras violentas. ¿Realmente necesitamos más guerras para lograr qué?

EL REBAÑO Y LA LIBERTAD

En todas las conflagraciones hay héroes, sobrevivientes, malvados, perjudicados, villanos, bienhechores y jefes silenciosos. Ponerles el nombre que tuvieron es darles su merecido reconocimiento, sobre todo a las víctimas y a los bienhechores. Pero si no llegamos a saber cómo se llamaban, cualquier persona que viva en este planeta en el siglo XXI debería comenzar a contar la historia a partir de la perspectiva de *los-sin-nombre*. No solo el héroe encarna el propósito que lo llevó a encumbrarse. Junto a él, detrás de él, sin lugar a duda, había otras caras con sus propias historias echadas a los hombros, que lo seguían por convicción, por obligación, porque no había otra opción, o simplemente por ser «borregos», si el término les parece. Para Friedrich Nietzsche, este concepto incluso lo llevó a afirmar que los seres humanos no somos en absoluto libres, y que la mayoría de nosotros solo es parte de un rebaño.

Reflexionemos un poco más sobre lo anterior: en *La genealogía de la moral* (1887),[3] Nietzsche define que hay dos clases, la de los señores (donde caben los militares y los sacerdotes) y la de los esclavos (los débiles, los enfermos; el resto, pues). En *Más allá del bien y del mal* explica que, si no somos de la primera clase, somos de la segunda. El esclavo es «un animal de rebaño, servil, enfermizo y mediocre, el europeo de hoy».[4] Ese europeo cristiano que describió el filósofo, a finales del siglo XIX, estaba en absoluta decadencia. Nietzsche, por ejemplo (no olvide el lector en qué época publica su libro) opina que mando y obediencia, si pensamos en un campo de batalla, convergen porque en el hombre hay una «voluntad específica de obedecer [...] que es exacerbada por el cristianismo proponiendo a Jesús como el pastor al que hay que rendirle culto y sacrificarse por él».[5]

El fenómeno «hombre rebaño», como le llama, se debe a que hombres y mujeres ya han sido domesticados en la obediencia sin preguntarse mucho o nada al respecto de lo que hacen y siguen de forma ciega a su pastor. Este hombre domesticado, esclavizado —el *borrego*—, se subsume ante el «malvado» (cualquiera de la primera clase: militar o clérigo) con abnegación bondadosa, pues en esta vida terrena no habrá justicia, pero sí una recompensa que será dada en el Cielo; esta es la promesa de salvación. Los fuertes seguirán siendo malvados e, instintivamente, el resto de los mortales querremos ser buenos (*instinto de rebaño*). Así, colocaremos a los «señores» en el terreno de la perversidad, sabiendo que al menos nosotros somos buenos. ¿De verdad somos puro rebaño? Es una buena pregunta para quienes, como yo, somos pueblo. Si a algún lector le punza «somos pueblo», va atenuado en inglés: «We Are the People», porque en inglés lo dicen sin pudor alguno.

Simone Weil, en el capítulo «Meditaciones sobre obediencia y libertad» que se encuentra en su obra *Reflexiones sobre las causas de la libertad y de la opresión social* (1934), considera que hay una sumisión de una mayoría a una minoría, conformada por *las masas*. Esto es el resultado del triunfo de lo pesado sobre lo ligero. Toma el caso Galileo Galilei, del siglo XVII, para explicar cómo el científico tuvo que «enfrentarse casi solo a un grupo especializado de hombres que hacían interpretación de las Sagradas Escrituras».[6] Antes describió lo difícil que fue para las primeras comunidades cristianas su práctica religiosa. Para las autoridades, estas iglesias representaban un peligro para el orden establecido:[7] los adeptos fueron perseguidos, torturados, y su doctrina, censurada.

Weil no es tan negativa pese a todo lo que ocurría en su entorno, pues admite que en ciertos momentos de la historia acaece que este predominio minoritario se revierte y son *las masas* las que emergen sin que nada ni nadie pueda detenerlas.

Así lo interpretó Weil en torno al cristianismo. Cambio de ejemplo. Gandhi se refirió a su propia religión, el hinduismo, pero se declaró abierto a otras: «No soy un literalista y, por tanto, trato de comprender el "espíritu" de las diversas Escrituras del mundo [...] El conocimiento no puede ser prerrogativa de una clase o sector determinado». Gandhi concibe que para asimilar «verdades más elevadas» se requiere preparación adecuada o preliminar: como quien intenta resolver cálculos algebraicos sin tener conocimientos básicos de matemáticas.[8]

El tema de las religiones, la mirada ajena sobre las de los demás, el estudio de los contextos en los que surgen y cómo modelan el pensamiento actual, incluso en cuestiones que salen de ellas (la vida civil, la vida política), dan para mucho más que lo que aquí ofrezco. No puedo abrir más mis paréntesis. Solo anoto, a propósito del rebaño y la libertad, lo que aportó José Ingenieros. Convencido del daño que causó a los individuos la clasificación entre liberados y oprimidos, víctimas y victimarios, por esa aceptada hegemonía de una clase que manda y otra que obedece, en *El hombre mediocre* (1913) sintetizó que, para salir del *rebaño*, era indispensable romper arquetipos. «Es propia de gentes primitivas toda moral cimentada en supersticiones y dogmatismos. Y es contraria a todo idealismo, excluyente de todo ideal».

Los ideales, escribió Ingenieros, «nacen y mueren, convergen o se excluyen, palidecen o se acentúan».[9] Entonces, quien no rompe la barrera de la mediocridad (creer en el justo medio), seguirá siendo un borrego pastoreado. Este libro ha sido muy

importante para decenas de generaciones en América Latina
que han luchado por la igualdad, la justicia y la libertad. Quizá
ya lo conoces. ¡Lectoras más jóvenes, no dejen de leerlo!

LAS RESISTENTES DEL PASADO Y LA CALUMNIA

Derivado de estos planteamientos disruptivos del siglo xx que apenas esbocé, se forjó la conciencia de generaciones en Europa y en
América, y por supuesto en México, de la cual surgieron, en buena
medida, movimientos sociales como el de la defensa de las mujeres.

Se habla de héroes, villanos, buenos, malos… ¿y las mujeres, entre tanto, son meras espectadoras de las luchas entre hombres?
Para nada. Las mujeres siempre han participado en las transfor-
maciones del mundo, aunque no se conozcan sus nombres o muy
pocos de ellos. Menciono a una de la cual sí se puede saber más
y quien ejemplifica cómo desde los sectores más progresistas de
la historia de México faltaba (y falta) el reconocimiento de la
individualidad femenina y su capacidad para aportar y transformar el mundo que le rodea: Juana Belén Gutiérrez de Mendoza,
también conocida como Juana Belén o María Juana Francisca
Gutiérrez Chávez. Lo «de Mendoza» es porque se casó con un
señor de apellido Mendoza. Hago notar esto porque en su tiempo, y aún en el nuestro, todavía hay mujeres que indican en su
nombre su estado civil, algo que les es imprescindible para la
vida social. Para mí no lo es.

Gutiérrez de Mendoza [o Gutiérrez Chávez] nació en Durango
en el siglo xix. Se casó con Cirilo Mendoza y tuvieron tres hijos:
Santiago, Julia y Laura.[10] Se atrevió a mucho, esa es la verdad: a
denunciar las penurias económicas y laborales de los mineros en
Coahuila, enviando notas a *El Diario del Hogar* bajo un pseu-
dónimo. No solo eso. Después se posicionó como antagonista
activa al régimen de Porfirio Díaz, el gobernante que más ha du-
rado en el poder en México (34 años), a partir de lo cual se inició
la Revolución mexicana en 1910. Se mudó a Guanajuato y fundó el periódico *Vésper* (1901).

Querida lectora, reflexiona sobre ello: Juana Belén era una pública opositora al régimen en el siglo XIX a través de su periódico. Hoy, seamos honestas, cualquier mujer puede levantar su dedo y afirmar que se opone al régimen. Incluso es aplaudida por ello. Es más, puede llevar lejos su osadía y afirmar que, si la ofenden, dicen alguna vulgaridad contra ella o la atacan, se incurre en «violencia política de género». Juana Belén no podía argumentar eso, y hacía bien, porque quien incursiona en la oposición entra de par en par. Eso es equidad. Un hombre o mujer en la vida política no puede asumirse inferior y, a partir de ello, acusar alevosía masculina o femenina. En el ring o fuera de este, somos hombres y mujeres de combate. El sexo no es condición para elevar o reducir al oponente y quien utiliza su supuesta superioridad o inferioridad de género quiere que nos compadezcamos porque es hombre o mujer vulnerable, lo cual es una contradicción.

Por esa digna lucha desde el periodismo (vía pacífica), Juana Belén pasó por una dura batalla de calumnias en su contra a las que resistió con mucha valentía. Por ejemplo, Jesús Martínez Carrión publicó una caricatura suya, en 1906, en donde esta mujer aparece abrazada con otra y en actitud pasional, arrebatándose los besos; una tercera figura lava ropa y como que no las mira. El dibujo se titula «Redacción de Juanita», acompañado de estos versitos: «Quiso hacerse literata / y lo hizo de tal manera / que logró el alto renombre / de "Juana la tortillera"». Para entonces, la tortillera era una mujer vulgar, sucia, capaz de tener sexo con cualquiera; la tortillera era como la prostituta. ¿Cómo se atreve una mujer a querer ser escritora (literata, periodista) y competir con los hombres de letras? Para atacarla, rebajarla, acabarla, nada mejor que reducirla a ser el peor ejemplo social: el de la vulgar tortillera. La Magdalena, la prostituta; lo opuesto a la Virgen.

Como ejemplo de que la igualdad entre hombres y mujeres no se hace realidad nada más a través de la ley, Juana Belén se convirtió realmente en una periodista muy famosa en los círculos liberales. Tras fundar *Vésper*, los editores de *Regeneración* le dieron la bienvenida:

La Sra. Juana B. Gutiérrez de Mendoza acaba de fundar en Guanajuato un periódico liberal, *Vésper* destinado a la defensa de las instituciones liberales y democráticas [...] *Vésper* está destinado a desempeñar un importante papel en este momento en que los buenos mexicanos luchan contra el personalismo entronizado, para preparar el advenimiento de una era de progreso para nuestra patria.[11]

Atemorizados por el contenido, personajes de la Iglesia católica y el gobernador de Guanajuato procedieron a confiscar su imprenta en 1901. Se trasladó a México para contar con un poco más de garantías y protección, y fue cuando se adhirió al partido liberal de los hermanos Flores Magón; por su activismo acabó encarcelada (ellos también) y en el reclusorio conoció a la presa Elisa Acuña y Rosete, a finales de 1903, con quien seguiría editando el periódico desde Estados Unidos una vez que obtuvo su libertad.

De ese tiempo, parece ser, proviene una relación de Juana Belén, presuntamente amorosa, con Santiago de la Hoz. Ocurrió que un día, el 20 de marzo de 1904, viviendo en el exilio, Enrique Flores Magón y Santiago de la Hoz se encontraban nadando en el Río Bravo, del lado estadounidense. Fue una actividad de esparcimiento que se convirtió en tragedia y sobre la cual hay dos versiones: que Santiago se ahogó a causa de unas olas que hicieron remolino, o que ahí mismo Enrique lo atacó hasta que logró hundirlo. Juana Belén creyó la segunda versión. De por sí, los liberales exiliados estaban divididos: ella había optado por dejar el anarquismo magonista e inclinarse por la propuesta liberal y democrática de Camilo Arriaga.

El cambio de postura de la escritora despertó la ira de Ricardo Flores Magón en cartas y luego en las planas de *Regeneración*. La señora Juana Belén ahora se dedica a «obstruir los trabajos del Partido Liberal», escribió Ricardo. Toda una plana de su periódico —se queja— para atacar.

No contestamos las sátiras superficiales de «Vésper» porque nos hemos propuesto emplear las páginas de «Regeneración» para

asuntos de verdadero interés [...] Por lo demás, no nos escanda-
lizamos: reconocemos a la señora de Mendoza el derecho de juz-
garnos como mejor le plazca y por hacer esfuerzos por arrebatar-
nos la confianza de los liberales en provecho de ella y de Camilo
Arriaga, que quisieran estar en nuestro lugar.[12]

En ese mismo artículo, ridiculiza un poco: «doña Juana podría
suponer que tememos sus grandes revelaciones», pero le acon-
sejamos que «si no quiere perder la estimación de los liberales»,
mejor haga sus análisis con crítica y seriedad para no hacer de
Vésper «el palenque de un pleito de comadres».[13] En la siguiente
edición desacreditó a la directora Juana y a Camilo Arriaga, su
mentor, para obrar de mala fe y calumniar al periódico, al partido
y a la Junta Organizadora.

Pero Ricardo cayó en la tentación de «golpear» a la persona y
no ofrecer argumentos y, para el número que siguió, la retomó
contra Arriaga, *Vésper* y Juana. Incluso revivió el episodio de Santiago de la Hoz y dejó entrever si este no habría sido también
«traidor y malvado». Le pregunta a ella por qué ataca con rodeos,
y la emplaza: «Las verdades se declaran con sencillez mientras que
las calumnias se traman con dificultad». Ella se cree «el centro
del universo» y tiene «delirio de grandeza».[14]

Por último, en una misiva que se hizo pública, dirigida a
Crescencio Márquez, de 1906, le compartió algo «asquerosísi-
mo»: «cuando estábamos en San Antonio, supimos [...] [que
ambas, Juana Belén y Elisa Acuña] se entregaban a un safismo
pútrido que nos repugnó [...] era vergonzoso que se nos si-
guiera viendo con las mencionadas señoras [...] Nosotros pensamos que era indecoroso [...] y procuramos alejarnos de ellas,
pero sin darles a entender que nos daban asco».[15]

Francisco I. Madero, en una carta también a Crescencio
Márquez, de 1906, confesaba:

No me gusta la política que han seguido esos señores Magón, pues sin
distinción de ninguna especie insultan a todo el mundo [...] [por
ejemplo] a liberales tan inmaculados como el ingeniero Camilo

Arriaga y se ponen a manchar las hojas de su órgano con los insultos más soeces hacia una señora.[16]

¿Qué relación tenía que el haberse separado del movimiento liberal con el hecho de que Juana Belén fuera lesbiana o no? Los ataques a las personas por su sexualidad son bajos porque no constituyen un argumento válido. Se combate con ideas, no con ataques a la persona.

¡Yo no acuso!

Yo no quiero acusar. Los que me hieren,
pueden hacerlo hasta saciar su rabia.
No he tratado de esquivar un solo golpe
ni he empañado mi pupila alguna lágrima,
ni he querido a los golpes que me acetan,
oponer la cobardía de una coraza.

Yo no quiero acusar. Los que me hieren,
me hieren por la espalda.
Mal pudiera acusarlos si en las sombras
jamás les veo la casa;
ni he sabido con qué arpones me clavaron,
ni cómo se llaman;
y supongo que son víboras tan solo
porque oigo que se arrastran...

Yo no quiero acusar. Donde hay cobardes
que hieren a mansalva,
son cobardes los testigos que los miran
y es cobarde también quien los emplaza
¡Jamás se debe mendigar la justicia
cuando se debe ejecutar venganza!

¿Ante quién he de acusar?... Si son los jueces
miembros mellizos de esta sociedad menguada,

acusar es poner la otra mejilla
y recibir la segunda bofetada.

JUANA BELÉN GUTIÉRREZ DE MENDOZA[17]

Ya mencionados algunos nombres de mujeres que participaron en el movimiento liberal y en la Revolución, también en el movimiento sufragista, no quiero omitir a otras luchadoras cuando se saben sus nombres: Concepción Arredondo de Rivera fue asistente de edición de *Regeneración*; Teresa Arteaga Brousse, propagandista, y repartía volantes del Partido Liberal Mexicano, aunque se separó de los hermanos Flores Magón en 1918; su prima María Brousse de Talavera, también apresada, como casi todas por los Gobiernos de México y de Estados Unidos, por su activismo político; Hermenegilda Ávila, Paula Carmona, Basilia Franco, Isaura Galván (activista mexicana en Los Ángeles); Florencia L. Hernández, quien, junto con otras mujeres, como Francisca J. Mendoza, formaron el Comité pro-liberación de los hermanos Flores Magón, detenidos en Los Ángeles. Así como Juana Belén, se separó del magonismo en 1905. Hay que incluir a Sara Estela Ramírez, escritora, profesora, organizadora de clubes liberales; a las hermanas Teresa y Andrea Villarreal González, quien en 1911 también se incorporó a las filas del maderismo. Felipa Velázquez, por ejemplo, fue enviada presa a las temibles Islas Marías, por su participación con sindicalistas y obreros.[18]

Para todas ellas, las ideas se hicieron acompañar de las acciones. Hermila Galindo, pionera del feminismo del siglo xx, era muy brillante, cultivada, reflexiva. Entre 1919 y 1920 definió cuáles eran los temas prioritarios de México, que resumió desde el título de un artículo: «saciar el hambre y la sed de justicia del pueblo mexicano es la más alta obra de moralidad político social». Al desarrollar la idea, destacaba varias cosas: antes de la Revolución «todos los errores políticos» se debían a la «prostitución de la justicia»: «el tapete verde sobre el cual se jugaban las cartas, la suerte y la vida del justo».

Y el vicio estribaba no solo en la inmoralidad y en la prostitución de los funcionarios encargados de administrar la justicia, sino que reconocía como causa esencial el estadio defectuoso en que las leyes habían sido concebidas por hombres que, atentos solo a favorecer los intereses plutocráticos del grupo dominante, las habían hecho a propósito para que ellas [las leyes] se prestaran a las involucraciones de la moral y a todos los atentados contra la equidad.[19]

Todo era más difícil antes de la Revolución para nosotras, aunque al cabo de este movimiento insurgente no se acrecentaron otros de nuestros derechos de manera automática. Ser profesional de algo era impensado. La primera médico fue Matilde Montoya, quien atravesó un sinfín de obstáculos para titularse. *La Mujer Mexicana*, mensuario que había comenzado a circular desde 1904, dedicó páginas y páginas a hablar de sus aportes. Ella abrió el camino para que otras pudieran ingresar a la carrera de Medicina. Sirva decir de paso que, para entonces, las mujeres que sabían leer y escribir eran poquísimas. Hacia 1910 los analfabetos[20] constituían el 74%, quizá más. Diferentes censos poblacionales nos permiten saber cuánto se ha avanzado en el siglo: en el de 1990, las mujeres representaban el 15%, mientras que los hombres, 9.6%. En el último, de 2020, las analfabetas son el 5.5%, y ellos, el 3.9 por ciento.[21]

Pocos años después, en ese mismo medio de difusión, se publicó la tesis de otra nueva médico, Antonia L. Ursúa.[22] Se incluyó una carta de felicitación de parte de María C. de Kattengell, fechada en Mapimí, abril de 1908. Escribe lo que hoy muchas argumentamos:

> Desde los primeros albores de la civilización la mujer ha ejercido grande influencia en la humanidad, aunque no siempre se le hayan concedido los mismos derechos de que hoy goza, hemos visto destacarse en la Historia personalidades que han adquirido renombre por su heroísmo, su talento, sus virtudes.[23]

Termino este apartado con una reflexión. La resistencia puede convertirse en una forma de vida.

He dejado por escrito estas anécdotas documentadas solo como un apunte general. Pero la realidad es esta: en la historia de México hay millones de mexicanas que llevaron a cabo actos heroicos, nobles, dignos de encomio y nadie sabe sus nombres y quizá no los conoceremos, porque se consideraba una osadía dar la cara para la defensa de derechos y defender a la patria. Quienes lo hicieron, arriesgaron su vida (incluso la perdieron), fueron humilladas, perseguidas, calumniadas, acosadas. Eso no las inhibió. Detrás de ellas, hay un poderoso contingente de mujeres anónimas. México les debe un monumento, como mínimo; el monumento a la heroína anónima. Fueron resistentes sin pedir a cambio fama, ni diplomas y esculturas, ni escribir en los grandes recintos su nombre con letras de oro. Seguirá habiendo mujeres de roble detrás de cada gran transformación y lucha. Mi más alto respeto para ellas, las ignoradas, las desconocidas, las olvidadas.

Ellas supieron, como hoy, que los resistentes estamos en constante acción, considerando que todo permanece en movimiento y que la paralización no está en nuestros planes. Las resistentes saben descubrir las oportunidades para actuar. «La actividad pasiva no transforma nada formalmente», como señala Bajtín.[24] Y no, no hace falta para millones que se nos aplauda a rabiar, que se nos enaltezca por encima de otros; tampoco que nos otorguen bulas ni usen nuestros nombres como ejemplo a seguir. Así como nuestras predecesoras, que buscaron dignificar a nuestro género y sobre todo a México, así como las que hoy son resistentes y casi inmunes al agravio, lo hemos hecho por los demás, sin condiciones, sin pedir nada a cambio.

IV
EL SILENCIO

Tú quieta, aunque
el trapecio todavía se mueva
y te delate.

Leer y releer una frase,
una palabra, un rostro,
sobre todo los rostros,
y repasar, pesar bien
lo que callan.

«Se recomienda»,
IDA VITALE[1]

Los resistentes saben guardar silencio. Se piensa que, debido a la gran cantidad de opciones de comunicación que tenemos hoy y al rápido progreso y cambio de la tecnología, el silencio se ha diluido. Las redes sociales son enaltecidas y, en general, quien hace uso del internet puede «romper el silencio», frase carrasposa que leo a menudo, y que se presenta como la voz de alguien que se hallaba en mutis, aguantándose, y de pronto, a raíz del desespero por expresar lo que le ahogaba, de manera «casual» lo hace en público a alguien que lo divulga o lo confiesa en su «cuenta» o «perfil» y fue algo así como una liberación.

Hablar no significa «romper el silencio». La reserva no equivale a no hablar o a no querer hablar. El silencio es tan hermoso que amerita ser cultivado y gozado. Es a la vez un gran y constante salón de clases. El que lo guarda, lo observa y lo aprende se limita.

A Aristóteles se le atribuye el viejo dicho: «Cada uno es dueño de su silencio y esclavo de sus palabras». Existe otro dicho muy parecido atribuido a William Shakespeare: «Es mejor ser rey de tu silencio que esclavo de tus palabras». Me gustaría recomendar a quien ha llegado a esta página que leyera *Lenguaje y silencio* [1976], de George Steiner. Es un homenaje al lenguaje, a la palabra, a la literatura, pero también al arte del silencio. En el capítulo «El abandono de la palabra», repasa con solidez algunas ideas: cómo en algunas culturas orientales, por ejemplo, el budismo o el taoísmo, se pretende alcanzar algo así como un «silencio cada vez más profundo. El más alto, el más puro alcance del acto contemplativo es aquel que ha conseguido dejar detrás de sí al lenguaje».[2] Así imagino que son los monjes budistas en sus monasterios.

GUARDAR SILENCIO

En años recientes, en ciertos sectores sociales, he escuchado que es bueno asistir a «retiros de silencio». En la propuesta, según me han contado, el silente se desprende del mundo para escuchar su voz interior, la cual es interrumpida a causa del impúdico repicar de voces que le rodean en la vida cotidiana. Me parece que quien tenga los medios y la actitud de escucharse hará bien en acudir al llamado de esta posibilidad.

Steiner reflexiona muchas cosas más sobre el lenguaje en la tradición occidental. Se imagina que «el santo, el iniciado, no solo se aleja de las tentaciones de la acción mundana; se aleja también del habla. Su retiro a la cueva de la montaña o a la celda monástica es el ademán externo a su silencio».[3]

Creo que *estar en la naturaleza* es un espacio anhelado para quien busca silencio, pero la cueva, la montaña o el mar no son imprescindibles. El silencio se puede alcanzar hacia dentro, mirando y mirándose. Y sobre el santo, el iniciado, qué fortuna que yo pudiera serlo. Lejos estoy de ello, solo pretendo —repito— saber cómo va la cosa. Mi mundo está lleno de ruidos citadinos, ambulancias, música a elevado volumen, gente, gritos, voces, cláxones, trompetas, máquinas podadoras, vendedores ambulantes, altavoces, alarmas... Si algo deseo en el futuro próximo es escuchar menos ruidos cotidianos.

Pero Steiner afirma bien que estas experiencias (el monje, el desierto, la vida conventual, la solitud) tienen «inevitablemente un sabor a misticismo».[4] A la vez, comprende que, producto de esa tradición occidental, es innegable la supremacía de la palabra escrita porque ella rubrica el «total de la experiencia humana, el registro de su pasado, su condición actual y sus expectativas». Incluso esa misma necesidad de dejar anotaciones se observa hasta en las matemáticas (como variante de un código), como lo hicieron Leibniz y Newton con la geometría analítica y la teoría de las funciones algebraicas. Los lenguajes de estas u otras ciencias son «propios, tan articulados y elaborados como los del discurso verbal».[5]

El que resiste guarda silencio porque está escuchando al mundo («Cada loco con su tema»)[6] y procura estar muy atento a las voces cercanas, a las misteriosas o extrañas, a las queridas, a las comunes, a las recurrentes, para seguir nutriendo su voz interior y comprender mejor de qué va la vida o tan solo el instante que transcurre.

La voz pública

El silencio en la esfera pública también debe ser considerado aquí, porque no afirmar algo hacia un «mundo» que estaría en actitud oyente o a la expectativa no significa que tal asunto no se ha pensado o repensado. No es imprescindible ser hablante, público y, menos aún, todo el tiempo.

La reserva de la voz constituye una enigmática capacidad de dejar al aire una posible respuesta. Desde mi punto de vista, en este momento y lugar, el silencio ha sido uno de mis más grandes aliados, maestros y amigos. He aprendido mucho sobre los seres humanos y sus conductas; en especial, en torno al poder. Este, a su vez, es otro entresijo que se debe tratar como quien se encuentra con un *rara avis:* se desconoce si el ave va a volar o comerá, si engulle y qué lo nutre; si dará un zarpazo o solo busca jugar, distraernos; si, desde arriba de nuestros ojos, planea bajar y atacar o ignorarnos, o bien, nada más hacerse presente, para temerle, amarle, alabarle o propiciar que salgamos corriendo, acercarse o alejarse; no sé, un sinfín de dudas que llega a despertar. El silencio como *rara avis* es aprender a conocer lo desconocido.

La voz pública no puede enunciarse a la ligera; no hay que hablar por hablar. Me ha tocado mirar de lejos, de cerca y de muy cerca a cualquier cantidad de políticos, hombres y mujeres, que se dirigen a públicos de índole diversa en un sinfín de escenarios. Me sorprende en algunos su incapacidad de conectar ideas lógicas, y cómo repiten cual merolicos una serie de enunciados inconexos. Escuchar alguna sesión legislativa (en cualquier lugar del mundo) puede ser entretenido, por más que se piense lo contrario. Quienes nos hemos formado en lingüística y disciplinas relacionadas con la palabra, tenemos ahí un foro representativo de las ideas contemporáneas y cómo se expresan (o mal expresan).

Cuando faltan ideas, lo común es toparse con el asedio, la agresión, la provocación; denigrar, atacar a la persona, humillarla, eso es común. Muchos crímenes no se cometen necesariamente contra una persona en particular, sino porque tal o cual individuo representa una forma de pensar que no es compartida por otros individuos o grupos.

Cuando faltan argumentos, se arremete contra la persona (el orador) o a quien se relacione con él, como al líder o a sus seguidores. Estos ataques pueden ser desde pequeñeces, como su fenotipo, defectos físicos, color de piel o su postura al sentarse, hasta difamaciones, inferencias ilógicas, montajes o mentiras que no habrían sido imaginadas ni por los mejores escritores de la historia de la literatura. Este es otro ejemplo de *transferencia*, concepto sobre el que detallaré páginas adelante. De la discordia simple o natural al fanatismo criminal puede haber solo unos cuantos pasos.

Como estrategia para hacerse ver o notar, está bien, siempre y cuando no se traduzca en licencia para matar. Incluso la táctica puede ser entretenida viendo los efectos que provoca: el destinatario se engancha con el atacante o con su manera de expresarse. Admito que el desahogo, el vaciamiento y la catarsis son expresiones de la condición humana; sea a través del pleito y todas las artimañas habidas y por haber. «Está peleado con la vida», dicen. Pero como modo de estar en el mundo es desgastante: fruncir el ceño por todo, desear el mal al prójimo, celebrar la derrota de los demás, querer la revancha a cualquier precio, jactarse de la enfermedad o dolor de un rival, e incluso alegrarse por la desdicha o muerte de quien no piensa como una es nocivo para el alma. A la postre, este modo de vivir y actuar no contribuye a la felicidad de su persona ni a la humanidad; la denigra.

Admito que las palabras para mí son sacras como las personas, y que la comunicación verdadera no es parloteo; es la transmisión de razonamiento o emociones que *se sienten*. Soy de la opinión de que en el espacio público se deben comunicar cosas importantes. Si no hay nada que aportar y solo sentimos un deseo de ser vistos o escuchados, o solo anhelamos agraviar o humillar a alguien, podría tratarse de otro problema.

«Los beatos, los histéricos, los destructivos del yo, son precisamente los autores que aportan su testimonio a esa horrenda y pulcra época en que vivimos», escribió hace unos sesenta años Susan Sontag. En particular —cosa que no ha cambiado en una buena parte del espacio público—, Sontag detectó que se trataba de «un problema de tono»: «resulta difícil dar crédito a ideas expresadas en los tonos impersonales de la cordura [...]», pero «respetamos precisamente aquellas verdades salidas de la aflicción», como se escucha en la plaza. La escritora parece lamentar que «todas y cada una de nuestras verdades deben tener un mártir».[7] Bien mirado, todos somos mártires o verdugos, está en nuestra naturaleza. Lo que cambia es la actitud ante el problema que podría llevarnos a ser o sentirnos mártires o verdugos: ¿te cuentas a ti misma que eres una sacrificada? Eso serás. ¿Te cuentas que eres impía? Eso serás. ¿Te cuentas que todos se confabulan en tu contra? Así será. El problema no es el problema, sino nuestra actitud ante el problema.

Leoncio Taipe Javier considera que «el silencio es un elemento paralingüístico que se constituye en una herramienta importante para el proceso cognitivo y metacognitivo».[8] Las palabras que emplea pueden ser rebuscadas (así es el lenguaje académico, lo siento) pero muy certeras y por ello las parafraseo: todos los seres humanos están dispuestos a aprender. El silencio puede ser considerado un elemento no lingüístico que precisa de la observación para alcanzar ese objetivo.

Para otros, el silencio es parte del conocimiento, es una forma del habla, es un «modo de discurso», como lo expresó Martin Heidegger en *Ser y tiempo* (1927):

> No por el mucho hablar acerca de algo se garantiza en lo más mínimo el progreso de la comprensión. Al contrario: el prolongado discurrir sobre una cosa la encubre, y proyecta sobre lo comprendido una aparente claridad, es decir, la incomprensión de la trivialidad. Pero callar no significa estar mudo. El mudo tiene, por el contrario, la tendencia a «hablar».[9]

En oposición a esta idea, Paulo Freire declara que «la sociedad dependiente es, por definición, una sociedad silenciosa».[10] No estoy de acuerdo porque, desde mi perspectiva, una supuesta sociedad silenciosa en realidad está hablando todo el tiempo. Puede ser que la autoridad no la oiga, que la pareja no la oiga, que los hijos no la oigan, que los amigos no la oigan, incluso, *que nadie quiera oírla*, pero no existe sociedad muda. El silencio es altamente expresivo y por ello es, a todas luces, subversivo, distópico, revolucionario.

Si me he de referir al ámbito público, la verborrea es una forma de evadir lo sustancial. Subrayo que «callar no significa estar mudo». Volvamos a Heidegger, para quien «solo en el auténtico discurrir es posible un verdadero callar […] El silencio, en cuanto modo del discurso, articula en forma tan originaria la comprensibilidad del *Dasein*,[11] que es precisamente de donde proviene la auténtica capacidad de escuchar y el transparente estar los unos con los otros».[12]

Para Teresa Guardans, el silencio, el maravillarse, el asombro y la conmoción son una peculiar forma de conocimiento. Incluso ambos pueden ser herramientas para fortalecer el «camino interior»[13] que todos estamos obligados a recorrer.

UNA FORMA DE PROTESTAR

El silencio, si ya nos estamos entendiendo, es una forma de discurso y significa —cuando estamos buscando comprender algo— la ronda hacia ese *ser o estar en el mundo*, sobre todo cuando a cualquier edad nos enfrentamos a lo desconocido, lo incierto, lo inexplicable. Al mismo tiempo es una forma de estar en paz, quizá sin siquiera buscar tener la razón.

Simone Weil escribe:

Entre aquellos que han sufrido demasiados golpes, como los esclavos, esta parte del corazón a la que el mal infligido hace gritar de sorpresa parece muerta. Pero nunca está por completo [muerta]. Solamente no puede gritar más. Está situada en un estado de gemido sordo e ininterrumpido. Incluso entre aquellos en quienes el poder del grito está intacto, este grito casi no consigue expresarse hacia adentro ni hacia afuera en palabras coherentes. La mayoría de las veces, las palabras que procuran traducirlo resultan completamente vanas.[14]

Cuando salimos de la trivialidad o de lo que comúnmente se llama «zona de confort», los riesgos de hablar, comunicarse, silenciarse o callarse son mayores. En este tiempo, confieso que no me he hallado en absoluto en una zona de confort.

El anterior término lo acuñaron los psicólogos Robert M. Yerkes y John D. Dodson en 1908 a raíz de un experimento para demostrar que quien se encuentra en una zona segura aumenta su productividad. Sin embargo, mantenerse ahí, en efecto, es cómodo, pero «el que no arriesga, no gana», reza el refrán.

Pedro García Sanmartín define la noción a su manera: «la zona de confort es un espacio donde generamos un patrón de comportamiento que reduce el nivel de estrés y de riesgos». Este proceder genera «hábitos con los que nos justificamos ante nuestros miedos». El riesgo es «perpetuarse en esta zona, es evidentemente perjudicial para nuestro desarrollo personal».[15]

Yo digo: que hablen todos los que quieren expresar algo, muy bien. Pero a la hora de tomar la palabra en el espacio público hay que procurar hablar de lo que en verdad se piensa (el riesgo: no saber mentir y pronto ser descubierto); no ser «perico»; no ser ridículo, ilógico, incongruente, ni balbuceante. Lo dicho deberá ser producto de un «auténtico discurrir». Además, hay que saber cuándo es pertinente expresar ese pensamiento amasado y repasado; quien discurre para otros debe medir los efectos que puede causar.

> El que sabe no habla.
> El que habla no sabe.
> Mantener la boca cerrada.
> Vigilar los sentidos.
> Moderar el sarcasmo.
> Simplificar los problemas.
> Disfrazar el brillo.
> Ser uno con el polvo de la tierra.
> Esta es la principal unión.
> Quien ha alcanzado este estado
> no se preocupa por los amigos o enemigos, ni
> de lo bueno o de lo malo, del honor y la desgracia.
> Este es por lo tanto el más alto estado del hombre.
>
> §56
> LAO TSE [16]

Cuando he sentido alguna urgencia por opinar, aclarar o contestar algo, a causa de algún efecto emocional que me produjo conocer cierta información u opinión, trato de procesar en dos vías: quién lo dice y si me interesa el remitente y qué tan importante es o no recusar. Ambas acciones pasan por una revisión mínima del contexto sociopolítico en el que se afirman o yo las escucho.

Por lo general, termino escribiendo en libretas de exclusiva lectura propia. El silencio aquí toma forma de escritura íntima. También me gusta escribir en paredes porque lo perjudicial (las dudas, los corajes, la incertidumbre, las quejas, las discrepancias o agravios), que es de lo que solemos querer hablar, no debe acumularse en nuestra mente; es urgente que se depuren conforme entran y no para vengarnos del mundo o de quien las insinuó o las exclamó, sino para echarlas fuera si descubrimos que no recalan, que son intrascendentes o coyunturales. De igual modo, deben ser descartadas si proceden de alguien cuyo desaprecio nos tiene sin cuidado y, si existe el riesgo de que se queden como pensamientos dañinos en la cabeza, estos deben salir rápido de nosotros. Por último, no olvidar ni un instante que en la mayor parte de los casos esa narrativa que supuestamente se pone en la mesa para agraviarnos, si somos atentos, en realidad va dirigida a un tercero y a veces ni a este, sino a lo que este representa. Los resistentes silenciosos aprendemos a mantener firmes los dos pies a costa de la humillación, porque sabemos que hay intereses superiores a nuestros cuerpos o singularidades y no podemos doblar las piernas creyendo que la daga va con nombre y apellido.

No hablar es incluso una manera de protestar. En una mesa todos hablan. Todos quieren ser oídos. Sucede que nunca falta quien desee ser el *Yo Mayor* y para ello sube el volumen porque, en términos físicos, un mayor número de decibelios puede generar una intensidad acústica insoportable y propiciar que los otros decibelios la reduzcan para quedar solo la suya. ¡Paso!

En el mismo sentido, la conversación (también la pública) reproduce la escena de la tertulia posbanquete. Incluso puede ser más intensa que en la casa de los anfitriones. En un pispás, el grito sofoca a la parsimonia. Si nadie escucha porque a un individuo solo le interesa ser oído, callar es muy conveniente. Amorrarse puede ser una forma de protestar de una manera nada convencional. Sobre todo, puede ser el discreto arte de insubordinarse.

DEL DICHO AL COMPROMISO

Por ello Roland Barthes afirmó que las palabras tienen el inconveniente de ser irreversibles. «Lo que ya se ha dicho no puede recogerse, *salvo para aumentarlo:* corregir, en este caso, quiere decir, cosa rara, añadir».[17] Y, en la manera en que nos persuade, yo asumo la «fatalidad» por él advertida: expresado tal asunto (este libro, por ejemplo), solo resta asumir las consecuencias y, si acaso, corregir o aclarar en una segunda edición. Este es, de igual modo, el riesgo que conlleva la definición de ideas y su exposición ante un público: quedan registradas para futuras consultas.

Vuelvo con Taipe, quien distingue muchos tipos de silencio, bastante interesantes: el prudente, el artificioso, el complaciente y el burlón, a los que agrega el inteligente, el estúpido, el aprobatorio, el despectivo, el de humor y el diplomático.[18] En mi condición circunstancial, he echado mano de todos ellos. Quizá al silencio prudente lo coloco en el primer lugar. Este «consiste en saber callar oportunamente, considerando el momento y el lugar en que se encuentran los interlocutores, así como qué tipo de personas son quienes están con nosotros para tratar y convivir».[19]

LA PRUDENCIA

¿Mantener un prudente silencio público hace que no tenga opinión o que prefiera vivir sin definirme? No. Cuando he tenido que hablarle a un público que espera escuchar temas políticos —lo cual he realizado en contadas ocasiones—, ofrezco mi argumentación y defino mi postura. También es significativo asentar aquí que, cuando ha sido indispensable, he dicho lo mío enteramente libre, porque el silencio no tiene como propósito convertirse en palabra, pero si ello debe ocurrir, en el momento pertinente de preferencia, hay que hablar de frente, sin ambages. Esto lo saben muy bien quienes me conocen en lo personal. Incluso con ellas mi silencio es palabra firme, gesticular, incisiva, dinámica, enérgica y humorosa. Diría que cuando hablo, por otra parte, no me guardo nada. Todo lo que expreso con vehemencia a mis seres queridos es con cariño y respeto, pero sin vacilar. No uso el chantaje verbal al que estamos acostumbrados quienes transitamos por la vida pública sin querer.

La prudencia que he tratado de mantener tiene como sustento varias condiciones: la primera es que las circunstancias me han colocado en una situación en donde, si soy sujeto que enuncia, involucro a las personas que propiciaron mi circunstancia política y la causa que defendemos. Por el fenómeno de la *transferencia,* que explicaré en el capítulo siguiente, no es fácil que mis enunciaciones sean percibidas como mías, sino que usualmente soy vista como la transmisora de las versiones de la persona con quien vivo. La segunda es que no deseo que parezca, por ningún motivo, que yo deseo ser vista y advertida sacando raja de una circunstancia pública.

Cuando he procedido a expresar algún punto de vista, lo he meditado mucho; a veces en demasía, porque la experiencia me ha enseñado que soy dueña de mis palabras, pero también de mis silencios. Si una idea manifestada por mí no causa un efecto profundo sino solo coyuntural o mediático, ¿para qué? Dicho de otro modo, al dar por hecho que mis palabras en un contexto político tendrán una dimensión mayor a las que pudieran expresar otras mujeres, me detengo para valorar cuán debido o pertinente es expresarlas o no.

Pensar y repensar lo que se va a decir es correcto porque el emisor que se halla en la estrada no debe olvidar jamás su contexto personal, el de quienes lo rodean y las consecuencias que puede tener su manifestación. Si lo que expongo resta a una causa, mejor callar; si suma, hay que estudiar bien cuándo se dice, de qué manera, para quién y con qué objetivo.

Desde luego, tanta racionalidad no es posible en los hechos. Por más madurez, por más inteligencia emocional, por más prudencia, por más alcance de las circunstancias y de la responsabilidad que significa tener el uso de la voz con algún tipo de influencia que sobrepasa el promedio, ningún individuo tiene todo bajo control. A todos se nos escapan sentimientos de opresión, furia, enojo, alegría, suspicacia, aburrimiento, desesperación, gozo, tristeza... Todos somos incontinentes. La prudencia que significa, para bien, una sana contención en el decir no se puede regular de manera mecánica o automatizada. Ni el más prudente de los seres humanos que haya conocido escapa a la volatilidad de su raciocinio; se le escabulle una expresión, un manotazo, un sermón que pontifica y que nadie le pidió proferir; un gesto de desagrado, o (perdón por el mexicanismo bruto que viene) un *encabronamiento* sincero.

Ningún individuo es solo materia o racionalidad. En verdad, los sentimientos pueden ser irracionales y arrebatados y nadie se escapa de ello. Por otra parte, que viva la locura. Es sano, sanísimo, perder los estribos (aunque haya que pagar las consecuencias), porque significa que estamos vivos y que no podemos perdurar controlándonos como artefactos. La libertad de expresión, que incluye por supuesto al silencio, es un derecho. También tenemos derecho a estar enojados e indignados.

Al proponer ser juiciosos, vienen de modo casi automático a mi cabeza los aforismos de Baltasar Gracián que se encuentran en *Oráculo manual y arte de prudencia* (1647). Para un lingüista, un título como este debe ser el inicio del análisis pues hay dos expresiones, cuando menos, que no pueden ser interpretadas como lector del siglo XXI: qué es *oráculo manual* y qué es *arte de prudencia*. ¿Hay oráculos no manuales, digamos, tipográficos? La prudencia para los católicos como Gracián es una de las cuatro virtudes cardinales o morales (las restantes son: fortaleza, justicia y templanza). Entonces, es lícito preguntar a partir del título: para Gracián, ¿hay además un arte de la fortaleza, uno de la justicia y uno de la templanza? Te comparto una de sus sentencias:

3. Llevar sus cosas con suspensión.
     La admiración de la novedad es estimación de los aciertos. El jugar a juego descubierto ni es de utilidad ni de gusto [...] Aun

en el darse a entender se ha de huir la llaneza, así como ni en el trato se ha de permitir el interior a todos. Es el recatado silencio sagrado de la cordura. La resolución declarada nunca fue estimada; antes se permite a la censura, y si saliere azar, será dos vezes infeliz. Imítese, pues, el proceder divino para hazer estar a la mira y al desvelo.[20]

Es rebatible la postura de Gracián sobre este exceso de prudencia, el cual lo lleva a afirmar que aun cuando alguien quiera «dar a entender» una opinión hay que tener cuidado («huir de la llaneza», no ser tan directo ni franco, pues). El ensayista declara que la cordura requiere un «recatado silencio».

Sin duda, es mejor estudiar antes y opinar después, pues «jugar a juego descubierto ni es de utilidad ni de gusto». En parte tiene razón: ¿por qué revelamos a los contrarios nuestra estrategia? La reservamos. Sin embargo, desde mi formación académica, no puedo dejar de preguntar: ¿en qué circunstancia se encuentra un pensador que escribe, con mucha moderación, que lo mejor es no hablar y, si se habla, *dar a entender*, y mejor aún, que es preferible callar para no ser infeliz? Nada más y nada menos que un intelectual que ha visto ante sus ojos cómo los autores que expresan sus ideas o narraciones de forma directa y hasta metafórica son bastante escrutados por la Santa Inquisición, y sus obras pueden ser anotadas en el Índice de Libros Prohibidos, que era un volumen bajo proceso de actualización constante. Estar proscrito en un índice como autor era lo peor (Lutero, por ejemplo); también bastante penoso que una obra de alguien fuera prohibida o «expurgada».

Por ello, creo que cuando emergen regímenes autoritarios brota una fascinante buena época de libros (películas y música) que buscan la manera de decir lo que corresponde con artificio y genio, y a la vez, hay en el público una fascinación, precisamente, por tenerlos, hallarlos, leerlos, dejarlos, prestarlos, devolverlos, copiarlos, y todo lo que se pudiera para su reproducción. Hay autores que, por estar sus obras en el Índice, negaron haberlas escrito. Según Francisco de Quevedo, él no escribió *La vida del buscón,* una simpática obrita de la picaresca que hace algunas críticas sociales a la Iglesia, a la monarquía y a otros símbolos de poder.

No abrumo a mi lector, a mi lectora, con más digresiones barrocas. Sin embargo, vienen a mí sin querer, así es la memoria. Lo advertí desde el inicio y lo recuerdo nuevamente: las páginas de este libro son pensamientos, pero también experiencias.

Dejo una reflexión mucho más contemporánea, de Jürgen Habermas: «Actúa moralmente quien actúa prudentemente».[21]

V
TRANSFERENCIA

Buscar un significado

Antes de acuñar *transferencia* —que puede ser ética, política, pública o contener otro tipo de traspasos—, me he dado a la tarea de averiguar quiénes han estudiado algo similar y enseguida presento mis hallazgos.

Acudí a Sigmund Freud, la eminencia que dio al mundo explicaciones muy razonables sobre comportamientos humanos. En *Consejos al médico sobre el tratamiento psicoanalítico* y en *Sobre la dinámica de la transferencia*, ambos publicados en 1912, hallé dos conceptos útiles: la regla de la libre asociación y la atención flotante del analista. Tomo la primera. Freud explica que la asociación de ideas facilita el diagnóstico, ya que el paciente se encuentra libre de expresar lo que le venga en gana y vincular lo que siente o piensa con otra idea, persona o circunstancia. El psicólogo toma nota y hace sus propias conexiones con el propósito deseable de detectar el origen del trauma o de la fobia, por ejemplo. Luego trabaja con el paciente para concienciar sobre el problema, fomentar un cambio de actitud o de reacción, y tal vez prepararlo para tener un mayor control cuando un episodio altamente impactante acontezca en el futuro.

Eduardo Braier ha opinado que este método, en nuestros días, puede ayudar a detectar «conexiones asociativas significativas, que de pronto, en un instante, reflejan una hasta entonces insospechada relación del presente con situaciones y sucesos del pasado infantil presentificado, una transferencia de este último a lo actual o reciente, etc.».[1] Cabe destacar que la transferencia freudiana es de uno consigo mismo: mi presente y mi pasado. Por ello, pienso que la hipnosis *sui generis* era útil a Freud: en ese estado «modificado de la conciencia» inducido, alguien puede revelar lo que guarda en su inconsciente y hacer catarsis. Esto es lo que explican los psicoanalistas, quienes no tienen pocos detractores.

En *Sobre la dinámica de la transferencia* (1912),[2] el psicólogo planteó que, cuando cesan las asociaciones libres en un paciente, ocurren las transferencias (energías ligadas), más bien relacionadas con la libido. (Se puede averiguar más sobre esto).

En términos freudianos, tal vez la asociación libre lleve a una transferencia, esto es, que una mujer, por ejemplo, asocie una fotografía donde aparece su padre con otro escenario, o bien que alguien la induzca a asociar para establecer la conexión de esas ideas que se hallan sueltas. No es el fenómeno que quiero explicar, pero sin duda esa dinámica que emplea el psicoanalista (en ello estoy de acuerdo) apela a las emociones conscientes o inconscientes.

Las emociones, otro gran tema para estudiar en el ámbito público y en la política, son el eje que ocasiona que alguien se vuelque hacia una persona, hacia una idea, hacia un dogma para minimizarlo, elevarlo, proclamarlo, abjurarlo, rechazarlo e incluso odiarlo. Detrás de las más grandes fobias se encuentra un miedo profundo al cambio. Por más que se busquen argumentos, la pasión alcanza a enceguecer de tal manera que fanatiza, sobre todo en tiempos electorales, y se corren muchos riesgos: desde un pasajero desorden público hasta el asesinato de un líder. En México ya hemos pasado por ello, en 1913 (el presidente Francisco I. Madero, por ejemplo), en 1928 (Álvaro Obregón, presidente electo) y en 1994 (Luis Donaldo Colosio, candidato presidencial).

Por lo anterior, un líder o una líder, en mi opinión, debe mover los afectos; pero, al mismo tiempo, ser responsable y conducir ese sentimiento hacia fines positivos a fin de que no se descoloquen las ideas ni los que las comparten; incluso tampoco los que las consideran inaceptables. En ello cuenta mucho el tiempo y la paciencia.

Las instituciones públicas tienen en ello, simultáneamente, una gran responsabilidad. Si en la lucha por el poder se verifica la intromisión de elementos ajenos a las campañas en sí mismas, la democracia está en riesgo permanente. En México ya también hemos experimentado bastante cómo no fueron los electores quienes colocaron a sus gobernantes; estos llegaron al poder mediante maniobras que ya ni quiero recordar.

Sería ideal, para reafirmar lo anterior, que los votos dejaran de ser producto de las pasiones del sufragista y comenzaran a ser asociados mucho más con un convencimiento de cuál es la ruta que debe seguir el país. Sin embargo, el elector mexicano ha sido ofendido tantas veces (fraudes electorales, deliberado analfabetismo político) que apenas ha comenzado una etapa en la que el ciudadano se siente parte de la toma de decisiones. La formación y el buen comportamiento cívicos también son responsabilidad nuestra. Si en el pasado los regímenes políticos no fomentaron, debido a sus intereses, esta imprescindible educación para vivir una democracia no cuestionada y, además, participativa, es tarea propia dejarse llevar cada vez menos por fobias o pasiones y cada vez más por propuestas y exigencias.

La comprensión

Después de esta breve digresión, y retomando la noción de transferencia que busco teorizar, de Carl Gustav Jung, me explayo en su teoría de la sincronicidad. En síntesis, el psicoanalista plantea que los seres humanos creamos conexiones (no las origina el exterior) de sucesos que podemos soñar, pensar o imaginar y que acaso coincidirían, en el futuro, con hechos concretos. Es algo así como una capacidad de presentimiento.[3]

En cierto modo, la transferencia en términos junguianos consiste en lo siguiente: cada uno puede sincronizar lo que previó cuando, tiempo después, su mente lo lleva a conectar eso imaginado con el hecho que se presenta ante sus ojos. Me gusta esta explicación porque el conocimiento también se nutre de la premonición y del prejuicio; es decir, antes de emitir un dictamen hay una noción previa o una intuición, sea fundamentada o no. Todos estamos colmados de prejuicios. Hans-Georg Gadamer rechazó incluso que el prejuicio fuera «fuente de error».

En el clásico *Verdad y método* hay un apartado (capítulo II) dedicado a sostener que la comprensión de nosotros hacia las cosas, las personas, los hechos, está vinculada con la historicidad, en el sentido de que cada cual es un ser histórico; así también, el lenguaje está dotado de esa condición y nuestro pensamiento acaece en un tiempo y en un lugar.

«La interpretación empieza siempre con conceptos previos que tendrán que ser sustituidos progresivamente por otros más adecuados», explica Gadamer.[4] No puedo interpretar la misma cosa cuando tenía 10 años que cuando alcancé los 40. Ante un fenómeno novedoso, esos que denomina «conceptos previos» se han acumulado en el tiempo, producto de la herencia lingüística (de pensamiento razonado o simplemente adoptado) que habita en nosotros al momento de emitir un juicio. Por ello, afirma, la interpretación, esto es, qué opinión ofrecemos ante determinada pregunta o situación, depende de los prejuicios que sobre ella o ellas tengamos. No obstante, para Gadamer, no se trata de interpretar nada más así, empíricamente (aunque es válido porque es intuitivo a la vez), sino mediante un método que busque entresacar el fundamento, la elucidación de un enunciado (enunciado en un sentido amplio: discurso), un hecho, un texto y todo aquello sujeto a comentario.

Para que ocurra la comprensión, el individuo o grupo «tiene que estar en principio dispuesto a dejarse "decir algo por alguien"»; se le pide «estar abierto a la opinión del otro o a la del texto». Las opiniones «son posibilidades variadas y cambiantes», sigue Gadamer. Un amigo o una conocida nos comenta y una presupone que «es su opinión y no la mía, y que se trata de que yo tome conocimiento de la misma pero no necesariamente la comparta».[5]

El prejuicio de un individuo, para Gadamer, con toda lógica es algo más que sus propios juicios individuales; es «la realidad histórica de su ser».[6] Este gran filósofo, que es uno de mis garantes para una explicación razonada, cuando la hago, sobre el lenguaje y su vínculo con el individuo, la sociedad, el tiempo y las circunstancias, encontró esta polémica (juicio, prejuicio) estudiando la época de la Ilustración (francesa, alemana) que proponía derribar los pre-juicios, sobre todo en materia religiosa (del cristianismo en particular) para partir de juicios nada más. La objeción atinada de Gadamer es que es casi imposible que un individuo se despoje de sus prejuicios y tradiciones. El prejuicio, en sus palabras, «es un juicio que se forma antes de la convalidación definitiva de todos los momentos que son objetivamente determinantes».[7] Alberto F. Roldán lo simplifica de este modo:

> No se lee el texto en un vacío, sino que cuando llegamos a él proyectamos toda una subjetividad, nuestra historia, nuestra formación, nuestros conocimientos previos y nuestra propia situación existencial. Ese proyecto-previo debe ser, sin embargo, revisado constantemente con base en lo que vaya resultando a medida que se avanza en la penetración *(insight)* del sentido.[8]

Por supuesto, si un lector o lectora hasta esta parte no está de acuerdo en los principios hermenéuticos, será difícil en adelante persuadirlo del fundamento que se ofrece para un feminismo silencioso, que no puede ser sino producto del tiempo y el espacio que a mí (sujeto) me toca vivir.

LA DISRUPCIÓN

Permítaseme hacer un paralelismo y una digresión. Pienso que todo movimiento revolucionario en un sentido profundo, es decir, que cambia estructuras, que las cimbra, que remueve aquello que no sirve más, va precedido por un tipo de discurso que lo apuntaló y, mientras ocurre, aun cuando concluye, nace una opinión (si es que no se tenía antes) o se genera una nueva opinión expresada mediante palabras.

Se supone que una revolución llega a deshacerse de las estructuras y funciones obsoletas. Empleo a propósito la palabra *revolución*, porque así se le conoció a la guerra civil mexicana que estalló el 20 de noviembre de 1910. ¿Cuál era su propósito inicial? El Plan de San Luis lo aclara: desconocer el enésimo triunfo electoral del dictador (Porfirio Díaz) y, bien mirado, a todo su constructo institucional y lingüístico:

> Conciudadanos: No vaciléis, pues, un momento: tomad las armas, arrojad del poder a los usurpadores, recobrad vuestros derechos de hombres libres y recordad que nuestros antepasados nos legaron una herencia de gloria que no podemos mancillar. Sed como ellos fueron: invencibles en la guerra, magnánimos en la victoria. Sufragio efectivo. No reelección.

«Sufragio efectivo. No reelección» es entonces la «realidad histórica» de un ser (como aplicaría siguiendo a Gadamer, en este caso), un ser colectivo.

La Revolución mexicana estalló con una consigna sufragista que intentaba desconfigurar el autoritarismo mediante el ejercicio del voto libre y sin reelección. Personas, grupos y naciones somos realidades históricas. La revolución que encabezó Madero logró un objetivo esencial: la salida de Porfirio Díaz, la gestación del voto libre y directo (aunque solo para hombres que sabían leer y escribir), la no reelección y el inicio de una de las libertades ciudadanas. Pero los prejuicios y tradiciones continuaron; no se cortan como a una rama ni se desarraigan. Si algún día tales prejuicios o tradiciones se extinguen, solo ocurre a través de un proceso que puede ser incluso largo en el tiempo. No desaparecen de un día para el otro o mediante un decreto. Así fue con la revolución triunfante de Madero. Casi la misma estructura política, militar y gubernamental de Díaz se mantuvo y, mediante un golpe de Estado, el presidente y el vicepresidente José María Pino Suárez fueron asesinados la madrugada del 23 de febrero de 1913.

La revolución que continuó mantuvo aquietados los antiguos prejuicios sobre la influencia de la Iglesia católica porque había fines superiores que combatir, comenzando por derrocar a Victoriano Huerta, lo cual ocurrió en 1914. Logrado esto, había que seguir luchando por la libertad de expresión, el reparto agrario, la educación y la salud para todos, etcétera.

Prácticamente ningún revolucionario, con excepción de Álvaro Obregón, ahondó en el Estado laico, y se mantuvieron, en general, prejuicios y tradiciones religiosas. México en este aspecto es un país excepcional: es el segundo más católico del mundo después de Italia y, a la vez, en donde la mayor parte de los creyentes sabe diferenciar perfectamente la fe personal de las atribuciones del Estado. No van juntas. A la mayoría no le gustan las expresiones públicas de la fe personal en ninguna narrativa gubernamental o de poder.

Cuando algunos extranjeros me preguntan sobre ello, porque se admiran de esta tradición política-religiosa, les explico brevemente cómo fue el siglo xix y la Guerra de Reforma (1857-1861) con Benito Juárez como presidente, a la que siguió la expedición, después de tanta turbulencia, de las Leyes de Reforma (1859-1863) que, en síntesis, regularon la separación de Iglesia y Estado, permitieron que se nacionalizaran los bienes eclesiásticos, se extinguieran las corporaciones clericales, se consumara la secularización de cementerios y fiestas cívicas, y se promulgara la libertad de culto.

Entremedio inició la segunda intervención francesa (1862-1867), cuando México fue imperio dirigido por el emperador Maximiliano de Habsburgo. El 15 de julio de 1867 Juárez regresa a la Ciudad de México para restaurar la República como sistema de gobierno.

LOS PREJUICIOS

Ramón Bárcenas Deanda hace precisiones muy útiles que complementan esta exposición: los prejuicios que Gadamer expone son de dos tipos, uno de «precipitación» y otro de «autoridad». Es decir, no sabemos, no razonamos y emitimos una opinión quizá no fundamentada; en el segundo caso, atribuimos a otro, a alguien sabio o experto, tal criterio.

En este libro, como ya lo ha advertido el lector, la autora prejuicia en ocasiones en la segunda distinción; es decir, siguiendo el criterio de «autoridad» (citando a autores). Reconozco que refiero a un *magister dixit* (del latín, tal cual: «el maestro lo dijo») para sostener algunas aseveraciones. Estas voces que entran en mi apoyo no lo han hecho por azar, sino por elección, ya sea por coincidir (las mayoría de las veces) o por polemizar.

El prejuicio es tomar una postura antes de tener todos los elementos para una enunciación inobjetable. Sin duda, el prejuicio no se puede extinguir, pero todos debemos conducirnos hacia la emisión de juicios fundamentados, lógicos, razonables, éticos y de sentido común. De lo contrario, José María Manzano Callejo nos persuade sobre el riesgo de intolerancia y fanatismo:

> No hay extremismo político ni ceguera ideológica ni pasión narcisista individual o colectiva que estén dispuestos a aceptar los límites que la realidad, las leyes naturales y el sentido común imponen a su delirio.[9]

Con menos prejuicios, en la medida de lo posible, estaremos mucho más abiertos a la comprensión de situaciones que van desde las propias hasta a aquellas que incumben a una nación y al mundo entero.

La comprensión nos permite diseñar acciones orientadas a la solución de problemas comunes. Nos lleva a actuar. Es, a la vez, una de las formas de erradicar la pasividad y procurar la justicia y el entendimiento.

La comprensión, pienso, es el camino a la fraternidad.

EL EFECTO ESPECTADOR

Las digresiones son imposibles en temas tan complejos y fascinantes. Ofrezco una disculpa, pero sigo en el tronco del árbol, refiriendo qué más he hallado en la ruta hacia una explicación del fenómeno de la transferencia.

John M. Darley y Bibb Latané quedaron estupefactos tras el comportamiento colectivo de 38 personas el 13 de marzo de 1964, que miraron el asesinato, en Nueva York, de Catherine Genovese. En tal hecho ningún testigo llamó a la policía o trató de impedirlo. Ambos psicólogos sociales lo estudiaron y publicaron sus resultados en 1968. La hipótesis fue la siguiente: «La difusión de la responsabilidad disuade a los testigos para ayudar». Este es el efecto espectador o síndrome Genovese, como asimismo se le conoce.

Explicaron que una persona tiene menos posibilidades de intervenir en una situación de emergencia cuando hay más testigos que cuando está solo (en este caso, el crimen cometido contra Catherine).[10] Un concurrente, a quien le toca observar por casualidad el momento justo en que una señora cae por las escaleras, por poner un caso, tiende a auxiliar de manera súbita —según ambos investigadores—, pero entre más público se encuentre, esa capacidad se retrae.

Esta conducta de *espectador*, para ellos, es muestra de la influencia del grupo en el individuo, y en donde se advierte que el grupo es superior a la voluntad personal. ¿Pasa esto en la *transferencia*? Estoy segura de que sí. De acuerdo con mis vivencias, el espectador actúa conforme al colectivo en casi todos los casos; si el colectivo coloca al líder del grupo, al protagonista, bajo un marco negativo, el individuo transferirá toda la negatividad al protagonista y a quienes lo rodean. Los espectadores pueden caer en una inercia pasiva muy perjudicial: es más fácil evadir la responsabilidad que asumirla.

Pienso que hay que tener cuidado con este fenómeno en nuestro tiempo, como desde hace siglos. Hace poco, en Teotihuacán, dos jovencitas de 14 años acordaron una cita para enfrentarse a golpes. En un video (porque ocurrió el *efecto espectador*: alguien filmó el combate), se observa que riñen jalándose los cabellos; de pronto, una de las dos le pega a su oponente con una piedra en la cabeza una y otra vez, hasta que la hace caer. En el piso, sigue con las pedradas. La chica intenta levantarse. Alguien más, un joven, exclama «¡Vámonos!», y, en efecto, acaba el pleito. Los espectadores se escuchan animados: «Pégale en la cara», grita uno; «¡Dale más!», exclama otro. Y en el video se advierte que son varios los que graban la escena con sus celulares.

La niña golpeada con la piedra falleció a las tres semanas y su agresora ya está en un penal para menores por homicidio desde finales de octubre de 2023.

La pasividad colectiva puede hacer crecer monstruos, pues el efecto espectador diluye la responsabilidad de todos. Opino que los movimientos «ultra» (hacia la derecha, hacia la izquierda) apelan a una pasividad espectadora para maniobrar a sus anchas. Al mismo comportamiento se apela cuando entra en escena la difusión de estereotipos: armada una campaña de prestigio o de desprestigio, el sujeto pasivo reproduce el modelo sin preguntarse sobre la veracidad o falsedad del contenido. Lo propaga y ¿qué ocurre? Se perpetúa esa verdad o esa mentira. Hay un viejo dicho: «Cría (buena) fama y échate a dormir», pero hay otro que lo contrarresta: «Por un perro que maté, mataperros me llamaron».

BANALIDAD DEL MAL

Hannah Arendt, en 1963, acuñó un término que más o menos refiere a lo mismo que el *efecto espectador*, pero desde el campo de la filosofía: *banalidad del mal*. María Teresa Muñoz Sánchez explica que consiste en

> actos malvados, malas acciones a gran escala, que no pueden ser atribuidos a la maldad profunda, a una ideología arraigada o a una patología del agente perpetrador, sino a una superficialidad del agente imputable a su incapacidad de pensar, de juzgar.[11]

¿Cómo es que llegó a esta definición? Arendt asistió al juicio contra el coronel Adolf Eichmann, aquel integrante de la Gestapo que se refugió en Argentina bajo un nombre falso (Ricardo Klement), de 1948 a 1960, y que fue capturado por el Mossad en 1960. La noticia dio la vuelta al mundo. Fue enjuiciado en Jerusalén por crímenes de lesa humanidad y ahorcado como pena de muerte.

Arendt, como miles de personas, se preguntó cómo es que durante el juicio respondió que solo recibió órdenes de sus superiores.

En *Eichmann en Jerusalén. Un estudio sobre la banalidad del mal*, la filósofa explicó que todos somos capaces de tener un juicio, sobre lo correcto y lo incorrecto. Frente al mal, todos podemos juzgar y actuar en consecuencia. ¿Por qué dejamos de juzgar? Por banalidad. Es una omisión deliberada. No se puede decir «Me lo ordenaron» porque, como ella afirma y estoy de acuerdo, todos somos responsables de nuestras acciones.

UNA ANTONOMASIA

Aquí llegamos al fin, a la noción de *transferencia* que quiero proponer. Todos los autores que referí líneas atrás me ayudaron, pero sus explicaciones no precisaron lo que yo deseo definir. Sin embargo, la palabra es la más cercana y ahora mismo la resignificaré.

La *transferencia* consiste en colocar en un individuo las virtudes o defectos de otro. En este proceso, deliberado o no, el depositario de la fama ajena pierde en automático su singularidad y deja de ser reconocido por su prójimo. El otro no mira al *transferido* como un ser humano único e irrepetible. No le otorga la cualidad de ser su propia persona. La transferencia es una antonomasia.

El fenómeno de la *transferencia* de la fama, del honor y de la reputación es muy común en la política, en las esferas del poder, en los medios de comunicación (también en ámbitos reducidos como una escuela o un lugar de trabajo), pero no tiene lógica alguna. Es inmerecida e injusta.

Ningún individuo (primer involucrado) se define a sí mismo como *interposita persona*. Si bien es el otro (segundo involucrado) el que nos da un valor porque no es *yo*, sino un *nosotros*, en algún momento cada cual deja de ser sujeto. Que un individuo sea precisado por otro a partir de las virtudes o defectos de un tercero (tercer involucrado) no se traduce en que este tercero determine el ser del primero ni del segundo. De hecho, la fama (buena, regular o mala) del tercer involucrado puede ser falsa, como falsa puede ser la vinculación con el primero según el intermediario (segundo involucrado). En el momento en que el «mediador» entre el primer sujeto y el tercero coloca lo de un individuo en otro de manera automática, se desconocen las singularidades y se homogeneizan las características o cualidades (en un sentido de esencia) de uno y otro. Esta acción anula al prójimo y lo reduce a ser *otro* (u *otra*). Niega su autenticidad, rechaza (quizá sin querer) su originalidad primigenia y reduce al primer involucrado a una condición de esclavitud o tutelaje de un tercero, lo cual no es posible de concebir ni siquiera en el remoto caso de que el primero y el tercero se esforzaran en ser idénticos y obedecerse de manera sincrónica.

Es posible —porque lo he visto con mis ojos— que alguien que es consciente de que está siendo transferido por otro desde un tercero (que quizá ni siquiera está enterado de esta operación) conceda al mediador la esencia que le asigna y se aproveche de esta sinécdoque para su provecho. Entiendo que mucha gente acepte desdibujarse, consienta ser calcada de alguien y, a partir de ahí, su yo funde su valor en la valía de alguien que no es él mismo. Es condición humana. Sin embargo, ni fisiológica ni voluntariamente es posible ser otro. Incluso con la clonación, nunca se obtiene una copia perfecta. La individuación, repito, es propia de los seres humanos.

Por otra parte, reconocerse como individuo y, en consecuencia, reconocer a los demás no debería, por lógica, implicar necesariamente un respaldo al individualismo. No porque lo anterior sea una tergiversación nociva de la individuación y, como respaldo a lo anterior, la individuación no es estática. Todos, todo el tiempo, estamos reformándonos debido a que existen los otros y a que el tiempo y el lugar varían, y nada de un sujeto (por ejemplo una cualidad como la sinceridad) es fijo e inamovible.

Con lo anterior he tratado de definir un término y un fenómeno en sí que observo en mí aquí y ahora.

Si estamos de acuerdo en lo precedente, la defensa de la individuación es para mí una defensa de un proceso de significación de mí y de valoración de mí; a la vez, constituye un proceso de dignificación personal. Porque la dignificación de un individuo no es transferible a un supuesto tutor, y tampoco este lo autoriza por compasión o cariño. La singularidad puede llevarnos a la dignidad si somos conscientes de ello. El prójimo lo puede reconocer, ignorar, refutar... pero no conozco, a la fecha, a ningún ser humano que pueda mutarse en otro ni siquiera haciendo de ello el objeto central de su vida. Por tanto, la dignidad no está fuera de nosotros, sino dentro de nosotros.

Hay que aclarar algo: aunque he descrito con radicalidad qué es un individuo y por qué la transferencia que se hace con él es injusta y reduccionista, debo recordar que el *yo que somos*, en efecto, no se hace nada más a merced de mi buena voluntad. Tampoco conozco a ningún ser humano que no haya sido forjado a partir del prójimo; por ejemplo, que haya sido creado como un prototipo que jamás será tocado, vulnerado o modificado. La historia de cada cual está todo el tiempo nutriéndose o desintoxicándose de los otros. Todas las singularidades llegan a serlo en un momento determinado porque van y vienen; se alejan y se acercan de otras singularidades que, juntas, forman la totalidad de humanidad que somos y que cambia de igual modo. Entonces, ninguna singularidad es definitiva. Se construye o deconstruye todos los días. La expresión «¡Cuánto ha cambiado fulano!» es un ejemplo simple del fenómeno: no somos ni podemos ser los mismos de ayer porque ayer pasó algo que determinó un viraje o el episodio que se nos interpuso, a la larga, modificará la individuación. Todos somos seres humanos singulares en proceso.

Hace muchos años escribí un cuento en donde los personajes eran los difuntos de un cementerio. Comentaban entre sí cómo es que había ocurrido que llegaran a tener tal impronta entre la gente que habían dejado viva: la familia, los vecinos, los amigos... si en verdad jamás habían hecho tal o cual cosa. Uno de ellos, recuerdo bien, se quejaba de la fama que le hizo su esposa de ser alcohólico, solo porque lo odiaba, y ese «difunto» estaba triste confesando ante los otros que «jamás había bebido en su vida».

Vuelvo con mis filósofos, mi gran apoyo. Mijaíl Bajtín insistió, a lo largo de todos sus apuntes, ensayos y libros, en la existencia del «acto» y en el «acontecer concreto de la existencia particular del ser humano», el cual a su vez es un «acontecer que da inicio a todos los valores e ideologías»,[12] resume Tatiana Bubnova.

La anterior premisa de Bajtín es interpretada de otra forma por Wayne C. Booth:

> What I call my «self» is essentially social. Each of us is constituted not as an individual, private, atomic self but as a collective of the many selves we have taken in from birth. We encounter the selves as what he calls «languages», the «voices spoken by others».[13]

> [Lo que yo llamo mi «yo» es esencialmente social. Cada cual está constituido no por un ser individual, privado, atómico, sino como el colectivo de muchos «seres» que conocemos desde el nacimiento. Encontramos a los «seres» en lo que él (Bajtín) llama «lenguajes», «las voces que otros hablan»].

El propio Bajtín se deslinda de la psicología: «Lo mío en la vivencia del objeto es estudiado por la psicología, pero en una abstracción absoluta del peso valorativo del yo y del otro, de su unicidad». (Quien quiera, puede releer cómo explican los psicoanalistas, líneas atrás, el tema de la transferencia, la asociación de ideas, el binomio conciencia/inconciencia). Enseguida: «La psicología solo conoce de "individualidad posible" (Ebbinghaus[14])».[15]

Cierro este apartado con una reflexión de Bajtín sobre el yo y el otro desde el campo lingüístico:

Una parte importante de mi biografía la conozco por las palabras ajenas de mis prójimos y siempre con una tonalidad emocional determinada: nacimiento, origen, sucesos de vida familiar y nacional durante la infancia temprana (todo aquello que no podría haber sido entendido por una criatura, o que simplemente hubiese pasado inadvertido). Todos estos momentos son necesarios para reconstruir un cuadro más o menos comprensible y coherente de mi vida y del mundo que la rodea, y todos ellos los conozco yo que soy el narrador de mi vida por medio de sus otros héroes.[16]

Así como hay *transferencia* de otros hacia mí, yo, como el resto, soy *intransferible*. Nadie puede ser yo. A mi vez, yo no puedo ser nadie más. Lo único deseable es que jamás deje de tratar de ponerme en el lugar de mi prójimo y que mi prójimo al menos intente ponerse en mis zapatos. Hoy uso estos, mañana otros. Estas circunstancias también se habrán modificado. El movimiento es perpetuo.

TRANSFERIDA

Los comportamientos se aprenden en entornos familiares y colectivos. Además, hay partidarios del cognitivismo, quienes asumen que la mente humana construye modelos que permiten explicar cómo funciona esta ante la aparición de un dato nuevo (ajeno) y cómo lo guarda en su memoria.

Todos somos producto de las circunstancias y de la intervención de cientos de sujetos comenzando por nuestros padres. Intentar saber en qué preciso momento alguien nos influenció de manera determinante es una tarea (casi) imposible de realizar, a menos que haya un episodio muy evidente en donde se reconocen claramente los efectos de otro que no soy yo. Somos el constructo de muchas manos.

Al rechazar la *transferencia* política, social y ética, como he tratado de explicar, defiendo la subjetividad que todos poseemos, así como la tendencia a juzgar *a priori*. Cada uno es un individuo, no un facsimilar, no un siamés. Un individuo es una singularidad que, desde donde yo la miro, hoy y ahora, es libre y responsable de sus actos, así como es libre y responsable de sus actos el que está al lado de nosotros. Por consiguiente, pensar o suponer que hay un solo individuo en vez de dos es fomentar la cultura de la dominación patriarcal: se niega la independencia singular y se transfieren o depositan los hechos o pensamientos ajenos a uno u otro.

Combatir la *transferencia* ética, política o pública es una excelente causa para vivir en el siglo XXI, con la mayor libertad posible, dispensados de cargos y cargas que un individuo (hombre o mujer) no debe llevar sobre sus hombros por sus lazos familiares, consanguíneos, su color de piel, su edad, su sexo, su nacionalidad, su idioma, su condición social y demás. Esta manera a veces nada sutil de estigmatizar también es insana. En los extremos del fanatismo, se puede llegar al asesinato de inocentes, a masacres o a genocidios. ¿No fue el Holocausto una *transferencia* criminal hacia el pueblo judío, el pueblo gitano y los homosexuales, perpetrada por un pensamiento supremacista racial?

También existe la *transferencia intencional*. Esta tiene su origen justo en la aversión (desde otro ángulo: la admiración, la fascinación) al tercer involucrado y el mediador juzga al primer involucrado no solo movido por sus pasiones, sino por sus aversiones. Esas pasiones son tremendas cuando hay fanatismo y un dogmatismo exacerbado.

Enseguida presento un ejemplo bobo (para nada extremo como un acto terrorista) de un «análisis» preparado por un investigador a quien le pareció buena idea «demostrar» la falta de equidad de género en el gobierno de Andrés Manuel López Obrador (AMLO), a partir del «estudio» de las conferencias de prensa matutinas del presidente. Sin que medie una inducción lógica, concluye:

> En la prensa se observa que en los actos públicos de su ramo la secretaria es opacada por Beatriz Gutiérrez Müller [...] quien se autoinfirió [*sic*] un cargo honorífico pero influyente en materia de cultura y se adjudicó, entre otras funciones, la de gestora de rescate del patrimonio cultural fuera del país y en representación del Estado mexicano.[17]

Concluye el colega, en una nada disimulada antipatía hacia López Obrador, que el quehacer de la secretaria de Cultura, Alejandra Frausto, «no ha sido materia para la agenda de gobierno en las conferencias matutinas».

Refuto como sigue: uno, en las conferencias de prensa de cualquier servidor público en México o en otro país los temas son colocados tanto por el expositor como por quienes preguntan. No es posible deducir la equidad o inequidad de género a partir de una dinámica de periodistas/oradores-expositores. Dos, si se realiza con ética un arbitraje doble ciego (*peer review*) en un artículo de investigación en la academia (mil disculpas a los no académicos por ponerles estos tecnicismos, pero así funciona la publicación de investigaciones en México y en el mundo), ¿ningún dictaminador advirtió a este autor que lo que se afirma se debe probar? Tres, ¿cómo le hice para *autoinferirme* un cargo honorífico? ¿Cómo me adjudiqué, «entre otras funciones», la gestoría del rescate del patrimonio cultural, y, además, «en representación del Estado mexicano»? ¡Enigma! ¿Cómo ocurrió que yo decidí, como insinúa, representar al Estado? Quien esto escribe ¿es entonces más poderosa que el presidente de México y del Estado mismo? En la academia, hasta las fobias deben sustentarse racionalmente. «Pagan justos por pecadores».

En una muestra más de *transferencia intencional*, un tal Salvador García Soto hace inferencias vacías y revela una pasión exacerbada por la imaginación. Tras recuperar información publicada por mí, y de la que ningún medio de comunicación hizo eco, como es costumbre, empezó un artículo o columna escribiendo que «sin que muchos se dieran cuenta», escribe el periodista, «hice una gira por el Caribe», cuando yo misma, repito, lo hice del conocimiento público a través de redes sociales. Estas actividades participando con el Gobierno de México, ha sido imperativo convertirlas en información para todos. Aún así, el señor García Soto insinúa que me escapé y él lo descubrió. Remata sin más: «quedó claro que, con cargo oficial o sin cargo, sin aceptar que la llamen primera dama y en su papel de doctora en historia e investigadora becada que subió su nivel en el sexenio de su esposo».[18] No refuto nada. Nada más quiero dejar claro que me ofendió no ser reconocida como parte del área de Literatura. ¡Ya somos tan pocos en el mundo!

Ahora que tanto se recomienda, quizá este columnista y el académico, más otros, deban tomar cursos de investigación y periodismo con perspectiva de género.

A lo largo de estos años he sido *transferida* múltiples veces. El fenómeno presenta estos momentos: primero, alguien me ve de cerca, me *re-conoce* (supuestamente); segundo, sobre mi cara o mi cuerpo, en milésimas de segundo, se interpone el rostro de mi cónyuge; tercero, de modo inmediato paso a ser él. Mi yo es relegado, se me impone otro y sobre este nuevo yo se montan todo tipo de elogios, maldiciones, desprestigios, favores, milagros, ocurrencias, enigmas, pecados, vítores, complacencias, aplausos, y un sinfín de energías.

Ese *nuevo yo instantáneo*, tan perdurable como se extienda la *transferencia*, puede resultar muy pernicioso para el sujeto (ya hablé antes de lo contrario: puede rendirle beneficios). Mal manejado puede derivar en una depreciación de uno mismo o una misma, quizá hasta modo inconsciente, bajo el supuesto de que solo valemos o somos *alguien* por, justamente, las relaciones personales que hemos hecho por gusto propio. De ahí que cuando se prestan las circunstancias y existe la actitud, recomiendo a todos cultivar un ego saludable para no ser consumidos por las llamas de *otro yo* en el que nos colocan para bien o para mal en la vida pública.

El *otro yo* que me asignan es un *yo falso*. Ni en una evolución superior, en términos fenotípicos y genéticos, sería posible ser otra persona. Ningún yo es transferible a otro. Si acaso existe la simbiosis, que, en términos biológicos, es la capacidad o incapacidad íntima de un organismo para ayudar a otro organismo en la difícil carrera de la supervivencia. En verdad defiendo esta individualidad física y metafísica, pues, aunque nuestro prójimo no tenga la intención de causar daño, la repetición continua de *yo no soy yo*, sino *un medio de otro yo*, puede afectar nuestras facultades. Conozco casos en los que ese daño se ha causado de manera irreversible y la infravaloración causa mucha tristeza.

Quizá el afectado o la afectada no se dio cuenta a tiempo de cuán dañino sería a la postre *vivir transferido* y no hacer nada de trabajo mental por resarcirlo. He visto secuelas muy duras; me parte el alma.

Hoy que se habla mucho más de la salud mental, este tema podría ser estudiado en detalle por psicólogos, psiquiatras, sociólogos y otros especialistas que pueden explicar mucho mejor que yo este fenómeno.

Reconozco, por otro lado, que la *transferencia* es muy común, pero no debe aceptarse como normal ni legitimarse solo por su recurrencia. Para las mujeres es aún peor, porque, de acuerdo con mi experiencia, resultamos ser solo la sombra del hombre. A menudo oigo: «Detrás de un gran hombre hay una gran mujer». ¿En serio? ¿Y detrás de una mujer hay un gran hombre? ¿Por qué alguien va adelante y alguien atrás? Vivimos en un mundo que no erradica aún el machismo ni la supremacía de género.

Me detengo a compartir una anécdota que asimilé con filosofía, producto del aprendizaje en estas materias relacionadas con lo público. Volaba de una ciudad a otra en otro país. Una madre y una hija me *re-conocieron*, pero como la esposa de López Obrador. La señora me quiso preguntar si yo era *esa*; ni tiempo tuve de contestar porque comenzó una retahíla interminable de sentencias, típicas de fanáticos de derecha (es decir, no razonadas, no dialogantes, sino agresivas). Varias veces me indicó que mi esposo era el demonio, un ser del mal, porque asesinaba personas, porque dejaba morir de cáncer a los niños, etc. «¿Cómo es posible que estés viajando si tu marido dice que solo tiene doscientos pesos en la cartera?».

Sus ojos parecían realmente poseídos por un *genio maligno* —como se decía en siglos pasados, especialmente por la influencia de René Descartes—, y en un entrar de aire, cuando tomó aliento para continuar, solo pude replicar algo así como: «Mire, señora, yo no la conozco a usted y no la puedo juzgar, tampoco conozco a su esposo y no puedo decir nada sobre él». Pero no escuchaba mis palabras, ella se atragantaba; este fue el momento en el que la hija de unos 20 años se sumó al fallo, cuando me garantizó que tenía ganado el infierno por haberme casado con tal y cual, y no sé cuánto más, por ser él y, por ende, yo, ambos, seres indeseables. No se calmaba la señora y, mientras tanto, yo continuaba mi camino por el pasillo de la puerta del avión a las bandas donde se recogen las maletas. Ahí, el par se distrajo por el mismo motivo (equipaje), pero ya en este sitio volvieron a la carga. No había nada que contestar, vaya, ni alterarse, aunque la provocación no era menor. Cuál sería la actitud de madre e hija (y lamento eso: que una madre transfiera sus fobias a su hija) que la policía rondó, las detuvo y comenzó a interrogarlas.

Debo suponer, quizá, que ellas les habrían explicado a los uniformados que yo era la esposa de no sé quién, cosa que, a tales, supongo, no les habría importado o no habrían dado crédito, pues lo normal es que semejantes «personas» no transiten en los aeropuertos como «pasajeros normales» y menos en líneas de *bajo coste*, sino recibidas en salones privados con algunos protocolos mínimos de seguridad y cortesías. En fin. Así quedó zanjado el incidente con ambas mexicanas.

Deslindarse

Escenas como la anterior, debo reconocer, han sido pocas. Me las arreglo para no dejar de vivir mi vida con normalidad y pasar desapercibida. Las más abundantes son aquellas en donde los ojos también se entregaron al genio y, de modo contrario, yo soy el bien y lo magnífico o magnificente, nada más porque hace algunos ayeres mi esposo y yo nos unimos en feliz matrimonio. No hay nada que contestar ni alterarse, solo dar las gracias. Enseguida, *deshacerse* de la transferencia para que el ego quede de nuevo en su lugar y no permitir encumbramientos inmerecidos. Tampoco, obvio, humillaciones inicuas.

Hace no mucho coincidí en el vestíbulo de un edificio de consultorios con Perla Díaz y su hija Perla. Nos conocemos de tiempo atrás. Nos saludamos afectuosamente, nos abrazamos con solidaridad y porque, así es, ambas nos deslindamos de conflictos artificiales o reales entre su esposo y el mío. Era un encuentro fortuito, no una reunión filosófica, pero el tema surgió: no somos apéndices de ellos ni responsables de sus convenientes o inconvenientes.

Un par de meses después, en octubre de 2023, me topé con la publicación de María Teresa, otra de sus hijas. Me sorprendió gratamente la firmeza con la que escribió y expresó su yo, el cual, como el de casi todo el mundo, se acepta y solicita con amabilidad esa aceptación de los demás. Sin duda, avalo todo su argumento y lo aplaudo:

> Quiero dejar claro que mis opiniones y comentarios expresados en este espacio [red social X] son estrictamente personales y no reflejan la opinión ni representan a mi padre ni a *El Universal* de ninguna manera.
>
> Como muchos sabrán y me conocen, siento una gran y profunda admiración por mi padre, su carrera profesional y la gran labor periodística que ha realizado con la finalidad de transformar a México.
>
> Con independencia de ello, eso no quita que todas mis acciones y opiniones estén encaminadas a formar mi propio camino, carrera y desarrollo. En esa misiva he dedicado agotar mi vida para apoyar a las mujeres víctimas de violencia en nuestro México.
>
> Cualquier punto de vista que yo comparta es independientemente de su periódico y no debe interpretarse como una posición oficial de *El Universal*. Aprecio la comprensión de todos y todas las personas que me están atacando, tanto a mi persona como al periódico y mi papá, que admiro su gran labor y compromiso por México, y quienes lo conocemos lo aseguramos firmemente.
>
> Atentamente,
> María Teresa Ealy Díaz[19]

Cuando somos *transferidos* y se nos atribuyen otros yo, como pasamanos expresados de uno a otro, de vez en cuando se hace necesario aclarar. Es una tarea titánica, como querer exterminar a las sucias cucarachas. Esclarecer a todo el que transfiere de manera mal intencionada es imposible. En un arrebato de exceso, los *transferentes* crean unas historias verosímiles que partieron de fragmentos sin relación alguna, pero que con argucias juntan y les dan crédito. Además, las divulgan y no sienten remordimiento alguno en el acto de mentir.

Con sus fantasías, puede ser que se configuren delitos, especialmente contra niños, jóvenes o personas con baja autoestima: difamación (el principal), calumnias, acoso, daño moral, entre otros. Dedicar tiempo a denunciarlos ante las autoridades sería no solo un desgaste, sino hasta un debilitamiento personal. Aclaro, por si hay quienes toman la frase suelta, sin la explicación que le precede: toda violación a la ley se debe sancionar. También el que acusa debe probar lo que asegura, no al revés: que el afectado deba probar su inocencia ante el denunciante.

Cuando ese proceder insensato es sistemático con el fin de causar daño moral u otros, lo mejor (en mi circunstancia, hoy, aquí) es hacerse de la vista gorda y procurar no dar alimento a los buitres. Pese a lo anterior, aviso que puedo cambiar de opinión algún día y declaro que me reservo el derecho a proceder civil o penalmente contra quienes han abusado de su «poder» o de su «fijación» en contra mía y de mi hijo.

EL MUNDO DE LAS FALACIAS

Quiero llevar al lector, ahora, a concluir esta parte —en donde he intentado definir la *transferencia* ética, política o pública— y brindar algunas reflexiones y ejemplos, ya no desde un ámbito psíquico, metafísico (teleológico) o biológico, sino desde las disciplinas del lenguaje que me son más familiares.

Podemos remontarnos a la historia de la argumentación, y el neófito o el conocedor no puede prescindir de Aristóteles porque fue quien estableció el sistema de objeciones en el campo de la lógica y esta ha sido la tradición en Occidente por siglos. Esto se debe a que, a pesar de las *transferencias* y de las estratagemas verbales que se urdan en torno a figuras y personas públicas, existen límites establecidos por la propia ciencia, el sentido común y la educación.

Por ello, bien vale, considero, dedicar unos párrafos a hablar sobre un sistemático modelo de comunicación pública (también privada, pero será en otra ocasión que me refiera a ello, si me da la vida) que observo: recurrimos con frecuencia a emplear falacias en vez de argumentos sólidos, comprobables, verosímiles, ya no digamos verdaderos; serios, pues.

Charles L. Hamblin es quien mejor ha desmenuzado las falacias [*Fallacies*, 1970] después de Aristóteles. Nos ofreció una clasificación de 13 tipos de falacias, también conocidas como sofismas o elencos. Su obra describe el modelo clásico aristotélico de presentar a uno que pregunta y a quien responde de forma consistente y correcta, siguiendo a Hamblin. A nuevas preguntas y respuestas, la consistencia debe seguir siendo robusta. Este procedimiento ha sido llamado dialéctica formal o lógica. «Un argumento falaz, como dicen prácticamente todas las exposiciones desde Aristóteles, es un argumento que parece válido, pero no lo es», precisa Hamblin.[20]

Quien tenga mucho interés en profundizar sobre esta característica del lenguaje y la comunicación, sobre estos juegos que pueden llevarnos a supuestas verdades a partir de «cuentos chinos», ilusiones o mentiras, hay mucha literatura al respecto. El propósito central es poner el acento en cómo construimos nuestras pruebas. Todo lenguaje es argumentativo. La comunicación necesita del planteamiento de argumentos. Sucede que no todos estos llevan a verdades: pueden estar bien estructurados, pero a partir de mentiras, para tomarse por verdaderos.

Al inicio aclaré que este libro es mi aportación a la teoría y movimientos feministas, con un énfasis en mi propuesta de un feminismo silencioso. Tengo presente que no faltará un lector que revise y remarque mis aciertos, pero, sobre todo, mis desaciertos, y con ello, quizá mal intencionadamente (en la vida política sucede a menudo), descarte mi propuesta, la minimice y la tenga por anodina. Tal vez alguien, por ejemplo, me aplique la «falacia de composición y división» que definió Max Black.

La primera, por composición, se da cuando se afirma que, si en el argumento una parte es verdadera, todo el argumento es verdadero o viceversa. Siguiendo a Copi, Hamblin explica: «La segunda (falacia por división) consiste en razonar de "las propiedades poseídas por los miembros individuales de una colección a las propiedades poseídas por la clase o colección como un todo"».[21]

Un ejemplo especulativo sobre qué puede ocurrir con este libro a futuro: un sesudo escrutador con prejuicios políticos de animadversión a mi pareja buscará y forzará, incluso, el hallazgo de una errata y de inmediato descalificará todo el trabajo, porque así opera esta falacia. Procederá del modo siguiente: hay un desliz, un yerro, una omisión, además de falsedades, infundios, oportunismos (y lo que deseen agregar); por tanto, toda la obra compuesta es un desacierto, es contradictoria, mentirosa, infundada, oportunista (y lo que deseen agregar). Peor aún; ese juzgador puede hallar la falacia de división seguramente, como en la *falacia del lector*. «El que no quiera ver visiones que no salga de noche».

Max Black aportó también a este acucioso tratado de cómo hablamos, construyendo verdades a medias, verdades completas o juicios falsos o verosímiles en su libro *Modelos y metáforas* (1962). Coincido con lo siguiente: «La lengua dada compromete a quienes la usan a una filosofía peculiar».[22] Todos los idiomas llevan implícitas esa filosofía, esa mirada, esa cultura previa, esa significación que nos fue heredada. Gadamer y Bajtín vuelven a tener razón, aunque en lo particular seguiré indagando sobre este tema, pues es de mis mayores ocupaciones intelectivas.

El sofisma por «composición y división», más común de lo que imaginamos y que hallo por todas partes en medios de comunicación y redes sociales, consiste en que las propiedades poseídas por los miembros individuales de una colección las tiene la clase o colección como un todo. Parece rebuscado, pero no lo es. Se asemeja a la transferencia, o tal vez ese es el término que debería haber utilizado. La falacia de división es deducir que, por ejemplo, si el protector solar líquido es recomendable para proteger la piel en el verano cuando mis primos salen de vacaciones al mar, todos debemos usar protector solar líquido para proteger la piel en el verano cuando vamos al mar.

La falacia de división, siguiendo a Hamblin, predomina en el lenguaje público. Con una facilidad impresionante y, de pronto, como que pasa desapercibida porque nos acostumbramos a ella, todos los argumentos son pobres a más no poder.

No quiero enredar a los lectores, porque la categorización de falacias, su descripción, uso y ejemplos implica un estudio pormenorizado. Pero los que nutrimos nuestro pensamiento en el lenguaje propio y ajeno, en siglos pasados y en la actualidad, somos observadores meticulosos de las enunciaciones sociales.

No puedo dejar pasar una de las falacias en la que más incurrimos y que Hamblin denominó «por accidente»: no dependen del lenguaje, pero se arman con un juego de palabras que llevan a suponer que son revelaciones de la vida social. El ejemplo empleado por el estudioso es significativo y ha sido retomado, como explica él mismo, del *Eutidemo*, de Platón:[23]

Este es tu perro.
Este perro es padre.
Por tanto, este perro es tu padre.[24]

Con este tipo de trampas verbales se hacen a menudo declaraciones injustas en contra de personas, pueblos, regiones, orientaciones sexuales, gustos, adherencias políticas y más. Se condena a una persona de determinada nacionalidad por la aceptación o aprobación que tiene del Gobierno de aquel ciudadano que condena a dicho extranjero. Un Gobierno no define, repito, qué individuo somos. Si nos moviéramos con esta lógica, con estos prototipos simplistas y muy dañinos, si nos remitimos a los gobernantes recientes de México, sobre los cuales se han fijado arquetipos variopintos, reales o imaginados, todos los mexicanos seríamos señalados por corruptos, traficantes de influencias, violentos, machistas, golpeadores de mujeres, narcotraficantes, etcétera.

Todo el tiempo encuentro falacias en la voz pública. Atento lector, atenta lectora, ¿te has dado cuenta de cuántas falacias decimos por hora? Hace poco me topé esta «por composición», que apareció en una red social. El usuario «Sergio» acusa así, sin más: «De la señora XX me consta que es ratera evasora de impuestos. Su hermana funge como prestanombres en el departamento 1301 que renta en XX sin emitir recibos al Sistema de Administración Tributaria». «Sergio» deduce que por una supuesta falta (tal arrendadora no emite recibos o facturas al inquilino) que no prueba (es decir, no presenta documento alguno o testimonio de lo anterior), la señora XX, quien a su vez es una alta representante de un poder nacional de la República mexicana, resulta ser «ratera evasora de impuestos». Preguntas: ¿los evasores de impuestos solo son rateros? ¿Los rateros son evasores de impuestos? ¿Los altos funcionarios que están siendo acusados de rateros por evadir impuestos es porque no ofrecen un recibo a un vecino? ¿Cuántos contratos de palabra hay en México, sin que se ofrezca un recibo de renta, o esto no es válido? ¿Todos ellos son evasores de impuestos? ¿Solo los que no ofrecen recibo de renta son rateros? Es difícil que la acusación de «Sergio» en contra de la alta funcionaria pública se sostenga.

De chivatazos sin fundamento están llenos los juicios que emitimos todos los días. Por este motivo hay que cuidar lo que señalamos: la consistencia en una escalada de preguntas y respuestas es fundamental para ser creíble. Y voy aún más lejos: más allá de las preguntas y respuestas propias de una disputa con alguien, cualquier día, en cualquier lugar, lo que cuenta es la coincidencia entre el decir y el hacer. Vuelvo a preguntar a «Sergio»: ¿usted no evade impuestos de ninguna forma?

Siempre es más fácil mirar «la paja ajena en el ojo ajeno y no la viga en el propio» (Lucas 6:41). En verdad considero urgente que todos tendamos más a la autocrítica; este es un acto de honestidad ética.

Ya que cité un proverbio bíblico, me sigo con otro, el cual contiene una profunda sabiduría:

No juzguen y no serán juzgados. Del mismo modo que ustedes juzgan se los juzgará. La medida que usen para medir la usarán con ustedes. ¿Por qué te fijas en la pelusa que está en el ojo de tu hermano y no miras la viga que hay en el tuyo? ¿Cómo te atreves a decir a tu hermano: Déjame sacarte la pelusa del ojo, mientras llevas una viga en el tuyo? ¡Hipócrita!, saca primero la viga de tu ojo y entonces podrás ver claramente para sacar la pelusa del ojo de tu hermano.[25]

LA FALACIA INTENCIONAL

La *transferencia* que he querido definir también desde las ciencias del lenguaje ha tomado en préstamo algunos elementos de enfoques literarios. Por ejemplo, la «falacia intencional», la «falacia del autor» y la «falacia del receptor» que aportaron como nociones William K. Wimsatt Jr. y Monroe C. Beardsley, en 1954. Ambos explicaron que la intención de un autor que publica su obra no determina la interpretación que realice un lector.[26] La finalidad, explican, «está diseñada o planeada en la mente del autor», refiriéndose *ex profeso* a la poética.[27] Por ello, cuando el poema se hace público, ya no es del autor, sino que «pertenece al público».

Creer en la «falacia intencional», señalan, proviene de una mirada romántica del poema. Además, se incurre en el psicologismo del autor, tarea distinta a la crítica del poema; Wimsatt Jr. y Beardsley alertan que «es peligroso confundir los estudios personales y poéticos; también se comete una falta al tomar palabras personales como si fueran poéticas».[28] En síntesis, la «falacia intencional» es reducir el discurso, obra, poema a los datos de la vida del autor-persona. Ambos también son autores de *The Affective Fallacy* (La falacia afectiva) (1949), que me limito a mencionar por si resulta de interés para alguien.

Es verdad que el psicologismo del autor tuvo mucha relevancia en el Romanticismo tardío, y la gran crítica textual que comenzó a hacerse en México, al inicio del siglo XX, partió de un análisis naturalista que, entre otros elementos a estudiar, consideraba muy importante a la obra, pero también a la «psicología del autor». Algo he aportado en un estudio sobre este tema.[29]

Renato Prada Oropeza, quien fue mi profesor, nos enseñó a defender la literatura de falsos intérpretes que quieren ver en la narrativa o poética de una obra el sentir del autor y, aún más, hacer conexiones entre la vida de este y la de sus personajes (o en concreto: de yo como autora con mi esposo). Desde luego que hay un creador y tiene una intención comunicativa, pero sucede que algunos incidentes tienen la libertad de aparecer en el proceso creativo, de tal manera que el autor va quedando al margen, como un transmisor de diálogos y sucesos. Todo lo que los personajes opinen o hagan en la novela no forma parte de los acontecimientos o pensamientos vividos por su autor. El autor los oyó, los leyó de otros, los supuso, los imaginó, dejó que sucedieran…

Hay que sacudirse la idea de que todo lo que dialogan los personajes en la literatura es la voz del autor. En caso de que así fuera, no existirían géneros literarios ni ficción; la literatura estaría reducida a ser un páramo personal de risas, lamentaciones o anécdotas, donde un autor nos hace partícipes de su vida. Ningún personaje sería libre o independiente, como pensamos quienes apostamos a ambos valores hasta en el proceso creativo. Esta relación autor-personaje sería de absoluta dominación del autor (otro tipo de patriarcado: un *patriarcado autoral*), y entonces los personajes serían nada más el telón de fondo para que el escritor confeccione a partir de una retacería autobiográfica. Un creador autoritario con sus personajes es, además de un ególatra, un buscador de un público manso. Cree que sus lectores son tontos y hay que dirigirlos.

Prada Oropeza insistió mucho en «superar las falacias del autor-persona» y de la «recepción»: la primera es «recurrir a las vivencias o concepciones personales del autor como elemento explicativo del discurso», y la segunda, suponer que un lector interpreta la obra según sus «sentimientos y estado de ánimo».[30] Apoyado en Roman Ingarden, padre de la «estética de la recepción», recupera de él este hecho: «suele acontecer —y nadie debe negarlo— que existan algunas relaciones estrechas entre la obra y la vida psíquica del autor y su individualidad». Sin embargo, estas y otras condiciones, agrega Ingarden, no cambian el hecho de que el autor y su obra son «dos objetos heterogéneos» y tienen que ser diferenciados.[31]

Matías Rivas, en una colaboración para *La Tercera*, reflexionó sobre la misma diferenciación que me es imprescindible hacer:

Juzgar a un escritor por episodios de su biografía es un ejercicio de barbarie cultural con precedentes nefastos en la historia, en especial cuando funcionaba la Inquisición. No obstante, se continúa con estas prácticas en nombre del bien, de un futuro sin abusos, lo que implica la censura de protagonistas del pasado en un acto de una justicia póstuma. Neruda fue borrado de la conmemoración de los 50 años del Golpe, pese a que murió pocos días después y era un tipo gravitante en la cultura en plena Unidad Popular. Hacerlo fue un acto de ineptitud, una ofensa en nombre de la justicia moral, que aconteció justo después de que la justicia declarara que su muerte no había sido articulada por una conspiración política. El mundo editorial se plegó al ninguneo: no publicaron ninguna edición en alusión a la efeméride. Los medios de comunicación, en general, pasaron de largo, fieles a sus limitaciones. Da vergüenza el silencio del Partido Comunista, de quien fue uno de sus máximos íconos.[32]

Es una excelente observación. El *ninguneo* no solo de un autor (Neruda en este caso), sino de muchos, parece el «pan nuestro de cada día». La *transferencia* es una forma de ningunear.

Por su militancia política, el autor Neruda y su obra son marginadas (estoy siguiendo a Matías Rivas) porque el autor fue desafecto al régimen militar que gobernó Chile a partir del golpe de Estado en 1973 y el Gobierno que conmemoró los cincuenta años del golpe de Estado también lo ninguneó.

AUTOR, PERSONAJE, LECTOR

Esta es otra distinción que es pertinente resaltar: autor-personajes-lector. Puede que te preguntes, lector, lectora, qué tiene que ver este apartado con el tema central del libro. Continúa y podrás enlazar todos estos cabos aparentemente sueltos.

Conjeturar que el creador es obedecido por sus personajes y también por sus lectores es un sofisma. Una célebre obra de la literatura castellana como *El ingenioso hidalgo don Quijote de la Mancha* tiene detrás a un autor, como toda novela: Miguel de Cervantes Saavedra. Cuando este comenzó a escribir se convirtió en autor y creó argumento y esquema narrativo para insertar, cuando menos, a tres personajes bastante conocidos: don Quijote, Sancho Panza y Dulcinea. Si estoy logrando explicarme mejor, cualquier leedor del siglo XXI entiende que los tres mencionados son personajes, no son tres personalidades del autor, y menos en el caso de Dulcinea, porque es una mujer.

Si llevamos este caso al terreno de los lectores, la *falacia intencional* alcanza un mayor entendimiento, supongo: esa novela ha sido leída por una cantidad de gente imposible de constatar y en traducciones a múltiples lenguas a lo largo de más de cuatro siglos. Un lector contemporáneo a Cervantes tuvo, tras leer la última página, sus consideraciones, sujetas a factores tan variados como que lo escuchó en voz de un orador (esto es lo más probable para el siglo XVII) y este orador cómo lo leyó a los oyentes. Al cambiar de siglo, es decir, al XVIII, en idéntica situación, ¿la voz del nuevo lector en público fue la misma? No o sí, es algo sobre lo cual solo queda especular: a lo mejor actuaba pasajes, se movía distinto; tal vez censuraba algunos renglones o párrafos, no sabemos. El mundo de la oralidad antigua es muy difícil de estudiar hoy en día, pues acaso tenemos los libros de siglos pasados que eran compartidos en público. No hay videos ni grabaciones del siglo de Cervantes.

¿Cuándo un lector pudo repasar directamente dicho libro sin la mediación de un lector? En México, quizá hasta principios del siglo XX y el que lo lograra era un privilegiado. Así lo demuestran estos datos: en un censo realizado en 1895, en México el 82.1% era analfabeta.[33]

Cada leyente, como indicó Prada Oropeza, debe saber que existe también la «falacia del lector»: el autor no ejerce poder absoluto sobre el destinatario de su obra ni este posee el «carácter todopoderoso [...] para determinar los parámetros y el estatuto mismo de un discurso como el estético». Esta reducción, prosigue, «es una simple caída en un psicologismo insostenible».[34] Por ello, coincido en lo escrito por Wimsatt Jr. y Beardsley. Más aún con Bajtín: el personaje de una novela, el «héroe» o protagonista:

> llega a ser relativamente libre e independiente, puesto que todo lo que lo iba definiendo en la idea del autor, lo que lo condenaba, lo que lo calificaba de una vez y para siempre como imagen concluida de la realidad, todo ello ya funciona no como una forma conclusiva sino como material de su autoconciencia.[35]

Es decir, los personajes son creados por un autor, pero porque existe el diálogo. Llega un punto en donde los «héroes» (personajes) no son más voceros de su artífice, sino que llegan a ser, como examina Bajtín, «relativamente» libres e independientes. Este punto es muy importante para la defensa de la literatura en general: si todo lo creado en tales obras no fuera obra nacida en la conciencia de un autor y se liberara conforme transcurre el proceso creativo, los personajes serían solo una copia fiel de su artífice. En esa lógica, y en mi insistir sobre las falacias como la del lector que explicó Prada Oropeza, ¡no habría literatura! Toda ella se reduciría, repito, a ser un páramo en donde autor o autora vacían su sentir y modo de ver el mundo.

No dejo de reconocer, como he insistido, en que todo acto es producto de circunstancias, pero aun en algunas predeterminadas o que se modifican a causa de la existencia del tiempo, una obra pertenece a un autor, a un tiempo y a una circunstancia específica. Sin embargo, aceptar esto y luego buscar en cada línea reflejos de su creador podría llevarnos al más amargo desencanto: todas las grandes obras, por ejemplo, de Juan Rulfo, Rosario Castellanos, Fernando del Paso (¿cómo habría operado mentalmente para redactar los diálogos interiores de Carlota?) serían, en consecuencia, nada más que autobiografías, en el mejor de los casos.

LA FALACIA MISÓGINA

El patriarcado autoral también es parte de mis reflexiones. El lenguaje que construye ideas está vivo. Los argumentos cambian porque cambian los temas. Cada uno está en distintas circunstancias y es imperativo conocerlas para que sus sentencias o propuestas se comprendan mejor.

He lamentado que la mayor parte de los argumentos que elaboramos en la comunidad sean falacias. Pero en la naturaleza del lenguaje también se emplean (pragmática) y existe, como en el clásico proceso comunicativo, un emisor, un mensaje y un receptor. El receptor es fundamental. También tiene el derecho de leer lo que le venga en gana y, en función de sus circunstancias, interpretar. La interpretación no está reservada a los eruditos. Es de todos. Sin embargo, es deseable que cualquier emisor, como he explicado ya de varias maneras, asuma que hablar, comentar, divulgar, disertar sobre algo significa que es responsable de sus palabras.

En el mundo de las falacias, existe una que denomino *falacia misógina* y que nos atañe muy seguido a nosotras. Significa que alguien elabora un argumento fundado en el género. Si esa persona (hombre o mujer) considera que somos extensiones de nuestra pareja, que valemos menos que el género masculino, que somos las débiles y un largo etcétera, la *transferencia* lo o la llevará de nueva cuenta a inventar. Lo menos que se le puede reprochar es que parte del supuesto de que no podemos pensar por nosotras mismas, escribir nuestras propias ideas, tener nuestros propios recursos, emprender nuestras iniciativas, y así.

Esta misoginia va de la mano con el sexismo. Misoginia y sexismo constituyen un insulto para todos nosotros, individuos libres e independientes, no solo según nuestra Constitución. No está de más repetir a los sexistas (hombres o mujeres): soy responsable de lo que aquí he escrito, producto de mis razonamientos y experimentación. Así también lo fueron mis padres, lo es mi esposo, mis hermanos y, por extensión, todos los que me rodean. Aquí nadie obliga a nadie a decir nada específico. Son las situaciones las que nos permiten o no responder lo que se tenga o no que alegar.

Este libro no es una novela, tampoco una autobiografía o un testamento. Hay una autora que expone ideas o términos que le parecen adecuados; examina y expone, y cuando lo considera, ejemplifica. Por ello, la falacia misógina debe quedar desenmascarada: en estas páginas soy dueña y responsable de mis opiniones y de mis omisiones. A su vez, el lector o intérprete será responsable de lo que quiera ver y juzgar. Bien dicen William Wimsatt Jr. y Monroe Beardsley: «La intención original puede cumplirse, pero puede haber otras intenciones previas o ulteriores».[36] Lo ulterior me lo responderá el futuro.

Para finalizar, una vuelta al principio: en algún momento se debería aclarar en las normas que de los delitos ajenos se puede derivar un ataque a terceros. No conozco ley alguna que permute a los familiares las faltas de un pariente. Nadie, ni al casarse ni al tener hijos, en ninguna circunstancia, pierde sus derechos ciudadanos constitucionales. ¡La *transferencia* puede conducir al crimen! ¡Cuidado! En una República democrática y de derecho, por la que yo misma he luchado, sé que existen leyes y códigos para sancionar la infinita cantidad de abusos libertinos. Si cambio de opinión, ¡nos vemos en los tribunales!

VI
LAS CIRCUNSTANCIAS

«Yo soy yo y mi circunstancia, y si no la salvo a ella no me salvo yo. *Benefac loco illi quo natus es*, leemos en la Biblia».[1] La anterior es una frase de José Ortega y Gasset, que publicó en *Meditaciones del Quijote* (1914). Allí, el filósofo narra que, según la leyenda, Heráclito se hallaba en su cocina y de pronto aparecieron sus discípulos y quedaron sorprendidos al ver a su maestro en esas faenas. Se afirma que los calmó diciéndoles: «Pasad aquí, pues también están los dioses».

Es verdad que incluso el filósofo, el político, el líder, en fin, la persona más encumbrada y casi deificada, o por el contrario, satanizada y proscrita, nunca deja de ser mundana. No puede.

«Yo soy yo y mis circunstancias» significa que somos uno y lo otro.

QUÉ DEPENDE DE MÍ

Las circunstancias son un espacio complejo que depende tanto de nosotros como de otros. Algunas son un bólido que nos arrastra de forma instantánea… ¿cómo procedemos? Un elemento ajeno se metió en mí en un momento dado, ¿qué hago con él?, ¿lo guardo, lo entierro, lo comparto, lo resuelvo, lo rechazo, lo magnifico…? Cualquiera de estas opciones puede ser válida, ya que ese aerolito puede desaparecer tan inesperadamente como llegó. Pero, si ese elemento intruso se instala en nuestro derredor, ¿se puede hacer lo mismo que con aquel que fue fugaz? Quizá sí, quizá no; habría que pensarlo. ¿Hay tiempo para pensarlo? Aún más: si ese elemento, o incluso ya en plural, si esos elementos están entrometiéndose en mí o en mi entorno de tal modo que no puedo continuar con la tarea que realizaba, ¿qué está ocurriendo? ¿Y si se prolonga su estadía?

No sabría responder en este momento si el «yo» y las «circunstancias» equivalen o uno de los dos elementos tiene más fuerza que otro. Dicho de otro modo: desconozco si mi voluntad puede ser superior a la que me circunda o viceversa. Acaso solo se trata de un aprendizaje personal o social que, desde luego, no se obtiene en un día, sino cuyo procesamiento requiere semanas, meses, años.

Todos podemos relatar episodios concretos que determinaron el curso de nuestra vida por un tiempo o hasta el presente, e incluso por eso los recordamos. Arrancar de la memoria ese instante definitivo del pasado no es posible. Es una impronta depositada en nuestra alma o mente. Solo podemos recurrir a ella y repasarla, incluso contarla de diferente manera, de suerte que seamos capaces de entresacar de esa experiencia un mito sano que nos acompañe como buen consejero. O lo opuesto: un mito mórbido que nos oriente hacia la sospecha, el miedo y la desesperanza.

> El mayor despilfarro de vida es la dilación. Agota cada día como si fuera el primero, arrebata el presente mientras promete el porvenir. El mayor impedimento de la vida es la expectativa, que depende del mañana, y desperdicia el día de hoy.
>
> EPICURO[2]

SOLO HOY, SOLA HOY

Solo sé o comprendo lo que ocurre hoy, en este momento.

Puedo planear (y lo hago) una larga lista de asuntos (por lo común, mi lista es breve) para realizar mañana o a futuro. Empero, no tengo garantía alguna de que las circunstancias me lo permitan. Intento realizar aquellas que me ingenio, pero en todo momento debo aceptar que, aun viviendo en una cueva, apartada del mundo, algo externo a mí ocurrirá y transformará mi vida.

Lo anterior me recuerda la novela de Patrick Süskind, *La paloma* (1987): todo va bien y a modo en la vida de Jonathan Noel, lejos de lo mundano y sin permitir intromisiones ajenas. De pronto, una paloma se posa en su puerta y él no puede entrar o salir. Este simple hecho hace explotar al protagonista. Una severa crisis existencial le ha sustraído su antigua paz. ¿Qué hace con la paloma? ¿La quita así nada más, la agarra y la lleva a otra parte, la ahuyenta, la mata?

Vivir es aceptar que, de manera súbita, los planes pueden salirse del curso que hemos planeado. Solo resta —pienso— comprender qué ocurre y a partir de ahí hacer una valoración: ¿este nuevo acontecimiento, lo desestimo, lo minimizo, me deshago de él, lo examino o simplemente espero? ¿Puedo esperar? ¿Es irreversible que yo me halle en este nuevo entorno? ¿Se puede saber si un hecho es irreversible, caduca, pasa, se eterniza, se lo lleva el viento sin que yo intervenga? A veces no.

En sus *Disertaciones por Arriano*, Epicteto se refirió a algo muy sabio y práctico que trasciende el tiempo: para alcanzar la imperturbabilidad y la impasibilidad (lo llamó *eudaimonía*) hay dos caminos, como explica Rodrigo Sebastián Braicovich: el primero, identificar nuestro querer con el querer de la divinidad; y el segundo, distinguir qué depende de nosotros y qué no, y concentrar nuestros esfuerzos en lo que sí está en nuestras manos. Quien siga este ejemplo alcanzará el resultado prometido: la desaparición de toda frustración en el deseo, la satisfacción de todos los deseos y la ausencia de toda perturbación.[3]

Leer a los estoicos es un gran consejo que les puedo dar, dicho sea de paso.

Mis prioridades

Sobre las circunstancias que dependían de mí y no, después del triunfo de AMLO y a partir del primer día de su gobierno, me detuve a observar y a pensar. Estar con un gobernante —y a la vez, algo así como junto a una celebridad— es un proceso que, para quienes lo rodean, implica acercarse y distanciarse; ver con lupa; ser reservado, comprender el fenómeno (si se puede) y asumir una responsabilidad en ello, porque de esa actitud se desprenderán muchas otras conductas propias y ajenas. ¿Cómo fue ese proceso?

Primero, intenté asumir el cambio. Después de varios meses de prestar atención a lo que estaba pasando, asumí que el asunto en el que estaba ahora era irreversible. Terminaría después, sí, pero mientras llegara ese día, «A Dios rogando y con el mazo dando».

Segundo, decidí sumarme al nuevo escenario y tracé una ruta (la anoté) que consistía en apoyar desde la cercanía necesaria, pero con el distanciamiento que —estoy convencida— debía guardar a la institución presidencial.

Tercero, coloqué en el centro a mi familia; es núcleo elemental de sobrevivencia, de seguridad.

Cuarto, ratifiqué en la universidad donde trabajo que no iba a renunciar (porque hubo rumores de ello y esta opción nunca pasó por mi cabeza). Mi profesión y empleo me ayudarían no solo a continuar mi realización y ser feliz como profesional, sino a crear la justa distancia y el prudente respeto. Con ello maté dos pájaros de un tiro.

Quinto, reafirmé y confirmé con el tiempo que ninguna mujer tiene que cambiar de empleo o de afición solo porque su esposo ha cambiado de empleo o de afición. Si en la familia se da una mudanza, por ejemplo, de país, por causas laborales, admito que deben hallarse formas de armonizar. No siempre se puede, pero amerita hacer el esfuerzo entre todos para tratar de ser versátil y adaptarse a la situación de uno de los del grupo, porque la familia es solidaria en la medida de lo posible.

Ninguna mujer, ya sea esposa, madre, hija, hermana, sobrina, etc., es propiedad de su esposo, hijo, padre, hermano, sobrino ni de ninguna entidad, como el Gobierno, un partido político, una empresa o una asociación. Somos individuas, cada una con sus obligaciones y compromisos. Pero a la vez, en mi caso, somos tres que estábamos ya involucrados en un asunto público y no podía ser tema secundario acomodarnos como pudiéramos para que cada uno hiciera lo que debía, podía, deseaba o necesitaba con el menor número de perjuicios. Así que accedí, por ejemplo, a vivir dentro de un museo.

Sexto, asumí lo que soy: una ciudadana con los mismos derechos y obligaciones legales que los demás. Me quedó más claro aún que la figura de «primera dama» no corresponde a la realidad de México hoy. La figura de primera dama, además, si no es ilegal, no es legal. Tampoco es democrática. La esposa de un dirigente, gobernante (o el esposo), debe ser convidada de piedra. De hecho, he llegado a expresar contundentemente que ya no es relevante si el presidente tiene mujer o no, si está divorciado o si es homosexual. Tampoco que sea mujer. México es una república laica, de derecho, democrática, institucional, participativa, plural y apta para todos los gustos y situaciones que la ley permita. Hay libertades como nunca y se respetan todas las expresiones. Por ello, a ninguno debe sorprenderle ya que los cónyuges de las y los mandatarios tengan vida propia y atiendan sus necesidades como el resto de los demás. Nadie tiene el derecho de disponer qué debe hacer ella (o él) para los gobernados.

Séptimo, aporté desde lo que pude, sin obligación ninguna. No todos lo entendieron, incluso dentro del Gobierno, porque para muchos la *transferencia* siguió activa y les pareció que era mi deber ayudarles a hacer bien su trabajo. Me acostumbré, en consecuencia, a aclarar cortésmente (a veces ni cortésmente) que no soy empleada gubernamental, que tengo mi propio trabajo y profesión.

Me pareció indispensable no ser imagen, sino esencia. Desde luego, me aseguré de no cometer errores porque estos fueron, serían y serán atribuidos a mi esposo por aquello de la *transfe-*

rencia. Pienso, además, que los seres humanos somos buenos y que no se necesita una situación expositiva para demostrarlo ni aprovechar el éxito ajeno para brillar. Cada uno tiene luminosidad. A un presidente (a una presidenta) no se le compite en fama, en poder ni en influencias nunca.

Octavo, resistí; callé mucho para no acrecentar lo inconveniente. Nunca me he inclinado a ser persona pública, así que no fue algo con lo que tuve que lidiar. Mi batalla fue con lo opuesto: tener que ser pública no estando en mi naturaleza ni entre mis propósitos.

Noveno, hice lo que considero correcto y ayudé a todo el que se acercó a mí. A veces solo pude ofrecer mi apoyo moral y oír, solidarizarme, abrazar.

Décimo, fui realista. Hoy estamos aquí, mañana no. Hoy se puede o no; de mañana, no sabemos. Me he mantenido en permanente desprendimiento de sentimientos nocivos, de materialismo, de individualismo, de vanidades efímeras, de máscaras y pantomimas.

VII
EL FEMINISMO SILENCIOSO

En los últimos años la palabra *feminismo* se ha convertido en un término muy sonado y no estoy segura de que todos estemos entendiendo lo mismo. No he encontrado una definición consensuada. Lo anterior es positivo porque remite al universo sintagmático que cada uno configura; pero, a la vez, la soltura genera justo variedad. Incluso, para este libro, me he propuesto no consultar marcos teóricos contemporáneos sobre feminismo, porque el propósito de aportar mi propia noción, de conformidad con mi pensamiento, lenguaje y circunstancias, se movería hacia la especialización y este ensayo no es académico, sino divulgativo. Es bastante circunstancial. Me interesa, pues, que cualquier mujer u hombre se encuentre aquí con meditaciones comunes y corrientes, como las que tiene la mayoría de las mujeres.

Que no haya consenso sobre qué debemos entender cuando escuchamos *feminismo*, repito, no está mal. Las palabras y los discursos en general, como he expuesto, cambian con el tiempo, dependen de condiciones político-sociales y tienen orientaciones ideológicas variadas. Los significados y significantes no son estáticos.

Mi hipótesis general, como estudiosa de la literatura, es que el lenguaje y ciertas palabras con significados específicos siempre están precediendo a los grandes momentos (buenos, gloriosos, terribles, inimaginados, caóticos) de una comunidad, de una nación, de un continente. Asimismo, ese acervo lingüístico se modifica de manera notable conforme el episodio transcurre y después de este.

Para emprender una lucha a favor de algo, sin embargo, es muy importante tener claro el concepto. Ponerle nombre y seña a la causa es fundamental. De lo contrario, no hay una comprensión del propósito superior que se persigue y el esfuerzo por alcanzarlo se disuelve o derrama. En general, pienso que una persona debe tener unas cuantas causas, pocas, para ir por ellas con todo vigor. No se puede, al menos para mí, estar en todas las pistas. Si existieran otras vidas, como afirman quienes creen en la reencarnación (aclaro: no sé si existe o no la reencarnación), habría que ponerse al corriente con los pendientes que hemos dejado en esta vida.

BUSCAR OTRO SIGNIFICADO

Hasta hoy solo sé que cuento con mi vida para lograr lo que quiero. No se puede asegurar nada sobre el mañana; solo hacer proyecciones, si acaso. La pregunta sustancial, entonces, es ¿qué quiero realizar? Tú, ustedes, ¿cuál o cuáles ideales son prioritarios? En esa ruta trazada, ¿estoy caminando en el sentido correcto? Este andar requiere una revisión periódica para saber si el rumbo se orienta hacia el ideal que se persigue; en caso de ser así, lo abrazaremos con más convicción o quizá lo abandonaremos porque hemos descubierto que hay otros de mayor relevancia. No sé, tal vez, de modo simple, he cambiado y mis prioridades ahora son distintas. Todo depende del diálogo: el que se realiza con uno mismo y el que existe entre nosotros y los otros. Gadamer sostiene que «la capacidad para el diálogo es un atributo natural del ser humano».[1]

La aparición en el lenguaje público de palabras nuevas es una constante. Ya me referí páginas atrás, por ejemplo, a la palabra *polarización*. Me gusta incluso que la definición que zanjaría las interpretaciones distintas y plurales o divergentes no concluya. El lenguaje es pensamiento y ningún pensamiento, en la corporeidad de nadie, se mantiene incólume, sin variación. Todo el que piensa habla (aunque sea mudo: expresa). Nosotros, cada cual, aprovechamos o no las palabras que empleamos en el pasado. Hay siempre un vocabulario, un enunciado, un discurso, un *ideologema* que navega en todos los mares y lagos, y fluctúa dependiendo de su enunciante y su receptor, de sus circunstancias y de este, y así se modifica sucesivamente, evoluciona, se retrae, cambia, se silencia, queda en suspenso, es remplazado por otro, etc., porque existe el factor que con tanta insistencia remarcó Saussure a sus alumnos: el tiempo. Nada que pase por el tiempo queda petrificado o inamovible.

Sin embargo, no puedo, en esta ocasión ensayística, dejar tan abierta la definición que hoy, en mi circunstancia, soy capaz de ofrecer sobre qué es feminismo o cualquier sinónimo que ponga en el centro a la mujer.

El feminismo es toda acción en favor de nosotras. Por ello, no tengo duda de que no hay mujer no feminista o antifeminista. Puede haber mujeres que actúen de manera antifeminista, y por supuesto hombres; pero, en esencia, no se puede estar en contra de nuestra propia naturaleza, de nuestro propio género.

Abro la polémica no sin exponer tres razones elementales: una, soy mujer. A causa del albedrío de la naturaleza, por el azar genético, por escenarios hasta metafísicos, no tuve ni tendré la oportunidad de ser hombre. No tengo dudas sobre mi género tampoco. Tuve padre y abuelos. Tengo esposo, hijos, sobrinos, un tío, primos, hermanos. En general, es curioso, ellos son mayoría en mi entorno familiar. Segundo, nací libre (en México está prohibida la esclavitud; artículo número 1 de la Constitución), y tercero, me asumo libre. Aunque para muchos lectores esto sea una obviedad, coloco el recordatorio en el muro: en pleno siglo XXI hay mujeres en otras regiones del mundo que no nacen libres, no tienen derechos, no deciden por sí mismas.

El feminismo, de manera general, es simple y llanamente querer que todas las mujeres sean aceptadas como iguales en todos los ámbitos; que por su condición sexual no sean miradas hacia abajo o hacia arriba, sino equidistantes de los hombres porque todos somos iguales.

El movimiento feminista que enarbola causas en todos los lugares, el que se exhibe en todas las oportunidades, el que quiere llamar la atención sobre condiciones o conductas injustas, inequitativas, inaceptables, indignas o insoportables, es fundamental para tratar de revertirlas, no permitirlas más y no perpetuarlas en ninguna circunstancia. Ese feminismo que habla, grita, lamenta, discute o se moviliza es indispensable para atraer la mirada sobre aquello que se repite sin piedad. No es normal, por ejemplo, la esclavitud sexual. En México es un delito. Sin embargo, el movimiento feminista que se detiene demasiado en las consecuencias sin mirar las causas, sin atacarlas de frente, perpetúa las injusticias, la inequidad, lo inaceptable, lo indigno y lo insoportable.

EL FEMINISMO SILENCIOSO

El feminismo silencioso, como lo llamo, quiere significar que la mayoría de las mujeres, sino es que la totalidad (sigo en el debate), está a favor de cualquier acción que contribuya a su bienestar, a su felicidad, a su salud, y no tienen tiempo de expresarlo o no saben expresarlo; no tienen dónde exponer sus quejas o consideran que el buzón las detiene (ven a otra que está peor y, acaso, se resignan) y tratan de resolver sus pesares, dificultades, y viven sus logros y alegrías, los que todos los seres humanos tenemos. No racionalizan de más y esto no significa que no piensen. Yo misma me considero feminista silenciosa.

Las feministas silenciosas proceden a la acción sin cavilar de cara al público; están *realizándose* como mejor pueden. «Yo siento que yo, lo mismo que cada uno de mis hermanos, he venido a realizarme, a vivir» (Unamuno).[2]

Como describió Bajtín, en esta ocasión (libro) soy un hablante que continúa el diálogo sobre el feminismo *ejecutándose*:

> El hablante mismo está dispuesto a tal comprensión cargada de respuesta: no espera una comprensión pasiva que, por así decirlo, solo reproduzca su idea en una cabeza ajena, sino la respuesta, el acuerdo, la simpatía, la réplica, la ejecución, etc.[3]

Wayne C. Booth, en su momento, no escapó a las muchas conexiones que ofrece el filósofo Bajtín con el diálogo humano, para referirse al feminismo crítico. En una defensa de la «libertad de interpretación», pone de relieve que el lenguaje ha sido usado, en efecto, como instrumento de ideología, aunque reconoce que, al final, como Bajtín refiere, todo lenguaje es ideológico. Para Booth, Bajtín alentó al diálogo entre dos verdades: la estética y la ideológica. La «imaginación dialógica» que resulta es sobre «su visión de cómo son las personas y de cómo se hacen las ficciones» («his views of what people are made of and his view how fictions are made»).[4]

En mi vida actual, pese a los encargos que, considero, debo hacer por convicción o se me insinúan desde fuera, no he dejado ni un instante de pensar en realizarme, en trascender. Todo lo que acontece en la esfera pública y me involucra se desvanecerá tan rápidamente como apareció. Por ello, todo momento es propicio para buscar mi bienestar, mi felicidad y mi salud, sin necesidad de expresarlo a cielo abierto. También, como el resto del mundo, procedo a la acción sin cavilar. ¿De qué otro modo es posible resistir? ¿Puedo yo misma vivir *transferida* a la vida de mi pareja, de mi hijo, de algún otro ser querido? Ni siquiera con el mayor esfuerzo, lo inaudito: solo soy yo, mi materia (cuerpo, sustancia, corporeidad) y mis pensamientos (intelecto, raciocinio, argumentación) y, además, solo tengo un tiempo (esta época, este siglo, este día, este instante); solo estamos nosotros; los viejos nosotros, aquellos a quienes no conocí salvo por libros, fotografías o películas, cuando estos comenzaron a existir.

El feminismo silencioso es desconocido, ignorado y, por tanto, potencialmente peligroso para el verdadero patriarcado, femenino o masculino. Bien pensado, quienes lo integramos no acostumbramos a discutir. Observamos, decidimos, resolvemos y perseveramos. No atomizamos, unimos. No nos enfocamos en la hoja de un árbol, sino en la raíz. No desperdiciamos ni un segundo en su realización. No conocemos el ocio intelectual, sino que el intelecto es consustancial en nosotras y bastante resolutivo.

Durante el tiempo que he estado involucrada en asuntos públicos, aunque de manera periférica, puedo afirmar que conozco bastante a las mujeres de México. El feminismo silencioso es suyo y mío. No hemos necesitado mayores discusiones para saber que merecemos equidad, solidaridad, oportunidades, un «por favor» permanente, un «gracias» eterno. En todo momento, y hablo en términos generales, somos el motor que hace funcionar al país. Creo que no conozco a ninguna mujer perezosa; hasta la tildada de «la más floja» labora más que muchos hombres. No nos sobra tiempo para engancharnos con debates especializados en «temas de género» ni en redes sociales, presentadas como la panacea comunicativa contemporánea, porque frente a nosotras hay responsabilidades y encrucijadas que resolver todos los días. Y si nos preguntan: ¿estás de acuerdo en que haya un permiso por maternidad extendido?, responderemos que sí. Si nos preguntan: ¿exiges la paridad salarial?, responderemos que sí y que aún más: las mujeres debemos ganar aún más que los hombres, si hablamos claro, porque realizamos cuando menos un trabajo doméstico todos los días, en silencio y sin remuneración alguna. ¿Ni una más? Ni una más en nada: en acoso sexual, en asesinato, en feminicidio; ni una más en discriminación por su color de piel, por su preferencia sexual, por su estatura o su fenotipo. Ni una más que gane menos que los hombres; ni una más sin derecho a una vida saludable, a educación; ni una más humillada porque no tiene un lugar para vivir; ni una más, ni uno más.

El feminismo silencioso es, por sobre todas las cosas, un homenaje a las mujeres ignoradas, para que jamás se olviden del gran poder que tienen.

El feminismo silenciado

También existe el feminismo silenciado. Si el primero puede ser una actitud, el segundo es resultado de una mirada exclusiva y excluyente. Existen millones de mujeres en México que no tienen manera de pedir o exigir algo. El sistema no las mira, las ignora. Quizá recurra a ellas para fines de otra naturaleza, como simples aves de paso, con el objetivo de mantener sólidas sus raíces hegemónicas. No me refiero, repito, a una región, a un rumbo;

tampoco a una ideología política, sino a un sistema que incluye solo lo que le conviene.

Ese feminismo silenciado, sin embargo, sabe hablar todo el tiempo. Es un murmullo, un arrorró nocturno; es una abeja, una hormiga. Lo que tiene de positivo es que es consustancial al autoritarismo de todo tipo, su propia extinción.

He vivido algo de ello. No es por mí, en sentido estricto, sino por casi todo el resto. Del entorno lejano y anónimo no me sorprende; del íntimo sí, y mucho. Ser *transferida* a rostros que no son los míos se vuelve costumbre. De parte de colegas es casi natural, lo mismo que de la clase política y de los círculos del poder. La *transferencia* ha ido, en lo laboral, como viento en contra, pero es el precio que pago por militar en las causas en las que creo. Así como para otros *yo-no-soy-yo*, para la intelectualidad y otras instituciones, grupos o individuos, *tú-eres-él*. Esto es el mundo al revés. Sin embargo, comprendo. Es un hecho que ha habido muchas mujeres que nos han fallado en los asuntos públicos, en los poderes políticos. La vida recta no es cuestión de género. Han tenido poder y han minado nuestro poder. La estela en la que terminé caminando estaba llena de espinas. También lo comprendo.

Algo más sobre el feminismo silenciado: es mejor hablar de los efectos que de las causas. Esta es una manera disimulada de quitarse responsabilidades en lo que a todos nos concierne: vivir en un mundo más justo. Entonces, el feminismo silenciado no se encuentra con quienes interroguen sobre el origen de las fallas o de los aciertos. Todo es superfluo.

Para la realización de este libro he pasado de la práctica a la teoría. He decidido hablar y explicar, pues. Y resulta, a la manera cartesiana, un juicio *a posteriori*, porque se escribe al terminar el acompañamiento a AMLO en su responsabilidad como gobernante. Es empírico con una validez particular y contingente. Es un juicio *a posteriori*, es decir, se sigue realizando; todavía no terminamos la tarea.

Sin embargo, para apertrecharme en este universo desconocido que venía de años de acompañar una lucha social, tuve que proceder con lo poco o mucho que había en mi *manual a priori*. Me acompañaban prejuicios; es decir, ideas elementales sobre el poder (el legal, el político) y noticias que se saben del poder. No pretendí pasar del manual al tratado (este libro tampoco lo pretende) y ser un sujeto que lleva a la práctica una tesis. Por azares de la vida, terminé siendo alguien que ha debido asumir una circunstancia y cómo la he concebido y practicado. La resultante es esta tarea a la cual ahora le pongo palabras. «El ser y el deber ser no están disociados ni son hostiles, sino que se relacionan orgánicamente, se encuentran en un mismo plano valorativo».[5]

El feminismo silencioso no para y no parará. Es muy efectivo porque no requiere mesas de discusión, por tanto, no hay elucubraciones mayores y la acción se concelebra todo el tiempo. Escuchar nuestra voz interior requiere una decisión, es una actitud, y todas las mujeres, todo el tiempo, están lidiando con su condición de mujer y sus retos personales, familiares o de la nación en la que viven. Si no está acomodado en el intelecto lo que hay que decir, mejor callar, o bien, si no es propicio, también. Eso lo saben todas las mujeres que contribuyen, que son hechos.

LOS FEMINISTAS SOLIDARIOS

Del mismo modo, no he dejado de ayudar a deconstruir las causas de la injusticia y de la desigualdad. Todo comenzó con una propuesta (mayo de 2018), para convertirla en una actitud: no seré yo quien perpetúe un régimen de privilegios.

Por todas partes miro a seres humanos que son víctimas de un sistema que cancela derechos y libertades; antes bien, impone *su* verdad; un sistema que no escucha, que calla bocas, que incluso confina, destierra o mata a los disidentes; un sistema que quita, que no da. No es un sistema local o regional; es una organización del mundo que incita al individualismo como eje de la existencia y castiga a grupos de personas o a zonas geográficas porque no se someten. Repito: es un sistema.

Los feministas solidarios coexistimos y vamos de la mano sin necesidad de expresarlo. Sobre todo, los esperanzados, a pesar de los obstáculos e inconvenientes, actuamos sin detenernos porque deseamos la realización de todos y de nuestros seres queridos. No dejamos de lado a quienes están atrapados en baúles imaginarios, cerrados con llave, y se encuentran sin salida o no quieren salir.

EL PATRIARCADO ANTIFEMINISTA

En los últimos años han aparecido varias palabras nuevas que se han insertado en la lexicografía nacional sobre el feminismo, y ofrezco un puñado de ellas. Son las que más interés me han causado desde mi condición de mujer hasta, por supuesto, mi vocación filológica y mi interés confeso por el lenguaje y el pensamiento: *patriarcado, género, ideología de género, empoderamiento femenino* y *lenguaje inclusivo*. Me referiré solo al patriarcado. De un modo u otro, los anteriores términos han sido abordados ya.

Sobre el patriarcado, encuentro la mejor propuesta hasta ahora en la descrita por Allan G. Johnson, en su libro *The Gender Knot. Unraveling our Patriarchal Legacy*. Está enriquecida con una ilustración en cuyo centro se encuentra un árbol al que llama «árbol patriarcal». Las raíces significan: obsesión por el control, dominación masculina, identificación masculina, centralidad masculina. El tronco que emerge de la tierra son las instituciones: familia, economía, el Estado, y otras. Las principales ramas o aquellas más fuertes son: grupos, organizaciones, comunidades, familias, negocios, departamentos, grupos de trabajo, escuelas, equipos atléticos (deportistas), y más. Y las ramas más delgadas que crecen de esta, según el sociólogo, somos los individuos que participamos en tal sistema.[6]

Sobre su árbol, explica Johnson:

The power of patriarchy is also reflected in its ability to absorb the pressures of superficial change as a defense against deeper challenges. Every social system has a certain amount of give that

allows some change to occur and in the process leaves deep struc-
tures untouched and even invisible. Indeed, the «give» plays a
critical part in maintaining the status quo by fostering illusions of
fundamental change and acting as a systemic shock absorber. It
keeps the focus on symptoms while root causes go unnoticed and
unremarked, and it deflects the power we need to take the risky
deeper journey that leads to the heart of patriarchy and our in-
volvement in it. Like all social systems, patriarchy is difficult to
change because it is complex and its roots run deep. It is like a tree
rooted in core principles of masculine control, male dominance,
male identification, and male centeredness.[7]

[El poder del patriarcado también se refleja en su capacidad para
absorber las presiones del cambio superficial como defensa contra desafíos más profundos. Cada sistema social tiene una cierta
cantidad que ceder, la cual permite que ocurra algún cambio, y en el
proceso, deja estructuras profundas y hasta invisibles. De hecho,
el «dar» desempeña un papel fundamental del *statu quo* al fomentar
ilusiones de cambio fundamental y al actuar como un amortigua-
dor sistémico. Mantiene el enfoque en los síntomas mientras que
las causas fundamentales pasan desapercibidas y no se comentan,
y desvía el poder que necesitamos para emprender el arriesgado
viaje más profundo que conduce al corazón del patriarcado y a
nuestra participación en él. Como todos los sistemas sociales, el
patriarcado es difícil de cambiar porque es complejo y sus raíces
son profundas. Es como un árbol enraizado en los principios básicos del control masculino, la dominación masculina, la identificación y la centralidad masculinas].

Con mucho acierto, expone:

The public response to feminism has been ferociously defensive
precisely because feminism touches such a deep nerve of truth
and the denial that keeps us from it. If feminism were truly ridiculous, it would be ignored. But it is not ridiculous, and so it pro-
vokes a backlash.[8]

[La respuesta pública al feminismo ha sido ferozmente a la defensiva precisamente porque el feminismo toca un nervio tan profundo de la verdad y la negación que nos mantiene alejada de ella. Si el feminismo fuera realmente ridículo, sería ignorado. Pero no es ridículo, por lo que provoca una reacción violenta].

Allan G. Johnson presenta cuáles son las dificultades del patriarcado, aun para los caballeros:

Men undoubtedly suffer because of their participation in patriarchy, but it is not because men are oppressed *as men*. For women, gender oppression is linked to a cultural devaluing and subordination of women *as women*. Men, however, do not suffer because manhood is a devalued, oppressed status in relation to one that is higher and more powerful. Instead, to the extent that men suffer as men—and not because they are also gay or of color or have a disability—it is because they belong to the dominant gender category in a system of gender privilege that both benefits them and exacts a price in return.[9]

[Los hombres, sin duda, sufren por su participación en el patriarcado, pero no es porque los hombres estén oprimidos *como hombres*. En el caso de las mujeres, la opresión de género está vinculada a una desvalorización cultural y a la subordinación de las mujeres *como mujeres*. Los hombres, sin embargo, no sufren porque la hombría es un estatus devaluado y oprimido en relación con otro que es más alto y poderoso. En cambio, en la medida en que los hombres sufren como hombres —y no porque también sean homosexuales o de color o tengan una discapacidad—, es porque pertenecen a la categoría de género dominante en un sistema de privilegio de género que los beneficia y exige un precio a cambio].

El patriarcado, para él, es un sistema y una forma de ver el mundo. Al volver a su árbol y hacerse la pregunta: «¿qué debemos hacer?», expone dos mitos: el primero, se da por hecho que la estructura patriarcal siempre ha sido así y está condenada a permanecer de ese modo. Sin embargo, contradice esta corriente:

«Los sistemas sociales también son líquidos» («social systems are also fluids»). «Since we can always choose paths of greater resistance or create new ones entirely, systems can only be as stable as the flow of human choice and creativity, which is no recipe for permanence». [Dado que siempre podemos elegir caminos de mayor resistencia o crear otros enteramente nuevos, los sistemas solo pueden ser tan estables como lo sea el flujo de la elección y la creatividad humanas, lo cual no es una receta para permanecer]. Y continúa:

> The transformation of patriarchy has been unfolding ever since it emerged seven thousand years ago, and it is going on still. We cannot know what will replace it, but we can be confident that patriarchy will go, that it is going at every moment. It is only a matter of how quickly, by what means, at what cost, and toward what alternatives, and whether each of us will do our part to make it happen sooner rather than later and with less rather than more destruction and suffering in the process.[10]

> [La transformación del patriarcado se ha ido desarrollando desde que surgió hace 7000 años, y aún continúa. No podemos saber qué lo sustituirá, pero podemos estar seguros de que desaparecerá, y que está desapareciendo en todo momento. Solo es cuestión de qué tan rápido, con qué medios, a qué costo y hacia qué alternativas, y de si cada uno de nosotros pondrá de su parte para que suceda cuanto antes y con menos destrucción y sufrimiento en el proceso].

El segundo mito consiste en que no hay efecto y en la paradoja de Gandhi. Para revertir el dominio del patriarcado, es indispensable la acción:

> We have to let go of the idea that change does not happen unless we are around to see it and that what we do matters only if we make it happen.[11]

[Tenemos que dejar de lado la idea de que el cambio no ocurre a menos que estemos cerca para verlo y que lo que hacemos importa solo si hacemos que suceda].

Adoptando la actitud de Gandhi, vuelve a su árbol e indica: «Collectively, the leaves are essential to the whole tree because they photosynthesize the sugar that feeds it. Without leaves, the tree dies».[12] [De manera colectiva, las hojas son esenciales para el árbol completo porque ellas realizan la fotosíntesis del azúcar que lo alimenta. Sin hojas, el árbol muere].

Con el auge de estudios sobre el feminismo, hay mucho que leer al respecto. Necesito avanzar. Una vez que Johnson ha tocado la médula del movimiento, el feminismo desvela el nervio más profundo de la verdad. Por ello, el uso indiscriminado del término *patriarcado*, si no es entendido y se grita como una consigna huera sin un cambio significativo en el tronco, en las ramas y en las hojas, queda incluso como una legitimación del patriarcado que dice condenar. Estoy convencida del importante papel de las hojas de cada rama, de cada tronco y de cada árbol de todos los bosques del mundo.

Para actuar, es preciso comprender, de otro modo, damos bandazos y desgastamos energías. Para comprender, hay que estudiar, observar y leer. Para poder actuar, necesitamos ser los primeros en hacerlo, no solo en el tema de una profunda reivindicación de las mujeres como la otra mitad del mundo, sino en todos los temas atingentes al género humano. No se puede estar nada más mirándose el ombligo. Se mira el ombligo y la vista va hacia el frente, hacia arriba, hacia los lados, hacia atrás, al pasado, al pasado más remoto; se mira con ojos críticos al sistema que perpetúa desigualdades, y ese es el que debemos combatir poderosamente: hombres y mujeres. El patriarcado no es solo el universo masculino que domina. Bien lo expresó Johnson, es un sistema y una forma de ver el mundo. ¿Qué sistema aceptamos sin razonar, sin comprender? ¿Qué visión o enfoque del mundo no nos detenemos a analizar para saber si es correcto, justo, adecuado a nuestros tiempos, dignificante del ser humano, sea hombre o mujer? Te dejo la pregunta.

Marta Postigo Asenjo —para no quedarnos solo con una definición— acepta que «se entiende por patriarcal aquella sociedad con una hegemonía claramente masculina, donde es el hombre quien tiene el poder y dominio de la comunidad». Es decir, tal poderío y mando es un «orden que no emana de la naturaleza o la biología de hombres y mujeres en el reparto de los roles dado».[13] Desde una perspectiva sociológica, coincide con Allan G. Johnson en que el dominio no siempre ha prevalecido en manos de hombres, ya que se ha comprobado que, en etapas anteriores, la humanidad también fue dominada por mujeres.

Postigo Asenjo va, de igual manera, a la estructura social como primer paso para analizar cómo se compone el liderazgo que subordina a otros (en el caso que discute, las mujeres subordinadas). Así se crean tipificaciones que se institucionalizan y roles que se asignan a quienes forman parte de esta estructura. Hace poco se publicó mi estudio sobre una crónica de viajes[14] de una mujer de la aristocracia del Porfiriato, Isabel Pesado de Mier. En sus *Apuntes* se puede ver con claridad cómo para muchas como ella estaba bien fundamentada la existencia de clases sociales y razas, y, por tanto, roles específicos para ellas y ellos según su clase y raza. La autora se escandaliza porque los negros en Estados Unidos tutean a cualquiera, porque las mujeres madrileñas son desenfadadas y porque no todos en Europa son católicos (hay muchas «sectas») y, para su orgullo, sobreviven las monarquías que en México ya habían desaparecido desde la Independencia (1821):

> por más que se quiera, nunca llegarán a nivelar las clases de la sociedad que se dividen por sí solas. Hasta en el cielo hay jerarquías y Dios es el que ahí reina [...] y no ha tenido a bien llamarse presidente, ni convertir su reino en república. Razón por la cual es preferible lo que Dios ha hecho a lo que los hombres por su ambición quieren hacer.[15]

En México se han dado a una gran velocidad los pasos para la apertura de espacios para las mujeres en la política, el liderazgo en organizaciones, en negocios, en empresas y otros. Esto no significa el inicio de la abolición del patriarcado si estas mujeres que participan en la política o en sus respectivos foros siguen aceptando el sistema y una manera de mirar el mundo igual que si su lugar lo ocupara un hombre. La paridad en cargos públicos, que es un gran avance, puede sin embargo ser engañosa. Una mujer, como un hombre, es decir, un género u otro, no garantiza la ejecución de un acto bueno, noble y generoso.

Por ello, el feminismo, de acuerdo con lo que he estudiado y pienso, en función de mi género y las circunstancias específicas en las que hoy diserto sobre ello, tiene el riesgo de caer en lugares comunes, en clichés, en la reproducción de discursos que no se han razonado, no han tocado la conciencia y no han modificado nuestro ser y estar en el mundo. Puede ser a causa del oportunismo en ello, así como lo hay en otros movimientos recientes, enfocados a defender causas particulares, como si se tratara de una hoja en el árbol de Johnson; es decir, que la causa de una hoja, viendo que es la nada en medio del bosque, intente convertirse en el bosque. El excesivo protagonismo puede incluso desvirtuar la profunda razón de ser del feminismo: la concientización sobre un sistema y una mirada al mundo que se descoloca de lo justo; que no se detiene a ver que hay muchas cosas más inaceptables, inadmisibles e indiscutibles (en un sentido axiológico, por ejemplo: un asesinato se puede explicar, pero no justificar).

Recupero declaraciones muy elocuentes de Alejandra Frausto, secretaria de Cultura del Gobierno de México:

> Los ataques que recibimos las mujeres con poder son así de grotescos, pero han de saber que somos un movimiento feminista sincero y que no se sabe rendir, porque buscamos desde hace décadas la felicidad de un pueblo, el desarrollo de un país más justo y amoroso. Y no nos quita un pelo de feministas el que un líder hombre, brillante, honesto y valiente, nos represente.[16]

La perpetuación del patriarcado, como lo he tratado aquí, nos hace mucho daño. Es validar un sistema de raíz injusto, inequitativo. La paridad de género, si no va a la médula de la inequidad social y económica, puede ser nada más un velo que esconde y siga agazapando una realidad lacerante. Sin embargo, alcanzar tal paridad al menos, no solo en el sector público, sino en todos los sitios en donde las mujeres actuamos o nos desempeñamos, ya es un avance.

Además, el patriarcado solo es una estructura de alcance político-público; su morada natural es la familia, de ahí a la escuela, al trabajo, y en toda la vida social. Dejar al Gobierno o a los legisladores la responsabilidad de procurarla es desentenderse de la responsabilidad que todos y cada uno tenemos para propiciarla. ¿Qué hacemos en casa para abatir un sistema de injusticias? ¿Somos siquiera conscientes de esto?

LA ESTÉTICA EN LA COSA PÚBLICA

Quiero manifestar mi profundo respeto a todas las mujeres que se dedican a ejercer liderazgos o a participar de manera visible en la vida pública. Hasta hace poco, ver a mujeres en la plaza, en mercados, en manifestaciones, en equipos deportivos, en disciplinas individuales de alto nivel como en las Olimpiadas, en tribunas como activistas o dirigentes de causas, en carteras importantes de los Gobiernos, en organismos de procuración de justicia, en órganos legislativos, en medios de comunicación y en política generaba incomodidad, menosprecio o minimización, aun entre nosotras. Quizá esto siga sucediendo, pero debemos reconocer el avance.

Se requiere conocer una causa muy sólida o un interés profesional muy consistente (incluso un interés económico destacado) para ese atrevimiento, so pena de ser juzgadas de distintas maneras. Desde su aspecto físico hasta el contenido de su discurso y su forma de enunciarlo, no escapan al injusto escrutinio público.

Las mujeres en el mundo del espectáculo, la música, el teatro y otras actividades de entretenimiento, por ejemplo, son formidables en cuanto a su arrojo, a su capacidad de romper límites, trastocar estereotipos y presentarse con sus aptitudes, pasiones y talentos ante un público que persiste en juzgar su exterior. La calidad de su trabajo o los gustos son aparte. Ya sea en el escenario de un teatro, en un auditorio, en una calle o en un salón de orquestas, cada una de ellas me inspira sincera admiración cuando las observo.

Detrás de su desempeño hay una gran constancia y una lucha, incluso en casa, o mejor dicho, una lucha que comenzó en casa.

Es en este ámbito de lo público donde el grado de dificultad para alcanzar el éxito y lograr transmitir su mensaje personal, sus sentimientos o propuestas artísticas implica transitar por veredas más empinadas. La expectativa que de ellas se tiene en torno a la estética las somete a mayores requerimientos. Además de hacer bien su trabajo, con pasión y creatividad, deben «cumplir» con altos e inequitativos estándares que el medio les reclama. A los hombres quizá también, pero no hay punto de comparación.

Las actrices, cantantes, conductoras televisivas que yo veo u observo tienen que estar renovándose, dedicando mucho tiempo y dinero en su cuerpo o apariencia para cumplir con el gusto del público y de expertos, y aún queda —es lamentable— la impresión de que deben ser bellas, delgadas, llamativas y concitar atracción y sacrificarse en aras de estar siempre *vigentes*. En otros países esto ha ido modificándose: he visto informativos en donde ya no aparece un prototipo occidentalizado de belleza, sino mujeres que son el común denominador de esa nación. Queremos escuchar noticias, pienso yo, no a *super models* que pasan por el arbitrio ornamental de productores, arguyendo que esto es crucial para ser aceptadas por los demás.

Mi querida Anahí contó hace poco cómo fue para ella pretender destacar y las consecuencias que tuvo en su cuerpo, mente y espíritu:

> Me dijeron: «Vamos a hacer la nueva versión de "Quinceañera"». Entonces, me citan con quien iba a producir esa telenovela, me siento con mi mamá y me dice: «Vamos a hacer la telenovela, estaría increíble que tú seas la protagonista, pero… Anahí, las protagonistas son flaquitas, son muy bonitas y tú estás gordita y tienes que trabajar mucho en ti para que hagas la novela».[17]

Como ella tenía 18 años y en verdad deseaba dedicarse a la actuación, se propuso dejar de estar «gordita». Padeció trastornos alimenticios que ella misma ha confesado y su situación de salud la llevó al límite, incluso a estar entre la vida y la muerte.

«Yo podía pasar cinco y hasta seis días sin comer. A veces comía una toronja o un hielo para engañar al estómago, y cuando no podía más, venían los atracones y vomitaba mucho», confesó en septiembre de 2023. Un día esta situación desencadenó una crisis y le dio un paro cardiaco. «Lo que me explican es que tuve un bajón tan fuerte de potasio en el cuerpo, de electrolitos y de absolutamente todo que mi corazón era una taquicardia, mi corazón no podía más».18 Este ritmo, este tipo de secuestro mental, la llevó a hacer una pausa y a replantearse cuál era el sentido de su vida: decidió «conocer otra vida», y ha llegado a la conclusión de que «es bonito saber realmente quién eres, y yo no lo iba a saber hasta que no pusiera una pausa y me alejara y viera la imagen desde otro punto».[19]

EL SEXISMO HACIA LAS MUJERES PÚBLICAS

Ojalá cada vez menos mujeres se presten al sometimiento estético. Entiendo bastante que hay que conceder algunas cosas para ser aceptada, porque al sexismo en México hay que agregarle el racismo, el clasismo y la xenofobia.

Más allá del patriarcado y las luchas de género, así como de los colectivos por la diversidad sexual, existe un legado que no debería continuar y que sigue menoscabando nuestra integridad e identidad: ese sexismo que se manifiesta de muchas maneras. Pongo mi experiencia por delante: además de tener que aceptar que mi vida sea pública debido al trabajo de mi esposo, hay una indagación constante y desmedida hacia qué hago, cómo me visto, cuánto dinero gano, etc., y no con un genuino interés (sobre todo lo último) de presentarme como lo que soy: una ciudadana con vida propia. No, se trata de averiguar para perjudicar. Apilo una colección de peticiones del Instituto Nacional de Acceso a la Información (INAI) que se envían a la Secretaría de Educación Pública (SEP), al Consejo Nacional de Humanidades, Ciencias y Tecnologías (Conahcyt) y a la Benemérita Universidad Autónoma de Puebla (BUAP) sobre mis ingresos, actividades, si checo tarjeta, mis recibos de nómina, mis publicaciones, mi currículum y un sinfín de curiosidades. Es un asedio constante. ¿Hay alguna otra profesora e investigadora en México de la cual pregunten en instituciones públicas con esta exacerbada fruición?

Los comisionados del INAI pueden responder que son «preguntas ciudadanas». ¿No tiene este instituto algún tipo de código (ya no digamos ético) para saber los límites de lo que se puede enviar a oficinas de transparencia de entidades públicas para su revisión? ¿Y esa comisión que da curso a esas supuestas preguntas ciudadanas obra del mismo modo con otras esposas de gobernantes?, ¿obra del mismo modo cuando ciudadanos les preguntan a ellos mismos, a los comisionados, cuánto ganan, cuáles son sus prestaciones, de dónde provienen los recursos, en qué se los gastan? No, no es así. El INAI se ha visto envuelto en varios casos escandalosos en tiempos recientes y ellos mismos se cubren, no son transparentes. «El buen juez por su casa empieza».

Al sexismo político anterior agrego la fijación en mi apariencia. Intento aparecer en público con la menor frecuencia posible; no por esta razón, sino por todo lo que la lectora, las lectoras, han ido conociendo a lo largo de estas páginas. Desde luego, los medios tradicionales me dedican el mínimo espacio, ya lo dije antes, o me borran de la información. Si hay noticia, es por el vestuario. Esto es común. ¿No crees que debemos ir un paso más allá, evitar estas frivolidades y centrarnos en quiénes son realmente esas mujeres que están en el ojo público (si es que eso es importante), dicho sea de paso?

En México hay varias gobernadoras que pertenecen a partidos políticos distintos. Pregunto: ¿es equiparable el interés que hay en mi persona o en el de otras esposas con el que se vierte sobre los maridos de las gobernantes? Seamos honestas: no hay punto de comparación. No sé quiénes son o a qué se dedican los cónyuges de estas mandatarias, o si tienen pareja. Solo he conocido a uno. A este jamás se le reprochó no dirigir la oficina del Desarrollo Integral para la Familia (DIF) del estado ni, que yo sepa, se indaga y publica (u omite) información sobre su trabajo, sus responsabilidades o cuánto paga de luz, ni cuántas corbatas tiene. A este no se le reclama no realizar o no mostrar sus actividades de filantropía, voluntariado, acompañamiento, etc. Es más, ni siquiera se plantea que deba llevarlas a cabo. Tampoco he visto un reportaje sobre su aspecto físico y su buen (o mal) gusto para vestir; si es feo, fotogénico, tiene una bonita sonrisa o parece desencajado; si tiene celulitis, no sabe caminar con elegancia, no combina su traje o no usa traje.

En todo este tiempo he notado que se sobrentiende que es bien visto que estos esposos o parejas tengan sus empleos o negocios y sean independientes, y son apreciados por este deslinde público u oficial de la compañera. ¿Por qué lo noto? Porque nada o casi nada se sabe de ellos, yo misma lo ignoro. Voy más allá: tengo la percepción de que se les reverencia por hacerse cargo (supongo) de sus hijos o nietos mientras la madre está trabajando por el bien de su estado.

Sobre las mandatarias, creo que es tiempo de avanzar aún más como nación: no votamos por ellas porque son bonitas, de buen cuerpo; tienen estilo, saben caminar como modelos o sus ajuares marcan tendencia. Votamos por ellas para que gobiernen para todos. Se agradece siempre el vestir con decoro, pero es tiempo de extender el horizonte: el sexismo debe extinguirse y nosotras las mujeres no somos menos capaces. Incluso podemos ser superiores en capacidades, experiencias o aprendizajes, pero no se trata, jamás lo propondría así, de competir sobre esto. México está a la vanguardia y todas, las principales autoras de estas invectivas superficiales, deberíamos poner más atención a la esencia y los resultados, a lo que representan (una legisladora, una presidenta municipal, la directora de una institución, etc.), y dejarnos de banalidades. México tendrá una mujer presidenta. Es preciso seguir feminizando la vida pública.

Propuestas para una agenda feminista

El feminismo silencioso precisa de saber escuchar. Son los otros quienes indican a su prójimo qué necesitan, qué no les parece, qué reconocen como problemático, como urgente.

He conocido muchos estudios de opinión. Durante años se presenta una constante: la principal preocupación de los mexicanos en general es el empleo; enseguida, los servicios de salud y, en tercer lugar, la inseguridad. Sin embargo, estas empresas encuestadoras o censos no interrogan sobre prioridades o preocupaciones no materiales o que no comprometen dinero público o privado. Hablo, por ejemplo, de democracia, independencia, paz, amor y amistad; de familia, sueños, espiritualidad o trascendencia. Por esta razón, pensaba, hacia 2019, que escuchar a las mujeres en un espacio abierto y generando espontaneidad podría haber sido un ejercicio revelador que confirmara el refrán «Cada cabeza es un mundo». Considero que es posible agrupar prioridades a partir de esos mundos y decidir entre todos hacia dónde (o no) es necesario virar.

Más allá de esta propuesta, durante años he escuchado a los mexicanos (en este caso a las mexicanas) para tratar de armar una lista de pendientes que podrían conformar una agenda feminista que abata la desigualdad, la inequidad, la injusticia, la infravaloración y que, por el contrario, intente poner en la misma balanza a unos y a otras. Cierta estoy de que algunos puntos serán complejos, pero también de que este es mi diagnóstico por escrito, el cual podría ser útil para alguien o servir para mostrar mi perspectiva. Al mismo tiempo, durante el gobierno, como es natural, he recibido un sinfín de peticiones e intervenciones. Por convicción, y también porque nuestra Constitución establece el «derecho de petición» (artículo 8), me he esforzado por atenderlas. No soy funcionaria gubernamental, empero los ciudadanos tienen la libertad de suponer que soy el medio conveniente para hacer una solicitud. Entonces, yo asumo el deber moral de canalizarla a las autoridades correspondientes si es lícita, se formula de manera respetuosa y es posible.

En una agenda feminista de México hoy, tanto en el ámbito público como en el privado, considero que hay cinco pendientes que son fundamentales, aunque no se resuelvan de un plumazo (algunos quizá nunca se resuelvan; serán utopías, pero las necesitamos para andar): *1)* hacer efectiva la democracia y llevarla a un nivel superior a través de la participación ciudadana, *2)* alcanzar la equidad de ingresos entre hombres y mujeres, *3)* luchar por la independencia económica de las mujeres, *4)* esforzarnos por exigir un sistema de procuración e impartición de justicia pronta y expedita, y *5)* una batalla indispensable que no depende quizá más que de una misma y que implica un proceso, un convencimiento, una educación y una actitud ante la vida: fortalecer la autoestima.

a) La democracia

Lo primero, la democracia, significa impedir con todas nuestras fuerzas que intereses de minorías se impongan ante la mayoría. Nunca más un fraude. No sé si hay un sistema político mejor que la democracia, pero sí sé que hemos vivido regímenes peores: coloniaje, invasiones, monarquías, imperios, militarismo, regímenes totalitarios o gobiernos teocráticos, y en todos ellos el pueblo no ha sido el centro de la atención, sino la periferia. Que todo poder público dimane del pueblo, desde las constituciones ilustradas del siglo XVIII. El pueblo es la soberanía.

Es imprescindible lograr el voto de las mujeres —y de mexicanos— en el exterior. Al momento de escribir este ensayo, el voto de paisanos fuera de México es posible. Veamos su complicación que desalienta. El ciudadano debe inscribirse como posible votante en una página electrónica del Instituto Nacional Electoral (INE) y ya se ve, por el siguiente dato, que se enteran pocos, les interesa a pocos (no lo creo, la verdad) y el mecanismo no es efectivo.[20] Para comenzar, el organismo encargado de organizar los comicios le pide al interesado presentar su credencial de elector. Esta tiene una vigencia determinada y en los consulados hay opciones para tramitarla. Para muchos, casi su única opción es trasladarse a México y realizar el trámite en persona. *1)* ¿Cuántas personas, al visitar un módulo en el país, se encuentran con que el módulo está «cerrado» para el registro, a fin de integrar el Padrón Nacional de Electores para comicios próximos? *2)* ¿Cuántas personas no pueden venir a México por falta de recursos para ese trámite? *3)* ¿Cuántas personas en Estados Unidos, que se encuentran en calidad de ilegales, no pueden salir porque luego les costará mucho volver a ingresar a ese país, o ni siquiera pueden trasladarse al consulado correspondiente? Tres son, al menos, mis interrogantes.

La Secretaría de Relaciones Exteriores (SRE) creó la Red de consulados y embajadas, donde se puede solicitar tal credencial. En estos sitios piden tres documentos: demostrar la nacionalidad mexicana por nacimiento o por naturalización, identificación vigente (solo se admite: matrícula consular, pasaporte, licencia o permiso para conducir, ya sea expedido en México o en Estados Unidos, original y vigente, o con una fecha de expedición no mayor a diez años) y comprobante de domicilio en ese país. En teoría, en un lapso de tres a cinco semanas, el INE enviará al solicitante la famosa credencial. Después, este deberá llamar al número que viene dentro para validarla. La situación se complica, pues, si no se cuenta con alguna de estas credenciales activas, no procede la solicitud de voto.[21]

Veamos la realidad: para las elecciones federales y locales del 2 de junio de 2024, y hasta diciembre de 2023, solo el 5% de los posibles votantes había hecho la engorrosa solicitud.[22] El 93% de los mexicanos que no viven en el país se encuentra en Estados Unidos. Solo se puede votar en consulados y no en todos: Chicago, Dallas, Fresno, Houston, Los Ángeles, New Brunswick, Nueva York, Oklahoma, Orlando, Phoenix, Raleigh, Sacramento, San Bernardino, San Diego, San Francisco, San José, Santa Ana, Seattle, Atlanta y Washington, en el país vecino; uno en Madrid; otro en París, y un tercero en Montreal. El consejero del INE Arturo Castillo declaró:

Claro que hay interés en atender el voto presencial, pero es llamar a que se registren. Son 61 500 registros que llevamos al corte de la mañana de este jueves, pero hay un millón 800 mil mexicanas y mexicanos en el extranjero con credencial que podrían inscribirse para seleccionar esta modalidad.[23]

Y son más de 37 millones de mexicanos nada más en Estados Unidos...

La democracia también es participar. Es la hora de avanzar aún más. Todas necesitamos mejorar nuestra educación política para luchar por causas. La indiferencia hace que otros y otras decidan por nosotras. Hay que informarse y formarse de primera mano y seguir garantizando el derecho a la información, a la libre expresión de las ideas, a la libertad de unión y asociación, a la libertad de tránsito y de culto. Politícense. El juicio se forma con elementos racionales que parten de realidades concretas. Mujeres politizadas y críticas, que saben sustentar lo que defienden, será difícil manipularlas. Politicen a sus hijos y familia. Tomen partido. Si después de volver del juicio hay nuevas circunstancias personales o colectivas, eventos que sucedieron, en fin, algo que se movió rotundamente, vuelvan a tomar partido y defínanse en otro bando o causa, pero no se mantengan jamás en la neutralidad de las cosas importantes que competen a todos.

b) Equidad salarial

Que las mujeres sean peor pagadas es un dato oficial. La población económicamente activa (PEA) femenina es el 46.0%, según el INEGI, aunque somos el 52% de la población total.[24] A mayo de 2023, la desigualdad económica prevalece: «la diferencia de ingreso promedio trimestral monetario de los hombres es de 10 204 pesos [...] durante 2022» (unos 600 dólares estadunidenses).[25]

Ha sido una gran noticia que el Premio Nobel de Economía de 2023 se haya otorgado a Claudia Goldin. En la cuenta oficial The Nobel Prize de X se resumió lo siguiente:

[She] showed that female participation in the labor market did not have an upward trend over a 200-year period, but instead forms a U-shaped curve.

The participation of married women decreased with the transition from an agrarian to an industrial society in the early nineteenth century, but then started to increase with the growth of the service sector in the early twentieth century. Goldin explained this pattern as the result of structural change and evolving social norms regarding women's responsibilities for home and family.[26]

[(Ella) demostró que la participación femenina en el mercado laboral no tuvo una tendencia ascendente durante un periodo de 200 años, sino que forma una curva en forma de U.

La participación de las mujeres casadas disminuyó con la transición de una sociedad agraria a una industrial a principios del siglo XIX, pero luego comenzó a aumentar con el crecimiento del sector de servicios a principios del siglo XX. Goldin explicó este patrón como resultado del cambio estructural y la evolución de las normas sociales con respecto a las responsabilidades de las mujeres en el hogar y la familia].

Habrá que leerla y seguir alimentándonos con datos reales y estudios serios porque el problema, como indica Goldin, no es privativo de un país.*

Jessica Galindo Ortiz realizó un interesante estudio en Puebla sobre la participación de las mujeres en la industria de la construcción, porque esta sigue asociada al mundo masculino. Pese a tener los mismos «niveles/grados de estudio», «ocupan posiciones de menor estatus y se les asigna menos responsabilidad»

*Unos datos reveladores: según la Encuesta Nacional de Ingresos y Gastos de los Hogares (ENIGH) 2022, en alimentos y bebidas los mexicanos gastamos en promedio, por trimestre, 15 059 pesos (885 dólares), y en transporte y telecomunicaciones, 7 714 pesos (453 dólares). En cuanto a otros gastos (educación, vivienda, cuidados personales, limpieza y cuidado de la casa, vestido, calzado y salud), los estipendios son debajo de los 3 921 pesos (230 dólares). A simple vista, ¿qué quiere decir lo anterior? Que los mexicanos gastamos más en comer y en transportarnos, y menos en salud (1 345 pesos, unos 79 dólares) y en vestido y calzado (1 523 pesos, unos 89 dólares). Si estos ingresos y gastos promedio se estudian por regiones, se dispara mucho; no es lo mismo gastar en alimentos en una zona fronteriza, por lo regular más cara, que en poblaciones medias. Tampoco es igual el pago de transporte en zonas metropolitanas grandes como la del Valle de México que en regiones de estados centrales.

que a sus colegas masculinos.[27] Concluye que, para alcanzar la igualdad en el sector, no solo deben abrirse espacios en las escuelas para carreras como ingeniería. Si hay

> intervención correctamente dirigida en las actividades de las niñas durante los primeros años de educación es posible hacerles ver que son capaces de realizar cualquier tarea en todos los campos, incluida la ciencia, ingeniería y tecnología.[28]

El tema nos lleva de nuevo al hogar. No lo pierdas de vista.

c) La independencia económica

La independencia económica de las mujeres no debe ser un emplazamiento resultante de un panorama que se tornó adverso, sino una manera de pensar y de vivir. Todos somos interdependientes, estamos vinculados y somos una hermosa esfera que nos abarca, dentro de la cual miles y miles de conexiones individuales, ajenas o internas, se establecen, se interrumpen, se cortan, se restablecen, se unen a otras y en movimiento perpetuo van instando a todo el colectivo que somos a nuevos aprendizajes (también a sacar del baúl los viejos aprendizajes). Se trata de innovar, pero también de renovar. Dentro de esa esfera brillante, cada uno es, a la vez, un universo traspasado por el tiempo y los entornos.

Todos estamos sujetos a nuestra individualidad, pero también a la conexión voluntaria e involuntaria que nos humaniza. Desde el útero mismo se crea un vínculo que jamás se deshará. Este será el punto de partida de cualquier ser humano para iniciar uniones que se multiplicarán hasta que llegue el día de nuestra muerte y se rompa el último enlace vital. Qué haya antes de la vida física o después de ella es un tema que no trato aquí porque pende más de las creencias y no de una conclusión fundamentada ni probada lógica ni fisiológicamente. Lo cierto es que todos los hombres y mujeres somos mortales.

Esta independencia de nosotras no se logra mediante un decreto. Puede resultar, como he mencionado, por causas ajenas a nuestra voluntad. Pero debe ser producto de nuestra voluntad. Es un proceso que inicia solo si hay una necesidad juiciosa, no solo una necesidad material. Es una actitud ante la vida. Si el discurso feminista que hoy se estimula omite este crucial punto, se quedará en la superficie cuando se aborde cualquier tema social, político, económico o incluso cultural relacionado con las mujeres.

Tal independencia económica, en términos de organización político-social, no se consigue nada más por la buena fe de gobiernos, empresas, negocios u organizaciones, ya sean del sector privado, público o independiente. Ayuda que contribuyan, sí, pero debe ser nuestra capacidad conjunta la que lo logre.

De todas las mujeres en México, si ya sabemos que tienen ingresos menores y aún no alcanzamos la equidad salarial, ¿por qué no trazamos finalmente la ruta hacia la independencia económica? ¿Qué estamos haciendo en casa para fomentar esta actitud en nuestras hijas, nietas y hermanas?

Abro un paréntesis, pues cuando ya terminaba este libro, encontré en mi biblioteca *El segundo sexo*, de Simone de Beauvoir. Publicó este importantísimo ensayo en la posguerra, en 1949. ¿Te puedes imaginar cuál era la situación económica de los países europeos, de Francia, el suyo, en particular? El conocido Plan Monnet, que se financió a través de dinero prestado por Estados Unidos, mediante el Plan Marshall, se concentró en atender las carencias generadas por la Segunda Guerra Mundial más que las destrucciones generadas por el conflicto bélico. Te reitero la importancia de ver quién dice qué y en qué condiciones. De Beauvoir no quitó el dedo del renglón: las «libertades cívicas siguen siendo abstractas cuando no van acompañadas de una autonomía económica». Votar, incluso, es obsoleto si ella —a la que llama «vasalla» o la «cortesana»— no se «libera del varón. [...] [pues] únicamente el trabajo es el que puede garantizarle una libertad concreta».[29] Sorprendente que, en 2024, a 75 años de haber sido publicado *El segundo sexo*, una lectora se encuentre con estas afirmaciones:

En la hora actual, y sin hablar de las campesinas, la mayoría de las mujeres que trabajan no se evaden del mundo femenino tradicional; no reciben de la sociedad, ni de sus maridos, la ayuda que les sería necesaria para convertirse concretamente en iguales a los hombres.[30]

¿Te parece familiar? ¿Sientes que te remueve el estómago? ¿No estás de acuerdo o solo asientes moviendo la cabeza? Reflexiona sobre la importancia de esa autosuficiencia. Puede ser que no tengas necesidad económica porque tu familia o tu pareja te resuelve. Pero si la fortuna es una rueda en donde hoy estamos abajo y subiendo, y mañana estamos arriba y bajando, ¿no resulta conveniente procurar no depender de un proveedor para cualquier acción o fallo?

He conocido a muchas mujeres que no pueden tomar decisiones porque están condicionadas por otros. No son independientes en un sentido amplio, incluyendo el económico. Cualquier lectora podría recordar un nombre de inmediato. Esa mujer está atrapada. Podrías ser tú.

Debemos reconocer que no se puede ser independiente si no existe la conciencia de esta necesidad. Esta es la reflexión. El diálogo con una misma nos pone frente a la autonomía consciente. Pero hay más: puede no sentirse agobio alguno por generar el propio peculio, quizá porque aún se piensa que ellos nos deben mantener (que es su obligación). Pero podría sobrevenir el derrumbe de aquel cobijo pecuniario y, sin aviso alguno, estaríamos despojadas, en la calle, solitarias y con necesidades.

La independencia económica es algo más que dinero, el cual todos necesitamos para vivir. Es libertad para decidir, para actuar, para moverse en el mundo más allá de los vínculos que cultivamos a lo largo de nuestra vida. Es una soberanía impostergable. Es confianza en una misma, son las alas que rompen todos los techos, que mueven todos los pisos, que alteran el orden prescrito, que retan a cualquier estructura de dominación. La mujer que genera por sí misma (como durante el embarazo) es imbatible.

¿Te has dado cuenta de que la independencia es el día más importante de una nación? ¿Qué día es el tuyo y cuál es tu gobierno?, ¿cuáles son tus leyes? ¿Seguiremos viviendo en naciones soberanas, pero como mujeres acotadas hasta por nuestros prejuicios?

La independencia nacional, en el siglo XXI, pasa por la de las mujeres. Acepto que esta última, que genera otras liberaciones, no se puede siempre, aunque sea para siempre. Repito: es una actitud ante la vida; pero, puesto que somos sociales por naturaleza, estaremos negociando o cediéndola un poco debido a que no se trata de llevarla al extremo del «No necesito a nadie». Cuando es una meta y cuando se consuma, sobre todo en la madurez de la vida, hay que considerar que se puede marchar a causa de muchos factores. Todo está en movimiento. Hay choques, ajustes, accidentes, meteoritos, lluvias no predichas, atentados, batallas no anunciadas, injusticias, voracidades y un sinfín de trepidaciones que nos sacudirán de vez en cuando.

Quien vive con todos sus sentidos sabe que, aun queriendo ser la persona más impasible, el cambio acontecerá. No es de extrañar que al principio de la vida seamos algo así como una masa suave que va tomando forma a través del tiempo y que solo se puede describir su aspecto final en el lecho de muerte. Todos estamos sujetos a condiciones externas, pero debemos prestar mucha atención a aquellas que podemos generar para nosotros.

La pandemia por COVID-19 demostró que la bonanza no se encuentra nada más por nuestro propio tesón. De nuevo, soy yo, pero también somos, estamos. El mundo entero puede trastocar el ritmo y desajustar por completo un plan personal, una ruta o un deseo sin previo aviso. Durante ese periodo de confinamiento y todas las crisis que desató desde 2020, muchas mujeres estuvieron al frente para cuidar a sus familias. Millones no podían darse el lujo de encerrarse a cumplir con el retiro del espacio público laboral. Como todos fueron a casa, ella, la ocupada, terminó más ocupada. Por otra parte, fue lamentable escuchar cómo quienes viven con holgura reprochaban a todos los que salían a ganarse el pan diario. «Qué irresponsables», «Solo piensan en ellos», «Van a contagiar más». Eso se escuchaba en todo el mundo. ¡Vaya! ¡Qué fácil cuando solo estiramos la mano para recibir!

No me extiendo más. La independencia económica también pasa por casa. Ahí nace, ahí se enseña, ahí se necesita, se reproduce... o no. Sin autonomía pueden repetirse patrones de control y dominación. Miles de mujeres a diario son violentadas verbal, mental o físicamente porque su proveedor o proveedora manipula, controla y somete. Si hay una cosa en este libro que te puedo aportar desde el corazón, es que, pase lo que pase, no dejes jamás tu independencia como persona, como mujer, depositada en nadie, en la medida de lo posible. Todos necesitamos de todos, pero hay límites que no pueden ser sobrepasados en ninguna circunstancia. Si ahora no se puede no depender, nunca hay que dejar de ver este punto en el horizonte. Cuando los vientos soplen a favor, debemos seguirlos, aunque sea de manera silenciosa. Vale la pena pagar las consecuencias.

d) *La justicia*

Si me centro nada más en lo que va del gobierno, otra experiencia que fundamenta esta agenda de cinco puntos es el contenido de las cartas, notas, recados y palabras de viva voz que he escuchado. Si agrupara por temáticas, sin temor a equivocarme, les daría un 70% a temas relacionados con la procuración e impartición de justicia.

La justicia no es un derecho de reciente creación, como puede ser el de decidir sobre nuestro propio cuerpo (el aborto, el sexo consentido). Es un caro anhelo que ha quedado registrado en decenas de papiros, piedras, cavernas, pliegos, esquelas, manuscritos y libros antiquísimos. Menciono muchos de entre los cuales se puede entresacar qué es la justicia y cómo se debe procurar: los Upanishad y los Vedas, de los hindúes; el Dhammapada, de los budistas; la Torá y el Tanaj, de los judíos; la Biblia, del cristianismo; el Corán, del islam, y muchos más asociados o derivados de las grandes religiones, como puede ser el Libro de Mormón, el *Libro de los muertos*, de los tibetanos. También, por mencionar algo más que libros de fe, la injusticia ha quedado en miles de páginas de literatura a lo largo de siglos. Para fortuna nuestra, desde el surgimiento de repúblicas y por el desplazamiento y casi extinción de monarquías, desde el siglo xviii hasta nuestros días, hay más (mucho más) ley pública y menos decreto caprichoso, a contentillo del poderoso.

Quizá hasta el fin de los tiempos haya una justicia absoluta. Pero mientras llega (si eso ocurrirá: el fin), es un hecho que las mexicanas de a pie padecen mucho más la injusticia que los hombres; no solo ahora, sino, por poner un inicio, desde la Independencia, en 1821. Hasta este punto, algo has leído sobre nuestros derechos. Puedo hacer una larga relación de casos que me han contado o he sabido, pero no quiero alargarme, sino poner el acento en que, por todos los puntos anteriores de esta agenda, los caminos concurren en la (in)justicia terrenal mexicana de nuestro tiempo.

En el aquí y en el ahora, la equidad de género en responsabilidades públicas no se traduce en equidad de justicia. ¿Qué es lo que más he escuchado de las mujeres mexicanas? Que reina y se enseñorea la injusticia. Desde casa, por ejemplo, en donde a los varones se les da preferencia para estudiar; a ellos también se les asignan más cargas y responsabilidades. En la escuela, las niñas y adolescentes son estigmatizadas más aún que sus pares. El acoso (por su apariencia física, por sus orientaciones sexuales, por su color de piel, por su acento) es la matriz de muchos problemas de personalidad y autoestima futuras. En la vida adulta, en el matrimonio, en el trabajo, el patrón se perpetúa.

Hay muchos avances y, por ello, no está de más consignar por enésima ocasión mi gratitud para todas las mujeres que, en el pasado, han luchado por los derechos que hoy podemos proclamar. Persiste, sin embargo, la inequidad en la justicia. Esto es lo que más escucho de las mujeres mexicanas. Se les cree menos en sus testimonios; se les presta menos atención a sus denuncias; se desoyen más fácilmente sus necesidades. Ya he dicho que no somos minoría, somos la mitad del mundo. Es inadmisible que se hayan generado conceptos como «violencia política de género» que —más allá de un uso correcto o indiscriminado, más allá de un modismo o un desvío de la atención sobre lo más importante— hayan tenido que emanar como reglamento o ley para denunciar que la sexualización y el abuso, el menosprecio y la saña contra las mujeres es evidente aún en el siglo xxi. No dejemos cabos sueltos: hay mujeres sometidas por su propia voluntad. Escribe Manon Garcia, siguiendo a Simone de Beauvoir:

> En efecto, los hombres como las mujeres tienen un cuerpo fisiológico. En este nivel no hay relaciones de poder entre los hombres y las mujeres [...] En cambio, hay una forma de subordinación específica de las mujeres: «el sometimiento de las mujeres a la especie». Si los hombres pueden ser individuos puros en el sentido de que la perpetuación de la especie no les demanda ir en contra de las exigencias de su individualidad, la perpetuación de la especie requiere que las mujeres nieguen su individualidad.[31]

Garcia agrega que una de las primeras formas de sumisión es una actitud propia, por ejemplo, el del «placer que se gana en la sumisión», el cual «tiene sus reversos: en realidad, los atavíos de las mujeres muestran sobre todo que los hombres convierten la belleza de las mujeres en una manifestación de su poder». Una mujer puede haberse cosificado.

Las mujeres somos coquetas y aplaudo vivir con plenitud nuestra feminidad hasta en el aspecto. Pero de esta actitud a convertirse en un objeto sexual por voluntad hay un abismo. Procura nunca ser un objeto ni permitir que alguien te reduzca a ser un cuerpo objetificado.

Sin detallar, yo misma he estado involucrada en estas polémicas por el solo hecho de que mi pareja sea persona pública. Me dirán: «Es inevitable». En efecto, así ha sido. Pero, por cuanto hace a mi persona, jamás me he rendido sin remedio a la objetificación de mi cuerpo. No me importa que me digan vieja, despeinada, vulgar. Envejezco, no tengo más remedio que aceptarlo. Pero, como persona pública, incluso de forma involuntaria (lo repito), debo vestir y vivir con decoro.

Lo más importante es que no he sido cómplice de una injusticia. Debido a ello, he dedicado mucho tiempo y preparación para moderar mis juicios, a sentenciar lo menos posible; a comprender a los seres humanos, sus batallas, sus victorias, sus angustias, en fin, todo lo que me permita comprender la «condición humana». Por cierto, esta expresión fue el título de un libro de Hannah Arendt. Todos estamos a merced de causas exteriores espaciotemporales. Para volver al punto que nos rige, no resta más que esperar (sin vacilar en la escala axiológica) a que se presenten nuevas causas exteriores que requieran menos esfuerzo mental, espiritual y físico. Ningún bien, como tampoco ningún mal, es eterno. El perpetuo movimiento del todo es el que pone a prueba a los seres humanos; revela qué tienen que aprender esta vez, precave sobre sucesos futuros, permite ratificar lo que se hizo de manera correcta. Todo lo que va viene de regreso.

Sobre la justicia, incluso es posible que hoy consideremos indebida alguna práctica o costumbre que antes se nos presentaba como un dilema a resolver. Porque la justicia, aunque es un valor, también cambia su significado con el tiempo. ¿Qué es justo hoy que antes no era? ¿Qué se veía natural y no propiciaba interrogantes sobre su oportunidad o práctica en décadas o siglos pasados? Es como la libertad que, aunque parece ser un concepto comprendido por todos, al revisar bien descubrimos que es definida de maneras múltiples, aun por cada uno de nosotros en las diferentes etapas de nuestra vida. La parte más delicada siempre será que, en nombre de la libertad y de la justicia (cuyos significados hay que desentrañar para comprender), en la historia de la humanidad se han cometido cualquier cantidad de desmanes, estafas, abusos, crímenes y guerras. Ten cuidado con estas sacras palabras: tanto cuando las escuchas como cuando las enuncias. ¿Qué significan hoy para ti, para ellos, para los otros?

Disertaciones lingüísticas o filosóficas aparte, es un hecho que puedo constatar: la justicia pronta y expedita para las mujeres, hacia las mujeres, sigue siendo un pendiente por resolver. La impartición de justicia no es cuestión de género. La equidad en puestos o liderazgos tocantes a este asunto de resolver quién tiene la razón no garantiza que se erradique un injusto proceder. También aceptemos que la justicia no significa ley, veredicto, dictamen o sentencia. Quedarnos solo en la justicia legal es, como cuando me referí al patriarcado, colgarse de las ramas y no recorrer los tallos, los más gruesos y seguir penetrando hasta el tronco y debajo de este, hasta la raíz.

e) La autoestima

De los cinco puntos de esta agenda, este último es el más complejo. Me interesa dejar claro que, en este diagnóstico que entrego, no dejaré de remarcar que todos pero en especial la mujer mexicana debe comenzar a conocer el valor supremo que tiene el amor a sí misma. Amor a sí misma es respetarse, valorarse, no subordinarse ante cualquier situación; también es, desde mi perspectiva, ser digna, indefectible en sus jerarquías o prioridades y generosa con su forma de ser. El riesgo, lo abordaré enseguida, es no modular. El amor excesivo a una misma puede producir egolatría y narcisismo a largo plazo.

Todas estamos hechas de roble. Sabemos crear, criar y cuidar lo creado y criado. Somos la tierra donde germina la semilla. Somos el agua que mueve los océanos. Somos el aire que despeja los montes. Somos el fuego que arde. Sabemos extinguir el fuego, mover el agua. Las mujeres mexicanas somos un *yo*, un nosotros, una naturaleza, una circunstancia: un *aquí* y un *ahora*. Nuestra capacidad de adaptación sobrepasa cualquier límite. Está en nuestra naturaleza la responsabilidad, la atención, la resolución de cualquier problema. Somos la cara frente al problema. Este huye de nosotras si lo echamos. Por ello, muchos y muchas nos temen. Somos la resistencia silenciosa.

El camino hacia la autoestima es difícil, de largo aliento.

Nacimos queridos por alguien: nuestros padres, abuelos, tíos, primos, tutores. Conforme pasan los años, comenzamos a avizorar que es posible querernos. Para *ser* y *ser con los demás,* no podemos conformarnos con solo ser amados.

La autoestima, lo repito, no es un papel escrito que sacamos de la cartera para hacerlo valer. No tiene certificado. Si se escribiera en alguna parte, se puede leer en nuestro cuerpo, notarse en nuestro rostro y, sobre todo, en el modo en que hablamos y obramos.

Conocerse a una misma es descubrirse con virtudes y defectos, y cómo estos pueden aparecer, desdibujarse o incluso esfumarse porque existe el tiempo y el espacio. No estamos predeterminados. Nunca he aceptado la predestinación y respeto a quienes creen en el destino: que nada depende de nosotros, sino que está escrito por la Providencia que el rumbo será este o aquel. Erich Fromm afirma que

> ninguna doctrina podría expresar con mayor fuerza la inutilidad de la voluntad y del esfuerzo humanos [...] [La predestinación] priva por completo al hombre de la decisión acerca de su destino y no hay nada que él pueda hacer para cambiar tal decisión.[32]

Yo no nací para tal o cual cosa... Yo he nacido y en el camino descubro para qué, adquiero herramientas, abrevo saberes, escucho a los mayores, tomo nota de las experiencias de mi prójimo, aprendo, leo, trato de fundamentar. No dejo de ver lo que de fuera me persuade, me involucra; pero, al mismo tiempo, salgo y entro a mí misma y retorno a mi actitud: ¿qué dispongo yo? Compararse es una trampa. Solo queda tomar decisiones, asumir posturas. Las posturas ante cosas de suprema importancia deben jerarquizarse bien. Las del diario cambian tanto como el clima, pero se decide. Buscar el ideal que nos mueve aun con un cansancio inefable es forzoso, así como ser realistas.

¿Cuál es la fórmula para lograr la autoestima? Cada persona la encuentra en el camino. Pero la casa es el primer espacio donde germina. En el hogar se aúpa, se ignora, se menosprecia, se exalta. Si has llegado hasta esta página, todo lo precedente va interconectado con este punto: quién eres tú *aquí y ahora,* quiénes son los *otros* y qué está ocurriendo en un *tiempo* y un *espacio* en constante movimiento. Enseguida cinco sugerencias:

Primera, reconocerse, de inicio, como una mujer singular; esto es, que nadie, por más parecido que tenga (incluso genético), es tú ni puede ser tú. Alguien puede pretender serlo (un actor, un mediador), pero no sustituirá tu individualidad.

Segundo, asumir a cada paso que es preciso hallar qué te caracteriza no en un plano físico en exclusiva, aunque tengas un cuerpo específico. Descúbrete. Con el transcurso del tiempo sabrás identificar mejor qué te va definiendo durante una etapa, en la cual debes dar por hecho que *será distinta después*, porque nada se queda fijo; sin embargo, en todas las fases quedará constancia de un sello propio.

Tercero, la interacción con el resto de las singularidades, en un tiempo y un espacio, te interpelará. El factor exógeno a tu autoestima, que comenzó en la familia, se expandirá. Incluso algunos eventos de la naturaleza no calculados incidirán en tu percepción sobre ti misma y los demás.

Cuarto, jamás olvides que no eres la única que piensa distinto; advierte la trampa o confía en tu audacia. Tampoco olvides que hay otras que no se percatan de lo que para ti es evidente. Con esos mismos ojos críticos, otros te miran. El balance al final del día debe ser la justa proporción entre lo que son los demás y lo que eres tú. No eres tú sola; no son ellos solos. *Somos todos todo el tiempo*. Nos miramos en los espejos físicos de una habitación, pero también con el resto somos espejo: alguien se refleja en mí; yo, en alguien.

Quinto, cuando sientas que vives algo parecido a una iluminación y des nombre a alguna cualidad o característica que te define en ese tiempo, establezcas tu escala de valores y sepas bien qué se negocia y qué no, la autoestima se convertirá en una experiencia cotidiana que no podrá escapar del escrutinio. La valoración de tu persona, medida con el resto y amparada con valores universales, dependerá de tu capacidad para situarte y recolocarte en el centro de tu propia existencia.

Sexto: cuando sientas que todo el entorno conspira en tu contra, detente. Eres tú quien así se está mirando. Explora qué ocurre. La autoestima requiere tu atención constante. Decide si quieres ser víctima imaginaria de un complot. Si hay, en efecto, un agravio en contra de tu persona, no dejes todo a la ley; la ley no tiene como fin valorar a las personas; su propósito es, en teoría, hacer justicia. Quien da vueltas sobre su propio eje de dolor o congoja se olvida del prójimo y el prójimo es tan importante como tú.

Séptimo, no eres el centro del universo. Para ti, tú eres el centro de tu universo, ¡que no se te olvide! Pero el resto tiene el mismo derecho de considerarse nuclear. Es tan peligroso padecer egolatría o narcisismo como abandonarse a los pantanos del autodesprecio y ser botín del juego de poder. El ajuste de cuentas contigo misma debe ser continuo, inaplazable. Cuando has alcanzado alguna madurez, la cual no pende nada más en torno a la edad —aunque es cierto el refrán «Más sabe el diablo por viejo que por diablo»—, crecerá la preminencia ética de ser autocrítica. Otro aforismo muy bueno sobre el equilibrio a procurar: «Ni tanto que queme al santo, ni tanto que no lo alumbre».

Los sabelotodo me caen muy mal. En lo que me reste de vida huiré de este tipo de personas que más bien padecen de una autoestima baja por su presunción y soberbia, y me acercaré más al club de los aprendices del que formo parte activa.

LAS REDES SOCIALES, MITOS Y EXPERIENCIA

Las mujeres en la cosa pública y en la política, ambas, deben someterse de manera inescrupulosa, en muchas ocasiones, a la presión de los medios de comunicación y a este fenómeno conocido como «redes sociales». Ya se sabe bastante sobre ello.

A la vez, expreso mi absoluto respeto por todas y cada una. No me detengo en partidos o corrientes políticas. Aplaudo el valor de una mujer que decide ponerse en la vitrina y ser revisada por el electorado y los informantes cuando se postula o ejerce una posición de poder, ya sea porque ganó una elección o fue designada para un cargo.

A la mujer en la política la admiro como a las artistas o incluso más, porque los temas que formularán, discutirán, propondrán, por necesidad, van a ir de la mano de maneras distintas de resolver los problemas comunes de un municipio, un estado, una nación; formas particulares de legislar y argumentar; modos convenientes de procurar la justicia.

Querer ganar votos es una aspiración legítima de hombres y mujeres, quienes tienen mi absoluto respeto, sean de la orientación política que sea. Llevo muchos años mirando y conociendo al poder. Es una gran responsabilidad pública, legal y moral para los aspirantes, y sobre todo para quienes son elegidos. Es trascendente el que alguien se postule y arriesgue incluso su vida, pero lo es más —lo admito— cuando ese esfuerzo lo encabeza una mujer. No juzgo si coincido o no con sus planteamientos o actitudes, incluso con su forma de expresarse verbal o no verbalmente.

Procedo, aunque sea de manera breve, a tocar el tema de las llamadas «redes sociales». Sin duda es una novedosa forma de comunicación que, incluso, ha disminuido el consumo de los medios tradicionales y su crecimiento es exponencial, al punto de llevar a la quiebra a muchas empresas del ramo o, en el mejor de los casos, a recortes presupuestales relevantes en todo el mundo.

Es difícil encontrar datos actualizados y reales o específicos sobre los usuarios de estas nuevas formas de comunicación. Las empresas que llevan a cabo estudios con fines publicitarios o propagandísticos son para su consumo o el de sus clientes. Existen estudios académicos desde 2015 en adelante, pero se han vuelto obsoletos debido a la velocidad con la que ocurren los cambios, incluso cuando tratan sobre redes sociales y estudios de caso, violencia de género, apología del delito, etcétera.

De lo que he hallado con libre acceso, encuentro que la empresa Statista, en el último estudio que publicó (2022), dio a conocer que de los 126 millones de habitantes que somos, según el último censo nacional (2020), en México hay 98 210 000 usuarios de redes sociales y, desde que iniciaron su mediación, aumenta el número. Proyectan que para 2028 serán más de 125 millones.[33]

Sin embargo, la empresa no detalla cuáles son, si solo tienen cuenta y no publican (activos o pasivos). Por ejemplo, en redes sociales incluye el servicio de mensajería a través de WhatsApp, de Instagram y de Facebook Messenger, además de los micrositios de Instagram y de Facebook (página personal o perfil público). Todos son de la misma compañía.

Otra empresa, Way2net, dio a conocer que, de la población total mexicana, 94 millones son usuarios «activos» de redes sociales. ¿Qué es estar «activo»? Pregunta para los estudiosos del caso. Sería bueno saber, para desmitificar un poco el supuesto gran imperio de las redes sociales en el mundo. ¿Activo es el que tiene una cuenta registrada o el que publica algo o siquiera pone un «Me gusta» o repostea? Para enero de 2023 las redes sociales más usadas fueron, en orden: Facebook, WhatsApp, Facebook Messenger, Instagram y TikTok, con 92.9, 92.2, 80.3, 79.4 y 73.6 millones, respectivamente. Twitter, ahora X, con 53.7 millones.[34]

Los mismos datos publicó Octavio Islas, obtenidos del estudio «Digital 2023: México» realizado por We Are Social y Meltwater, en donde aparece una nueva acepción, menos genérica y más acorde con el uso que hoy se hace de ellas: se trata de «plataformas y redes sociodigitales». Quienes las usan, en primer lugar, lo hacen para estar en contacto con amigos o familiares (60%); a lo que sigue la lectura de noticias (45.2%) o pasar el tiempo libre (42.5%), como las más comunes. Los usuarios se inclinan por Facebook en 35.5%; WhatsApp (25.8%), y lejos, X con 3.5 por ciento.[35]

Repito: usuarios no quiere decir «usuarios activos» que con frecuencia ingresan a ver qué hay o a publicar. Es una falsa deducción que haya un usuario por persona. Sería bueno conocer el desglose para, de nueva cuenta, restar al reino de las «redes sociales» su dominio. Conozco gente que tiene seis o siete cuentas en una misma red social o en otras. Es público, a su vez, la existencia de cuentas robotizadas, *bots*, como se le conoce en México, o con su nombre en inglés *social media bots*. La Agencia de Seguridad de Infraestructura y Ciberseguridad de Estados Unidos (CISA, por sus siglas en inglés) explica que:

Los *bots* en redes sociales utilizan inteligencia artificial, análisis de *big data* y otros programas o bases de datos para hacerse pasar por usuarios legítimos en las redes sociales. Estos varían según su función y capacidad: algunos son útiles, como los *bots* de *chat* y las notificaciones automáticas, pero otros se pueden usar con el fin de manipular a usuarios reales. Cuando se usan inapropiadamente, los *bots* pueden amplificar la desinformación y distorsionar nuestra percepción acerca de lo que es importante, contaminando o incluso terminando las conversaciones en línea.[36]

Por si fuera poco, en X hay empleados de grupos políticos o empresas que manejan cuentas robotizadas. Según el portal glassdor.com.mx, un «programador de robots» en México puede llegar a ganar un promedio de 20 993 pesos mensuales (unos 1 200 dólares). En otros micrositios se revela que el emolumento está en función del éxito o no que tuvo la campaña de prestigio o de desprestigio, y entonces la paga es mucho menor. Estos programadores conciertan «ataques» en redes según el pagador; también la propagación de noticias falsas o el posicionamiento de «tendencias».

Es engañoso inferir que, por tan alto número de usuarios, según los estudios de estas empresas, casi haya una cuenta por mexicano, como hace equivaler el primero del que hablé, al indicar que hay 94 millones de usuarios activos en redes sociales. Una empresa encuestadora publicó que, en realidad, 1.3 de cada diez mexicanos tiene una cuenta en X y 0.8 son «usuarios activos». La información proviene del informe «Digital 2021» elaborado por Hootsuite y We Are Social.[37]

Es un hecho, desde mi experiencia como usuaria «verificada» de estas plataformas, con fines estrictamente relacionados con la «figura pública», que X es una red social de «mucho ruido y pocas nueces». La existencia de cuentas robotizadas (de las que no hablan los estudios sobre usuarios digitales como los mencionados) es mayor a la de usuarios reales en esta, en particular. Y, en general, existe una falsa creencia de que las redes sociodigitales influyen de manera fenomenal en cuestiones públicas.

Me explico. Sí es verdad que el modelo antiguo de comunicación masiva se ha trastocado y ahora el «yo» (un yo cualquiera) puede darse a conocer sin necesidad del medio (radio, televisión). Hay casos exitosísimos de los llamados *influencers* que dan a conocer videos comiéndose una fresa y se vuelven virales; también aquellos en que personas comunes graban eventos de la naturaleza que afectan a poblaciones y a lugares. Digamos que cualquiera, hoy, puede ser un informante. Reporta desde su vida propia hasta la vida de los otros. Asimismo, existe una tendencia a valorarse a partir del número de seguidores que miran esa vida en su cotidianidad; por ejemplo, mientras se cepilla los dientes. Es el yo individual que pasa al colectivo con la misma presunción de que es un yo importante, tanto como el de un líder social.

Me gusta este fenómeno porque reduce la mediación, siempre ruidosa, en el proceso comunicativo, aunque es un arma de doble filo. Si las cuentas se inflan con robots, el número de seguidores es falso. El anonimato es una puerta falsa. La interacción humana no se hace a través de cuentas robotizadas.

Podría dedicar más líneas a ello, pero considero que es más valiosa mi experiencia como usuaria: X es un micromundo que quizá solo tenga un millón de «usuarios activos» en México. Su «éxito» (en un círculo político nada más) se basa en el conflicto, la violencia y el ataque. No me sorprendería si fuera el lugar número uno en ciberacoso. Vinculada la empresa a la derecha mundial, es la red social que más trampas lleva a cabo inflando y desinflando tendencias que, dicho sea de paso, son las mismas en todo el mundo. Estando en países de habla hispana, miro mi cuenta y las tendencias son las mismas: «miserable», «cacas», «fanático», y un largo etcétera. ¿A quién se lo atribuyen? A cualquier actor político de esa nación. Misma cosa en francés o en inglés. Como muestra de que X es «x», las tendencias que hoy consulto (30 de enero de 2024) son: «Jorge Ramos» con 98 000 publicaciones y, en segundo lugar, «Colosio» con 1 000. Miro en el teléfono de otra persona y no cambia la cifra. ¿Influye en la gente en general una «tendencia» que solo tiene 98 000 publicaciones? No, para nada.

En X, cuando veo una publicación agresiva o amenazante hacia mi persona, a veces, de manera juguetona, abro la cuenta de ese usuario. En 9.5 de cada diez casos este es simpatizante de un partido político opositor y se declara «anti-AMLO». De estos 9.5, estimaría en la mitad a los ya mencionados «robots»: no tienen seguidores, son cuentas de reciente creación, publican el mismo texto de otro o repostean. ¿En qué cabeza cabría prestar atención a esta dinámica de falso interactuar con *yoes* inexistentes? En la mía, no. Por ello, cuando alguna persona me dice: «Ay, cuánto me enoja cómo te atacan en redes sociales», si el ánimo me da, le contesto: «¿No tienes nada que hacer? Ponte a leer, a hacer ejercicio. No te enganches. Al replicar, te prestas a alimentar al algoritmo».

De las restantes, repito, según mi análisis en estos años, hay más control de contenidos en Facebook e Instagram. Su penetración es mayor. Yo he tenido publicaciones de cinco millones de vistas o más, lo cual, aclaro, no quiere decir que se vio, sino quizá que solo alguien puso una reacción (me gusta, me enoja, me entristece).

Dado que para los medios tradicionales mis actividades públicas no son noticia, exceptuando el vestido y los zapatos que usé el día del «Grito de Independencia», encuentro útil aprovechar estos espacios para dar a conocer ciertos asuntos que —considero— deberían ser públicos. Si no existieran las redes sociales, aun con todos sus inconvenientes, estando en un aparador público, no tendría posibilidad alguna de replicar o de llamar la atención sobre un tema en particular. Por lo demás, se puede vivir sin «redes sociales» sin problema alguno; del mismo modo, sin prender la radio o la televisión, sobre todo noticiarios. Porque cuando algo es importante en verdad, la información llega a una, tarde o temprano.

Todos debemos ser conscientes de que al inscribirnos y usar estas plataformas entregamos nuestros datos personales. La privacidad se va convirtiendo en algo lejano y es posible facilitar a los delincuentes nuestra información para un ataque, sea cibernético o físico. Hay que usarlas con responsabilidad y recordar que medios de comunicación siempre habrá, cambiarán su formato (esto es de ley), pero que jamás se podrá sustituir el boca a boca. Para fines publicitarios, propagandísticos o de otra índole, la comunicación oral no caducará. La buena (o mala) fama pública, quiero que lo sepas por mi propia experiencia, no depende en exclusiva de las redes sociales. Te recomiendo vivir en el mundo real y escuchar y hablar con los de a pie cada vez que tengas oportunidad. Las redes sociales, por ejemplo, no votan.

MINATITLÁN, MAYO DE 2018

El 27 de mayo de 2018 AMLO compartió a través de redes sociales un breve texto acompañado de un video. «Beatriz hizo una propuesta con su soberana independencia y su absoluta responsabilidad». El discurso que di en Minatitlán tenía como propósito reflexionar sobre un futuro, en aquel tiempo improbable, no ocurrido, si él ganaba la Presidencia de la República. Lo transcribo enseguida:

Buenas tardes a todos:

Hay varias ideas, varios imaginarios que tienen que acabarse, para la verdadera transformación de la vida pública de México tenemos que comenzar a pensar y a actuar diferente. Por ello hoy he venido a proponerles que pongamos fin a la idea de la primera dama, ¿por qué? En México no queremos que haya mujeres de primera ni de segunda; tampoco queremos que haya hombres de primera ni de segunda.

En México hay mujeres, en México hay hombres. Con todo respeto a las mujeres que han actuado antes con ese papel, decir primera dama es algo clasista. Todas somos mujeres, todas hacemos algo importante y la idea que propongo es proclamar aquí que es la suma de todas nuestras actividades la que dará como resultado un mejor país, incluyente, justo, inteligente.

Las mujeres somos ese motor poderoso que el país necesita. A veces con exigencia o con fuerza física, a veces con silencio o a través de acciones aparentemente invisibles, estamos en marcha desde casa hasta fuera de ella, con la familia, con los demás, con todo mundo.

No podemos detenernos ahora asumiendo que hay mujeres de primera y mujeres de otro tipo. Mi propuesta es que todas nosotras somos mujeres de México, las mujeres que junto con los hombres vamos a construir una patria más incluyente y solidaria.

¿Cómo imagino entonces que debe ser la esposa de un presidente? Una mujer que sabe identificar las acciones transformadoras requeridas para integrar un profundo plan de políticas públicas, ser una observadora y una persona activa a la vez, para el beneficio de todos. Esto que digo tiene un fundamento también legal: en México el artículo 80 de la Constitución señala que el Poder Ejecutivo recae en una sola persona, estemos o no de acuerdo. Ahora, nuestro país es un sistema presidencial.

De modo que el poder presidencial no debe ser de una familia, ni de un matrimonio. La compañera de un presidente debe participar en todo lo que pueda hasta un límite. Eso es ser una compañera, un compañero. No hablo para nada de una esposa que se convierte en una sombra complaciente, silenciosa o dócil ante un sistema que perpetúa las desigualdades. Hablo también, y escuchen bien, de una compañera que está en las buenas y en las malas, al lado, atrás, delante, pensando y haciendo de manera crítica y constructiva, y haciendo lo suyo también.

La esposa de un presidente en nuestros tiempos, en México, está obligada a decir y hacer ahora las cosas de manera diferente porque hemos logrado muchas cosas: ya no nos ven como un adorno, nosotras no somos mera vanidad, tenemos espíritu y corazón, tenemos iniciativa y coraje, trabajamos duro todo el tiempo, velamos siempre por alguien, procuramos el espacio más íntimo para nuestra familia, su protección, cuidamos a todos los que podemos y, a la vez, hacemos laboralmente lo que en muchos casos es imposible o invisible.

Tenemos que creer más en nosotras y en nuestro poder, defender lo que hacemos y contagiar al mundo masculino de nuestra mirada femenina. Nosotras decimos las cosas de otro modo. Es la hora de hablar con nuestro tono y con nuestra intención. Vamos a feminizar la vida pública.

Yo quiero ser la esposa de un presidente que haga grandes cosas por México y apoyarle. Al mismo tiempo, considero que sería imperdonable, después de todo lo que les acabo de decir, que me convierta en aquello que critico. He defendido todo lo que nosotras hacemos personal y laboralmente, he señalado todo lo que nos cuesta cada escalón, cada peldaño que hacemos nuestro, y convertirme en aquello que critico no me lo voy a perdonar. Yo quiero ser su compañera, como hasta hoy, y también quiero ser Beatriz.

Quiero seguir haciendo lo que me realiza: ser madre, procurar a mi familia y continuar con mi profesión, que me gusta mucho. Gracias a todo lo anterior es que he logrado salir adelante, escuchen bien, de todas las tempestades que hemos atravesado. No puedo abandonar mi soporte ni mi vida personal, es importante también expresarles que no tengo intereses político-electorales y para ser más clara, no voy a hacer candidata a nada ni seré funcionaria pública.

Así que no imaginen un escenario diferente. Imaginen sí que todos los mexicanos, hasta los de atrás que están hasta allá, contarán con mi apoyo, en particular las mujeres; me declaro solidaria con mi género, en todos los espectros en los que funcionamos: la mujer madre, la mujer hija, la cuidadora, la protectora, la creativa, la propositiva, la espiritual, la luchadora, la campesina, la emprendedora, la activista.

El Estado les ha fallado a las mujeres y no podemos permitir que nos vuelva a fallar. Este día les recuerdo que, en 1953, *nos regalaron* nuestro derecho a votar, con sudor, con sangre, con prisiones, calumnias; así ha sido la lucha. No votar es traicionar a esas mujeres que dieron incluso su vida porque hoy podamos ejercer ese derecho y les voy a dar unos nombres: Elvia Carrillo Puerto, Beatriz Peniche, Adelina Zendejas, Soledad Orozco y muchas mujeres anónimas.

Y ya que les menciono esta necesidad de no olvidar, quiero proponerles que hagamos un gran trabajo de recuperación de la memoria nacional. Como seguramente saben, amo la historia y amo la literatura. De la historia me interesa que no olvidemos grandes o pequeños acontecimientos, viejos o nuevos. Ahí, en la memoria viva, está la clave de la acción, qué no debemos repetir y qué sí y dónde está la verdad, dónde está la justicia, dónde está el bien. En el pasado está el presente, vive entre nosotros. Si tenemos presente el pasado, aprendemos y comprendemos.

Una nación que no comprende no se transforma ni alcanza la reconciliación, la justicia ni el amor. De la literatura amo la poesía, la fuerza de la palabra. Una manera hermosa de transformar este mundo es a través de las palabras, nunca lo olviden. Con la palabra podemos recrear el pasado, para no olvidar de dónde venimos, edificar nuestro presente y también soñar con el futuro.

Podemos construir desde el presente el lugar que queremos habitar. Este país es común a todos, es nuestro. Si no le tomamos la palabra a la palabra, no podremos detener la ira, la frustración, la violencia. Queremos paz y vamos a conquistar la paz a fuerza de palabras y diálogo. Les dejo esta invitación, esta reflexión, mi propuesta, muchas gracias, compañeras, compañeros, gracias, Minatitlán.

¡Arriba Veracruz!
¡Viva México!
¡Vivan las mujeres!

A más de cinco años, ratifico todas y cada una de las propuestas que allí expuse. Aquel día estaba refiriéndome a «varias ideas, varios imaginarios» porque existía la posibilidad de que, de manera inevitable y absolutamente circunstancial, yo incursionara en la cosa pública. Si AMLO no triunfaba en las urnas, yo, de igual modo, enunciaba algo importante sobre lo que pienso del papel, rol o situación de la denominada «primera dama». Propuse «poner fin a la idea» porque consideré, como quedó explicado, que la sola enunciación de *primera* significa superioridad. Es por lo que propuse que, en aras de contribuir a la transformación de la vida pública de México, debíamos asumir que en México todos somos iguales, hombres y mujeres. El emplazamiento a quienes piensan distinto sigue abierto. La polémica que propicio es bienvenida.

Nos podrán distinguir ingresos familiares, niveles de escolaridad, gustos, orígenes culturales, la condición de inmigrantes o naturalizados, preferencias sexuales y otros, pero ante la ley, desde el siglo XIX, en México, todos somos iguales y dar el paso comenzando por eliminar nominativos estereotipados hacia las mujeres que se casaron con un político que ejerce el poder democráticamente y de cara a las otras mujeres del país ya era un comienzo. Empleé la categoría «clasista» porque en efecto lo es. Repito: no hay mujeres ni hombres de primera ni de segunda.

Describí a la mujer mexicana como un «motor poderoso» del país, que aporta todos los días «a veces en silencio o a través de acciones aparentemente invisibles». Sigo pensando lo mismo. Es más: la mayor parte de las mujeres mexicanas hace grandes cosas sin tener un micrófono o foro donde lo explique o lo publicite. Me sumo a ellas. Por esta situación es que el «silencio» o las «acciones aparentemente invisibles» adquieren un sentido vital para mí. No es necesario demostrar que somos generosas, humanitarias, trabajadoras ni solidarias para que los demás no tengan dudas de nuestra buena fe. Solo es indispensable, como actitud ante la vida, hacer siempre todo lo que está en nuestras manos por los demás; no un día o una temporada, sino toda la vida, siempre que exista la conciencia de que sin el prójimo no somos nada.

Todas las mujeres ayudamos e igualmente hemos sido auxiliadas por otros y otras. La descentralización del ego natural que nos acompaña toda la vida, desde el momento en que nacemos, es un largo proceso de aprendizaje: aciertos, yerros, dudas; una balanza que se inclina hacia un lado, hacia el otro. Equilibrar la individualidad y nuestra natural inclinación hacia el prójimo es quizá, desde donde miro ahora, una meta que a diario se sintoniza porque todos los días cientos de ruidos nos distraen para escuchar profundamente.

En fin, desde 2018, asumí que soy ciudadana como el resto de los hombres y las mujeres de México. Como ellos, también tengo derechos de carácter cívico (días feriados, vacaciones), administrativo (muy en particular, al estar casada con una persona —como se acostumbra a decir— «políticamente expuesta»: dar cabal cumplimiento a la autoridad federal brindando la información sobre la variación o evolución de mi patrimonio, mis ingresos, etc.), fiscal (hacer declaraciones mensuales, anuales y pagar impuestos) y ética (lo que yo considero correcto, propicio, deseable).

Incluso, con resignación, me he acostumbrado a que el INAI envíe oficios a la universidad donde trabajo preguntando —cosa que dudo que hagan con otros colegas— cuántas horas trabajo; cuáles son mis actividades docentes, mi currículum; mi recibo de pago quincenal; cuánto es por retenciones de impuestos; cuántas tesis dirijo; cuáles clases doy. Es curioso pero lo que no he visto, más que las peticiones del INAI que se responden puntualmente, de conformidad con la ley, es que lo publiquen. La prensa mexicana acostumbra no divulgar nada que favorezca a la esposa del presidente que, dicho sea de paso, trabaja desde los 18 años, tiene sus propios ingresos, autonomía laboral e independencia económica. ¿Para eso está el INAI?, ¿para responder a los caprichos de algunos académicos que ponen en tela de juicio la carrera personal de décadas porque el esposo de ella no es de su gusto? ¿Es para saciar la curiosidad enfermiza de periodistas (sobre todo columnistas) que quieren hallar el error, la mentira, el desvío de recursos, algo, no sé, algo con qué afectar al presidente de la República? No publican nada porque mis emolumentos mensuales son dignos, pero no estratosféricos; son producto del trabajo. También soy libre de elegir mi empleo. ¿Por qué el INAI envía oficios cada tercer mes con las mismas preguntas que reciben idéntica respuesta?

Aquel día que describí cómo imaginaba que debía ser el actuar de la esposa del presidente de México propuse que comenzáramos con «decir y hacer ahora las cosas de manera diferente», porque, entre otras razones, la Constitución es clara al establecer en el artículo 80 que «Se deposita el ejercicio del Supremo Poder Ejecutivo de la Unión en un solo individuo, que se denominará "Presidente de los Estados Unidos Mexicanos"». Después de algunos años, he averiguado más: el artículo 82 incluso precisa quién puede ser «presidente de México» y entre los incisos no está determinado su estado civil, su preferencia sexual, contar o no con una familia, tener o no hijos. Entonces, la respuesta estaba a la mano: los mexicanos votan por una persona, no por sus vínculos afectivos y personalísimos. En un escenario futuro, en aquel mayo de 2018, me tocaría acompañarlo por voluntad propia sin interferir en una responsabilidad que nadie me estaría dando ni yo estaría buscando tener.

Me explayé un poco más esbozando ese perfil imaginario: una esposa es compañera, para nada una «sombra complaciente, silenciosa o dócil ante un sistema que perpetúa las desigualdades». Una compañera, dije, que está «en las buenas y en las malas, al lado, atrás, delante, pensando y haciendo de manera crítica y constructiva, y haciendo lo suyo también».

DESDE 2006, ACLARACIONES

La idea, de forma muy resumida, la había expresado desde 2006, cuando AMLO se postuló por primera vez a la presidencia: «El papel de primera dama debe ser marginal. No por falta de capacidad o poca inteligencia, sino porque la persona elegida es el señor, no la señora», respondí a Beto Tavira, de la revista *Quién*, en una entrevista en la que el hábil periodista logró conseguir mi teléfono particular y en la que, sin haberme percatado, ya estaba respondiendo.

En 2012 me mantuve más precavida para entrevistas sorpresa. Incluso, me he acostumbrado a aplazar actividades públicas de índole personal, como presentar libros de mi autoría, porque no suelen acudir los interesados en los temas que estudio, sino curiosos de la política o colados sospechosos. Sacaban noticias recicladas —o refritos, como se dice en el argot periodístico—, inventaban cosas, lo de siempre. Me encontré con esta nota de Animal Político, en donde describen:

Durante todo este tiempo [2007-2012] Beatriz desapareció por completo de la escena pública. Como lo advirtió, se ha mantenido al margen de la carrera política de su marido. En un tiempo se habló sobre la supuesta separación de la pareja [...] En febrero de 2011 la señora de López volvió a acaparar las miradas con la presentación de su libro *Larga vida al sol*, en donde, por cierto, parte de la nota fue que no la acompañara su marido.[38]

Te das cuenta, lector, ¿cómo va la cosa? Para abril de 2018 la Universidad Autónoma de Nuevo León me invitó a presentar mi poemario *Leyendas y cantos* en el festival literario UANLeer, en Monterrey, y hay una anécdota que referir de ese día. Al finalizar, la periodista Irma Gallo, quien entonces trabajaba para Canal 22, televisora del Gobierno federal, me pidió una entrevista y, por esas cosas que ocurren a veces, se la concedí, con la esperanza de dar a conocer a un público mayor mi modesto trabajo poético, pero aún con la creencia de que pararía en la bodega. Me senté con ella sin esperar mucho. La historia del periodismo mexicano en el tiempo que me ha tocado convivir con una persona pública ha consistido en no dar noticia de algo que beneficie al líder, sino antes bien encontrar las manzanas podridas para perjudicarlo. Por supuesto que fue a parar a la bodega: Canal 22 no la transmitió nunca.

Pero ella rescató algo para el portal SinEmbargo Mx y el comienzo de su nota revela cómo ha sido el tema de presentar mis libros: «Con su actitud, parece decir: "Soy mucho más que la esposa de López Obrador"», y remató con un «al final de esta conversación [...] Beatriz dirá que no le gustan nada las entrevistas». La reportera especuló sobre mis motivos y entre otros anotó que «quizá simplemente está cansada de que los periodistas la entrevisten por su nuevo libro [...] [o de que] solo le pregunten por su esposo, Andrés Manuel López Obrador».[39] Y aun cuando ahora los de Canal 22 me han buscado para entrevistarme «el día que usted quiera», mantengo mi huelga de entrevistas con la televisora porque, aunque se trate de un canal público federal, el interés seguirá siendo absolutamente circunstancial.

En la primavera de 2018 presenté un poemario titulado *Leyendas y cantos* que la misma Irma conoció. Me pidió otra entrevista. Es una buena persona, accedí. La publicaría en el portal SinEmbargo Mx. Ahora que he querido ver la entrevista (porque deseaba localizar una frase exacta como la expresé aquel día) no está; en la nota del día aparece el encabezado «La poesía como forma de resistencia»: Beatriz Gutiérrez Müller. Hay una fotografía de una servidora; se anuncia un video y lo que aparece es nada más la portada del libro sin poder ingresar a vínculo alguno donde se pueda leer la entrevista. A pesar de estos inconvenientes, la revista *Quién* la recuperó y publicó en marzo de 2018: «He encontrado en la literatura la mejor forma de estar sana: es mi seguro social y siempre tiene medicinas».[40]

Estas experiencias me han enseñado que dar entrevistas sobre mis temas no son del interés del entrevistador y tal vez ni siquiera del público de su medio de comunicación. Buscarán información de AMLO y yo no tengo el propósito de revelarla. Especulo que, si en México estas condiciones, desde el 1.º de diciembre de 2018 (inicio del gobierno) a la fecha, hubieran sido distintas con los medios de comunicación, reporteros, dueños de empresas de medios, conductores de noticias e informadores, yo habría sido distinta; esto es, que yo advirtiera apertura, pluralidad, algo de equilibrio en sus informaciones y no una confirmada mala fe y la supremacía de intereses político-económicos que han incluido gazapos, manipulaciones, rumores, tergiversaciones y otras lanzadas en contra de quien esto escribe, por la transferencia a la que me he referido o por el simple motivo de que soy su extensión y no se puede ni se debe separar a la señora del señor. Así, yo habría externado otras cosas. Pero esto es solo una especulación. No lo sabré, quizá.

Reitero que no ha sido mi intención liderar nada en específico en la esfera pública, ahora ni antes; sigo causas con entusiasmo, pero no poseo las cualidades ni el temperamento para ponerme al frente de ellas, como tampoco estoy en busca de tales cualidades, ni de aprenderlas para alcanzar esos objetivos. Lo anterior no quiere decir (me anticipo a los intérpretes mal intencionados) que no me sienta capaz. De manera simple: me declaro competente, no competitiva.* En la recta final, pienso, los medios de comunicación mexicanos no se democratizaron; ojalá en el futuro ocurra esto. Sé que siguieron mi trayectoria tanto como que buscaron omitirme de la historia política presente. No me deben nada, dicho sea de paso.

En 2018 apoyé a AMLO, como siempre, pero ahora de forma pública y a mi manera. Tuve que ceder porque «la tercera es la vencida». No quería que en mi conciencia quedara la duda de si podía aportar visiblemente a su triunfo en las urnas. Di algunas entrevistas, siempre procurando cobijarlo y no dar pábulo a la mala interpretación, y a sabiendas de que las censurarían. De la que se publicó en *Forbes*, recupero algunas respuestas, por ejemplo, a la pregunta de por qué *ahora sí estaba cooperando* a su postulación (de nuevo aparece la necesidad que me imponen de *demostrar*). Fui clara y directa: «Yo no soy candidata, nunca lo seré; no me gusta a mí eso de la participación político electoral, pero estoy del lado de quienes creemos que algún día tiene que triunfar la democracia [...] aunque el árbitro sea parcial y el organizador también lo sea, pues hay que jugar ese juego, porque no hay otras vías para los que queremos una transformación pacífica a través de las urnas».[41]

NUESTRAS ELECCIONES

Cuesta y costará, quizá por muchos años más, que las mujeres seamos reconocidas sin pasar por el filtro de la *transferencia* a la que he aludido. Ninguna persona hereda los talentos del padre o de la madre como una canonjía genética otorgada por la selección natural o el «destino». Tampoco los hijos o cónyuges. Desde

*Del *Diccionario panhispánico de dudas*, «competente»: «que tiene competencias o atribuciones en una determinada materia [...] No debe confundirse con competitivo». «Competitivo», adjetivo que significa «de la competición o competencia [...] que compite o tiende a competir [...] y que implica o supone gran rivalidad o competencia».

luego hay un legado desoxirribonucleico y otro conductual y axiológico, pero ni uno u otros garantizan que el depositario sea un condenado a pagar los defectos o a servirse de los aciertos de sus predecesores o de aquellos a quienes escoge para continuar la vida. Asimismo, nadie en una familia está obligado a continuar las costumbres u orientaciones profesionales o de oficio de cualquier naturaleza por más «buenas» que sean para padres o abuelos.

No creo en la predestinación como tampoco en que las inteligencias se contagien. Las inteligencias se comparten. Defenderé hasta el último día que tenga de vida el derecho a ser uno mismo (una misma) en la medida en que lo circundante lo permita, sin caer en la trampa de que las virtudes o defectos ajenos que los demás atribuyen a nosotros o a personas de nuestro entorno sean transferidos de manera falaz y, por ende, perjudicial o beneficiosa para alguien en particular. Lo defenderé porque he visto lo contrario: a fuerza de mucho vivir bajo la sombra de alguien, una puede llegar a creerse ese agravio o esa cualidad. Mi máxima en la vida pública es: lo que entra por un oído debe salir pronto del otro. Para lograr esto no hay más que entrenamiento mental. No es fácil, pero es posible. Mi conciencia y yo nos encontramos muchas veces en el día y vamos resolviendo de inmediato cómo silenciar el canto de las sirenas y a los agoreros del mal.

Nadie elige a sus padres o hermanos, tampoco a compañeros de trabajo o de aula. El azar biológico nos lleva a nacer en un país y aprender una lengua y no se nos es dado elegir antes de nacer qué sexo habremos de tener, vaya, ni siquiera cuál será nuestro nombre propio. Lo único que podemos escoger es a nuestra pareja y a nuestros amigos. Por último, la familia no es un gremio en el cual todos deben dedicarse a hacer lo mismo. La familia es el lugar de aceptación de cada integrante con su singularidad; es un espacio de formación plural, de gratitud y acompañamiento. Es el sitio donde la aceptación es plena. Si la familia no resulta ser ese espacio, sé de cierto que cualquier individuo buscará ese núcleo en otra parte.

MI YO Y MIS CIRCUNSTANCIAS

Con los años transcurridos, no tengo duda de que, aquel mes de mayo de 2018 (la elección fue el 1.º de julio), me llevaron a un punto en el que el tema de mi posible «posición» en la vida pública de México se tenía que poner en la mesa. Suelo hablar de frente, y así lo hice: se acabará la tradición asignada a las esposas porque ninguna es apéndice o extensión del cónyuge (y viceversa).

La esposa (o esposo) de un (de una) presidente tiene una responsabilidad grandísima en cualquier lugar del mundo. En ese discurrir de manera crítica, se debe tener la cabeza en su lugar para sopesar, opinar y procurar en todo momento. También se debe evitar decir disparates, actuar de manera pretenciosa y dejarse seducir por el poder. No se trata de ser máquinas perfectas, pero es preciso no olvidar ni un instante que, de la puerta de la casa para afuera, cualquier locución verbal o no verbal se dimensiona de manera distinta a la de otra mujer. Y de la puerta de la casa para adentro es igual, puesto que es el espacio más íntimo de un gobernante y en él debe haber condiciones buenas para él o ella, pero también para todos los integrantes de la familia.

Al releer mis palabras en Minatitlán, donde dije que las mujeres no somos adorno ni mera vanidad, y que cuidamos lo nuestro, tenemos iniciativa propia y «coraje», me alegra ver que sostengo lo dicho. De hecho, este libro me permite ampliar la idea: en virtud de que no somos objetos (decorativos), sino personas que sienten, piensan, hacen y deciden, tampoco tenemos la obligación de ser bonitas, esbeltas, radiantes;* declarar esto en vez

---

*Bajo la lógica de la «imagen institucional», durante mucho tiempo existió el Programa Anual de Vestuario (Pave), que incluía al presidente, su esposa y su familia. Se consideraba que el «vestuario» es una prestación «para el desarrollo de sus funciones» o para quien requiera «del uso de uniformes, ropa de trabajo y equipo de seguridad», de acuerdo con lo dispuesto en las «Bases de Uso y de Operación para el Otorgamiento de Uniformes, Ropa de Trabajo y Equipo de Seguridad para el Personal de la Presidencia de la República», emitidas por la Dirección General de Recursos Humanos

de aquello; reunirnos con tal y con cual; asesorarnos con especialistas en imagen, o con los llamados *community managers* (esos que elaboran contenidos para redes sociales). Bajo su propio riesgo, quien lo haga se entrega a la tutela ajena. Al respecto, soy radical: las mujeres no somos superiores, pero tampoco inferiores. En un matrimonio no somos uno, somos dos conciencias, dos orígenes, dos convergencias, dos singularidades con su propia historia que se vincularon desde un universo ajeno al público (al menos en mi caso). Por ello, bajo mi propio riesgo, tomé la decisión de renunciar a la tutela ajena. He asumido las consecuencias de mis actos siempre. En esta decisión no fallé a mis principios. A quien le gustó lo que anuncié y la manera en que procedí, enhorabuena; a quien no, también.

No hay mejor postura pública (y privada) que la de ser dueña de sí, concediendo lo que las circunstancias requieran hasta un límite (el de la ley, el de las costumbres, el de la ética), y si ello no es posible o una mujer no se siente apta para tenerse a sí misma en estas condiciones extremas (porque lo son), me parece válido aceptarlo y retirarse. Te confieso que en más de una ocasión esta posibilidad ha pasado por mi mente; pero, hasta ahora, he podido sobrevivir a los intentos de rapto de mi voluntad.

El matrimonio de un presidente debiera estar aparte de la cosa pública, a menos que se trate de un conflicto de interés, de un delito, de un escándalo fundamentado o de algo indebido. Porque ese matrimonio, se supone, fue una opción de dos, en donde no intervino un gobierno, un partido político o un grupo de expertos. Tampoco existe la obligación de sostenerlo en el sexenio: si la pareja no se acomoda a las nuevas responsabilidades públicas y privadas, terminarlo (separarse, divorciarse) es una buena deci-

---

«a fin de garantizar su seguridad personal y preservar la imagen institucional». Su última modificación fue en 2017. Desde el 1.º de diciembre de 2018 el único vestuario que paga la Presidencia de la República es para empleados que deben estar uniformados o requieren vestimenta o equipo especial para el desarrollo de sus funciones: plomeros, jardineros, afanadores, vigilantes, etcétera.

sión. Pasará el escándalo (porque será un escándalo), pero se ganará algo: no habrá simulación. Cada cual (por algo lo solventaron en mutuo acuerdo, suponemos) hará su vida como mejor le acomode. No hay matrimonio presidencial y no hay pareja presidencial. Entonces, la vida marital del mandatario es absolutamente secundaria. Quizá planteo un imposible, porque las figuras públicas siempre son escrutadas hasta en terrenos que sobrepasan la ética.

Lo anterior está vinculado al tema de los hijos. Son familiares directos. En estos años he exigido respeto en público a mi hijo menor de edad porque, como todos en su condición, está protegido por la ley. Ley y ética se cruzan aquí. Los hijos no deciden qué actividades profesionales realizan sus padres. Sería ideal que la sociedad comenzara a respetar la vida privada de los menores de edad, sin la necesidad de apelar a la ley que, dicho sea de paso, les da todas las garantías de protección. Sería perfecto, asimismo, que, así como los menores de edad cuentan con protección legal, se regulara sobre los límites que debe observar la familia del presidente para no dejar al albedrío personal cómo proceder; en particular, lo relacionado con su cónyuge. Una república en transformación requiere adecuar los alcances sobre este sensible tema para que no ocurran libertinajes perjudiciales al erario y al prestigio de México.

A propósito de este tema, el presidente, en una conferencia de prensa, a pregunta expresa sobre una persona de su familia que tendría o le atribuyeron interés en postularse para una gubernatura en 2024, explicó que es incorrecto que los parientes asuman que pueden ser sucesores de sus familiares. El 22 de septiembre de 2023 lo expresó así:

> No quiero que se establezca o se reestablezca la mala costumbre del amiguismo, del *influyentismo*, del nepotismo; de todas esas lacras de la política. No. Mi familia, no. Si no, no avanzamos. Es que se llegó al extremo de que querían poner a sus esposas de gobernadoras o las esposas a sus esposos (para hablar con equidad) de gobernadores o de presidentes municipales; incluso, de presidentes de la República. Eso no se puede permitir.

Tengo que agradecerle a mi esposa, compañera, Beatriz, que decidió no ser primera dama. Y lo ha cumplido. No es abandonar el apoyo al movimiento en el que cree o dejar de ayudarme, no; es que: ¿por qué primera dama?, ¿o no son todas las mujeres primeras damas? ¿Y a quién se elige [con el índice derecho indica «uno»], ya sea mujer u hombre? No es a la pareja. No es «pareja presidencial».

Beatriz se dedica a su trabajo. Es maestra. Y ya también lo digo: llueven las solicitudes en la Universidad de Puebla, donde trabaja, pidiendo informes sobre sus actividades. Trabaja ahí, es investigadora también y tiene producción intelectual. Es escritora, le publican artículos en revistas especializadas en distintas partes del mundo. Escribe. Vivimos aquí, pero ella tiene su espacio. Hasta hay una hojita a la entrada que dice, palabras más, palabras menos: «Hágame el favor de tocar la puerta y no hacer ruido» [risas], porque está trabajando. Eso lo pone por mí, pero también por Jesús, porque está en la computadora, trabajando en sus investigaciones.

Y sí me ayuda, por ejemplo, en todo lo que tiene que ver con el fomento a la lectura y en otras actividades.

No debe inmiscuirse la familia.

Coincidimos ambos, y plenamente, en que hay que cambiar de raíz el modelo de herencia política y el «sistema de derechos» sobrentendidos y no solo en un plano retórico, sino en el día a día. La nominación esta o aquella que me den es lo de menos. Lo más importante es la acción, los hechos.

LA VOZ QUE NO SE ESCUCHA

Desde hace años que he recorrido el país con AMLO, he escuchado a un sinfín de mujeres y hombres, abuelos, niños. Con este conocimiento previo, al iniciar el gobierno, y con la convicción de que podía proponer algún tipo de política pública a favor de las mujeres, además de las muchas y muy beneficiosas que han corrido por cuenta del presidente de México y de los otros poderes de la República, tuve una reunión con una funcionaria para hacerle la siguiente propuesta que no prosperó: queremos pedir algo especial para las mujeres o el género femenino que los tres poderes puedan resolver, otorgar, conceder y normar. Lo mejor es preguntarles. Le planteé una ocurrencia: una jornada nacional de expresión y de escucha. Algo simple. En diferentes lugares públicos se coloca un micrófono, se videograba todo y después se transcribe una minuta para procesar los datos y elaborar prioridades.

No hay pierde cuando se conoce de manera directa qué queremos que cambie, se amplíe, o qué queremos decir al país. Es como una consulta médica: el doctor no nos dice cuál es nuestro padecimiento, escucha. Cada uno describe sus dolencias o sentir mientras el médico, en tanto, confía en que damos testimonio de verdad sobre tales. No diagnostica sin escuchar. Prescribe un tratamiento y se intenta poner remedio a la enfermedad si la hay, porque a veces es solo un estado de ánimo. Pero, si hay mujeres o géneros femeninos con dolencias, propuestas, miradas, preocupaciones, soluciones, culturas, tradiciones, formas distintas de estar que no son escuchadas, la política pública puede no corresponder con la necesidad prioritaria de nosotras, o bien, se impone. Me declaro a favor de que una política pública sea decidida a partir de la gente misma.

En esa imaginada jornada nacional que habría podido llamarse «Las mujeres hablan», desfilaron ante mis ojos decenas de escenas: desde una madre con sus hijos presentándolos («él es Roberto, ella es María del Carmen, ella es Raquel»), hasta otra cantando algo que le gusta o que compuso; apareció una jovencita para quien lo más importante fue declarar que ya no quiere ir a la escuela; una adulta mayor que necesita sus medicinas y no las hay en la clínica. Así también, con colores, imaginé a la taxista del pueblo que está fastidiada de que le digan que está excedida de peso, o a la vecina que reconoce que estaría bien que nos dieran a todos más información nutricional porque no sabemos cocinar bien para la familia. Más y más mujeres se me presentaron ante mis ojos: aquella a quien su exesposo le sustrajo a sus hijos; la otra a la cual su hermano le robó la herencia de su padre; la que está fastidiada porque su marido la engaña (quizá esto no lo confesaría una mujer en público, pero ¿quién puede saberlo?); la que no consigue empleo; la que está cansada de trabajar y estudiar al mismo tiempo; la que no puede tener hijos; la que quiere operarse para parecer modelo de revista, en fin, la mujer que se siente hombre, el que se siente mujer, transgénero… todas hablando. Imaginaba a mujeres de todos los sustratos socioeconómicos que, estoy segura, algo expresarían al mundo si se les abre el micrófono un minuto. Cuando hice este planteamiento, en 2019, yo quería enunciar, recuerdo, que estoy harta de tener tantas responsabilidades y no poder descansar. Hoy expresaría lo mismo, pero sin rabia, con algo de resignación, porque esta vuelta está por terminar. Yo quiero paz y quiero la paz.

Aquella propuesta que quedó en el tintero surgió de la convivencia durante lustros con miles de mexicanos. Llegué a la conclusión de que, por décadas, los mexicanos no fueron ya no digamos atendidos, ni siquiera escuchados. A veces he podido sentir que no se trata de un problema por zanjar, sino nada más de la actitud de prestar atención a todo lo que piden, expresan, exigen, gritan y silencian las mujeres. Miles también callan. Y esta actitud *no hablante* ante el prójimo no debe traducirse en que son indiferentes, no comprenden lo que se pregunta o que prefieren callar. No. Yo constato que miles proceden así por desconfianza (¡tanto nos han fallado las autoridades que es normal!), porque se les trata como si ellas no supieran qué hacer; porque lo que se les propone es no coincidente con su realidad; por miedo a proceder, a cambiar de paradigma, por circunstancias adversas y un largo etcétera. Observar es una tarea crucial en ello porque hay que descifrar o desencriptar su sentimiento.

Todos queremos ser escuchados. Quizá esto más que prestar oídos. Así que, para empezar, ante una realidad concreta, desde una pasajera hasta una crónica, a nadie le viene mal un abrazo solidario por el motivo que sea.

Si alguien de buena voluntad quiere emprender políticas públicas (o privadas) en favor de nosotras, es imperativo que no ponga palabras en su boca. Debe escuchar. Una forma de proceder más técnica y rutinaria podría ser llevar a cabo una encuesta, un estudio o un tipo de sondeo en donde el grupo encargado de realizarlo tenga claro que su cuestionario debe conducir a obtener información de primera mano, sin tutela, sin menosprecio alguno hacia las encuestadas. Por ejemplo, a miles les interesa, más que otras cosas, que el templo de su pueblo esté bonito y no tenga humedad; a otros miles, que sea más fácil poner un negocio o que haya más unidades de transporte público; la seguridad pública, sin duda, es una demanda legítima, así como poder comer y vestir.

No tengo la menor duda de que la principal preocupación de las mujeres mexicanas es la que tiene que ver con sus hijos; si no tienen hijos, entonces sus padres; si no tienen padres, entonces sus familiares. La segunda gran preocupación es el trabajo, la falta de empleo para ella, para sus hijos, para su esposo y para sus padres. La tercera, la educación de sus hijos, su seguridad, que no se vuelvan adictos a sustancias tóxicas, que no sean vagos ni tengan malos amigos. ¿Qué políticas públicas hay o deben plantearse a partir de esta prioridad para las mexicanas?

Si en el futuro a algún dirigente o gobernante le interesa saber cuáles son las prioridades para ejecutar cualquier cosa más en favor de las mujeres, considero que, antes que nada, debe prestar sus oídos. ¿Las estamos escuchando, nos estamos escuchando entre nosotras? No es correcto suponer que necesitamos esto o aquello. Más bien, lo que ha venido pasando es una orientación ideológica que busca enseñarse, discutirse, imponerse, quizá en un buen plan, por el bien de todas nosotras. Pero, repito, no es correcto suponer o dar por hecho desde la ciudad, el Palacio de Gobierno, la Corte, el Parlamento; desde el escritorio, la oficina, el púlpito, la tribuna, el aula, el aula magna, el despacho, la sala de juntas, el colectivo, la cofradía grupal, el órgano colegiado, y otras formas de organización político-social, que nosotras no sabemos lo que necesitamos y que por ello nos lo tienen que *inducir*; es autoritario hablar por nosotras como si todas y cada una no tuviéramos voz propia y no supiéramos cuáles son nuestros problemas y las soluciones, incluso instintivas, que podemos dar para resolverlos. El que pregunta no yerra.

Además, México es un crisol de pensamientos, corrientes, culturas, lenguas, necesidades, diferencias, similitudes, acentos, miradas, caminares... Es una nación milenaria en donde conviven culturas antiguas que conservan su idioma y creencias, junto a migrantes, hijos, nietos y bisnietos de migrantes; estudiantes y empleados extranjeros, millones de turistas, y todos los que hemos nacido aquí. No hay más que pluralidad y, sin exagerar, creo que, en estos tiempos que me toca vivir, no ha existido tan efervescente y libre capacidad de expresar lo que sentimos en México, al punto de considerar que impera un evidente libertinaje.

De retorno a aquel discurso de Minatitlán, en 2018, sin ambages, puse en claro que, en caso de ganar AMLO, yo seguiría haciendo lo que me realiza: ser madre, procurar a mi familia y continuar trabajando en mi profesión. En cuanto al gobierno, ayudar a quien me lo pida si está en mis manos, es legal y es posible.

Ha sido complicado hacer todo lo anterior al mismo tiempo. No niego que he pensado en varias ocasiones pedir licencia sin goce de sueldo. Por otra parte, no pierdo de vista ni un instante en qué puedo ser útil para la causa en la que participo; he tratado de responder o hacer lo que corresponda respecto a todo aquello para lo que alguien ha acudido a mí. Escuchar sigue siendo imprescindible.

No es mi costumbre hacer públicas mis acciones en favor del prójimo porque no tengo necesidad ni obligación de demostrar. Me he involucrado, y creo que se sabe, en algunas tareas relacionadas con temas en los que he considerado que puedo auxiliar, de manera gratuita y voluntaria. Al presidente lo he acompañado a actividades protocolarias y sobre todo a ceremonias cívicas que nos recuerdan la historia de México, porque, como también lo expresé en Veracruz en ese tiempo: «de la historia me interesa que no olvidemos grandes o pequeños acontecimientos, viejos o nuevos», pues en «la memoria viva está la clave de la acción, qué no debemos repetir y qué sí y dónde está la verdad, dónde está la justicia, dónde está el bien».

Los límites de mi participación los he puesto yo: hasta aquí coopero, hasta allá puedo. Por lo anterior, insisto en que algo se puede hacer en el futuro para determinar qué es lícito para la cónyuge y la familia directa del mandatario. Este delicado asunto no puede quedar sujeto al criterio de la pareja en turno. No tiene base legal nada relacionado con la primera dama ni debe ser exigible que tenga un cargo en el Gobierno, aunque no le paguen. Si se pone por escrito qué sí y qué no es posible para la pareja y la familia será factible evitarnos, en el futuro, situaciones extravagantes que ya no pueden repetirse. Y todos a cumplir la ley.

EL SUSTENTO LEGAL, UNA ANÉCDOTA

Cuando AMLO tomó protesta de su cargo, el 1.º de diciembre de 2018, planeé mis siguientes acciones. Para comenzar, elaboré un cuestionario para tener la certeza (o no) de cuáles eran las nuevas condiciones para mí, más allá de mi forma de pensar, de la lucha por mi independencia (incluida la económica), mis valores, mis circunstancias y mis prioridades. Tenía dudas (pocas) sobre cómo proceder en la «cosa pública»; por ejemplo, si mi ruta trazada era compatible con la ley. Con el cuestionario en la mano, mi esposo me sugirió acudir con el doctor Arturo Zaldívar Lelo de Larrea, entonces presidente de la Suprema Corte de Justicia de la Nación. Le pedí una cita, me recibió con amabilidad y le entregué una relación de preguntas el 8 de enero de 2019, con la intención de que él o el máximo tribunal pudiera responderlas. Me pidió unos días para documentar.

Este fue el documento:

> **Consulta que realiza Beatriz Gutiérrez Müller, esposa del presidente de los Estados Unidos Mexicanos, a la Suprema Corte de Justicia de la Nación, el 8 de enero de 2019. Entregada al ministro presidente Arturo Zaldívar Lelo de Larrea.**
>
> *1)* ¿En qué se sustenta la denominación «primera dama»? ¿Existe obligación o es voluntario ser «primera dama»?
>
> *2)* Como ciudadana mexicana, casada con el titular del Poder Ejecutivo federal, ¿qué obligaciones adquiero en el ámbito público y en el privado? Especificar cuáles son los límites para la perso-

na privada, casada con una persona pública que ejerce un cargo constitucional.

3) Como esposa del presidente, ¿tengo obligaciones en el ámbito público, relacionadas con el desempeño del presidente? (Por ejemplo: realizar actividades paralelas a las suyas dentro del Gobierno, como voluntariado, filantropía, asistencia a ceremonias, acompañamiento en viajes oficiales, recepciones diplomáticas, etcétera).

4) En caso de ser así, ¿se puede solicitar un presupuesto para actividades en el ámbito público, relacionadas con el desempeño del presidente? (Por ejemplo: uso de automóviles oficiales, custodia personal, transportación, alimentación, vestimenta, servicios de telefonía, internet y otros consumos básicos como luz, agua o vivienda del departamento en donde estaremos viviendo, con cargo al erario). Incluir el criterio, si aplica, para nuestro hijo menor Jesús Ernesto López Gutiérrez.

5) El 19 de noviembre de 2018 (se pueden registrar los hechos en la prensa nacional) fui presentada como consejera honoraria para el «Proyecto Memoria Histórica y Cultural de México»,*

*Este proyecto se convirtió en consejo asesor honorario de la Coordinación de Memoria Histórica y Patrimonio Cultural de México. Dicha Coordinación fue dirigida por Eduardo Villegas Megías. Puesto que Eduardo fue nombrado embajador de México en la Federación Rusa, por un lado, y pensando en que un siguiente gobierno no desapareciera este gran trabajo, el presidente AMLO decidió eliminar tal coordinación y, por consiguiente, al consejo en el que participaba junto con colegas académicos y algunos funcionarios de áreas relacionadas con el tema. Por unanimidad de votos, el 22 de febrero de 2022 el Senado de la República encomendó al Archivo General de la Nación «transferir la atribución de preservar, difundir y proyectar el derecho a la memoria de la Nación». Ahí comenzó a radicar la Dirección General de Memoria Histórica y Cultural de México. El 28 de febrero de 2023 el director general invitó a los antiguos consejeros honorarios a integrarse con la misma función (sin retribución alguna, sin presupuesto alguno, como son por lo común estos comités académicos). La existencia de este consejo honorario se formalizó el 26 de octubre de 2023, de acuerdo con lo publicado por el *Diario Oficial de la Federación*: se modifica el Estatuto Orgánico del agn, en donde se da cabida a un nuevo consejo que depende de la Coordinación Nacional homónima, adscrita, a su vez, a la Presidencia de la República. ¿Hay conflicto de interés en participar de modo voluntario y sin remuneración en este tipo de consejos gubernamentales o de otras instituciones? (Formo parte de muchos consejos y comités no remunerados en instituciones públicas de educación superior, asociaciones, y otras, comenzando por la universidad en la que trabajo).

6) A nombre de mi hijo menor, Jesús Ernesto López Gutiérrez, ¿qué leyes y artículos específicos lo protegen y el público en general está obligado a respetarlos hasta que alcance la mayoría de edad? (Nació el 23 de abril de 2007).

7) ¿Estoy obligada a hacer públicos mis bienes muebles e inmuebles ante alguna instancia gubernamental? De ser así, ¿en qué casos expresamente?

8) ¿Estoy obligada a hacer públicos mis ingresos tanto por sueldos y salarios como otro tipo de honorarios? De ser así, ¿en qué casos expresamente?

9) Como profesora/investigadora de una universidad pública estatal y autónoma (Benemérita Universidad Autónoma de Puebla), que recibe recursos federales, ¿soy empleada pública federal?

10) Item... ¿tengo derecho (o genera conflicto de interés) solicitar o recibir una beca o estímulo de alguna dependencia federal, estatal o municipal para realizar investigación (una de las principales obligaciones de un profesor/investigador), publicar algún trabajo producto de la investigación, conferencia u otros relacionados?

---

asesor honorario. Lo integraron inicialmente Eduardo Matos Moctezuma, Luis Humberto Barjau Martínez, Minerva Margarita Villareal Rodríguez, María Isabel Grañén Porrúa, Horacio Daniel Franco Meza, Cristina Barros Valero, Elena Poniatowska, Antonio Saborit García Peña, Miguel León-Portilla, Arturo Beristáin Bravo, Carlos Pellicer López, Margarita Valdés González-Salas, el representante en turno de la UNESCO (por un tiempo fue Frédéric Vacheron, ahora lo es Eduardo Villegas Megías) y yo. Algunos han fallecido y otros presentaron sus renuncias por «motivos de falta de tiempo». Esto también es común en tales consejos: es indispensable cooperar en estas agrupaciones, pero tenemos también una carga académica que cumplir en las instituciones en las que laboramos.

11) *Item...* ¿puedo participar en algún concurso o certamen con-
vocado por instituciones públicas, tales como gobiernos en todos
sus niveles, para la publicación de una obra literaria o de investigación que resultó triunfadora y media la publicación de esta
y un premio en numerario?

12) Como integrante del Sistema Nacional de Investigadores (SNI)
del Conacyt (nombramiento vigente: 2018-2020), ¿qué recibo:
compensación, bono extraordinario, beca, estímulo u otro?
¿Ser beneficiaria de este estímulo (o como se le denomine) genera o no conflicto de interés al ser recurso federal, y el presidente, mi esposo?

13) ¿Qué o quién soy jurídicamente?

A la semana de presentar estas dudas el ministro Zaldívar me
buscó, acudí a su oficina por segunda vez y me entregó algo equi-
valente a un ensayo jurídico sobre el tema, con todo el sustento
legal que halló, notas a pie de página y bibliografía. Primero, no
encontró nada relativo a la «primera dama», la cual no constituye
una figura legal, sino que forma parte de una tradición; segundo,
no hay conflicto de interés entre mi empleo porque la BUAP es una
universidad autónoma (decide a quién contrata, cuánto le paga,
qué le exige hacer, etc.). Por tanto, no soy empleada federal. En
cuanto a los emolumentos del Conacyt (ahora, Conahcyt) que
corresponden a una «distinción», estos se ciñen a reglamentos
acordados por una Junta de Gobierno y la examinación de los propios investigadores para su ingreso o permanencia en el Sistema
Nacional de Investigadores. Esta función no la realiza el presidente de México ni funcionarios gubernamentales.

Recuerdo que, palabras más, palabras menos, expresó que no
había conflicto de interés en ninguna de mis actividades profesionales y el acompañamiento al presidente. Recuerdo que le pre-
gunté algo así como: ¿y de donde come él podemos comer mi
hijo y yo? Sonrió.

En estos años, he llegado a la conclusión siguiente: si no es legal, la figura de la primera dama es ilegal. Si en la legalidad cabe
la tradición, que se asiente. No hay normativa alguna que la

haya sustentado. Sin embargo, por décadas, en aras de mostrar el «lado femenino» de un gobierno encabezado por varones, ciertas mujeres se vieron obligadas a fuerza de la costumbre. Dicho sea de paso, esta rutinaria *obligación que nunca fue* lastimó a estas propias mujeres que podrían haberse insubordinado ante la ornamentación e imagen de filantropía que desde fuera se les forzó a proyectar. Se narró un destino para muchas a las que hay que compadecer; otras optaron por beneficiarse, qué más da. Todo ello, que abordo solo de paso porque respeto el tiempo y la circunstancia del mayor número de personas posible, debe comprenderse en el tiempo y en la circunstancia de la nación. Cada uno realice su juicio; aun de mí. Ellas y yo hemos tenido en común no haber sido votadas y hallarnos de repente en sitios (quiero creer) que no pedimos ocupar. Poner fin al nepotismo encubierto es imperativo en una república democrática.

De aquel episodio de la Corte, confirmo que, si el ministro Zaldívar me hubiera hecho notar que el ejercicio de mi profesión representaba un conflicto de interés, habría solicitado de manera inmediata licencia sin goce de sueldo a mi plaza de tiempo completo como profesora e investigadora; de igual modo, al estímulo SNI. Porque no consentiría proceder fuera de la ley, aunque fuera el resultado de un suceso ajeno a mi voluntad. Enseguida, me habría puesto a buscar un nuevo empleo en donde no existiera «la posible afectación del desempeño imparcial y objetivo de las funciones de los Servidores Públicos en razón de intereses personales, familiares o de negocios».[42]

Además, la independencia (incluso la económica) no se subordina a intereses no legales.

Fue enfático al advertirme, eso sí, que mis derechos y obligaciones ciudadanos no se modificaban en modo alguno, pero que tendría que resignarme a estar en el ojo público.

Le agradezco mucho aquella orientación. Ha sido una guía de conducta imprescindible para mí y me he apegado casi a pie juntillas a todos y cada uno de los asuntos particulares que planteó como respuesta a mi cuestionario. A dichas contestaciones se sumó mi propia valoración y proceder ético.

Me he empeñado en que los dos que vivimos con el presidente representemos el menor posible de los gastos para el pueblo de México y que, de ninguna manera, seamos un problema para él. Desde luego, comemos de su comida y comemos juntos la mayor parte de los días de la semana. De paso, manejo mi propio auto y si estoy en un vehículo oficial, es porque estaré en una actividad oficial.

No somos propiedad de nadie

En estas hojas, lector, lectora, reitero que la esposa de un gobernante debe decidir qué hacer porque nadie es dueño de su vida, al menos en México. Yo no soy propiedad de mi esposo ni del Gobierno. Todas las mujeres somos libres de decidir por dónde queremos, podemos o debemos andar. Eso es lo que nos permiten las leyes y lo que corresponde a una República democrática y de derecho en la que quiero vivir y que ha costado tanto edificar.

A la vez, manifiesto mi total respeto a cualquier mujer que asume el rol o las responsabilidades honorarias u obligatorias de primera dama, en México y en cualquier lugar del mundo. Porque yo hablo por mí, por mis circunstancias, por mi valoración; hablo por mis personales responsabilidades y la realidad que me circunda de la puerta de mi casa para adentro y al revés; por cómo interpreto los nuevos tiempos, por todo lo que he escuchado de los mexicanos y de las mexicanas con quienes he convivido íntima y masivamente durante lustros. Hablo asimismo de mi propia interpretación sobre cómo concibo el paso de las mujeres en la cosa pública de mi país, país en proceso de transformación.

Una metamorfosis en la cosa pública implica también cuestionar y de alguna manera dislocar el antiguo lugar en que se colocaba a las mujeres de políticos que, acaso (sería tema para desentrañar), no podían interrogar. La realidad es otra hoy. Doy el paso todos los días y ello no pretende ser ejemplo para nadie. Solo he buscado ser consecuente conmigo misma y con la causa a la que pertenezco. No ha sido solo retórica. Es un replanteamiento de la totalidad del sentido del para qué se extingue la noción y práctica de una supremacía femenil por sobre otras y del ejercicio libre de mi voluntad. Si se quiere, se ha tratado al mismo tiempo de una protesta silenciosa que procura no reproducir patriarcados o matriarcados; esto es, ningún sometimiento o control sin que medie la comprensión propia y, por tanto, un trabajo con la conciencia y la libertad para actuar.

Es verdad que no siempre esa libertad se traduce en que todas podemos hacer lo que nos gusta siempre e invariablemente. Es muy común que las circunstancias perfectas para el logro de anhelos propios o de nuestro núcleo se presenten muy de vez en cuando y, de hecho, creo que no existen; porque en el íntimo andar y con los demás, la resultante es la suma de nuestra voluntad, pero entronizada también con la de los otros. Si una persona asume que solo sus deseos deben cumplirse, la otra tiene derecho a proclamar lo mismo. Conduciéndonos de esta manera, estaríamos enredados en un egoísmo brutal que aceleraría nuestra extinción.

Sin embargo, la realización personal no debe detenerse. Todas las mujeres, que somos iguales ante la ley, podemos y debemos tomar nuestras decisiones. Esto ha sido posible gracias a miles de mexicanos y mexicanas que, en siglos, en décadas pasadas, hace poco conquistaron avances notables en materia de derechos individuales y sociales. Aclaro, de nueva cuenta, que, si tenemos pareja o familia, es deseable que tales decisiones se tomen tratando de equilibrar las necesidades de todos. Esta tarea es de lo más difícil y sé que las lectoras que están casadas y con hijos lo saben muy bien. No hay novedad hasta aquí. La diferencia se presenta cuando una de las dos partes asume tan alta responsabilidad como dirigir un país. Esto significa que la familia debe intentar armonizarse con el cambio, cada uno desde donde puede. La balanza se desajusta todos los días porque todos tenemos necesidades indispensables que atender. Pero también los pesos se pueden equilibrar con diligencia, observación, esfuerzo y ética para transitar con el cuerpo entero por cualquier cantidad de túneles y puentes.

RIESGOS RAZONABLES

Asumir un rol público a costa del esposo debe pensarse muy bien y calcular, hasta donde es posible, qué significa y qué consecuencias atraerá. Si vuelvo el tiempo atrás, no solo por razones legales decidí la ruptura de la tradición de la primera dama, tanto en la forma como en el fondo. En particular, me enfoqué en no entrometerme en el trabajo de mi cónyuge, no beneficiarme de él, poner fin a privilegios conocidos y, en síntesis, manifestarme como ciudadana, igual que el resto.

Como cualquier persona que ayuda a su pareja, hago lo mismo. Incluso, con cuidado, porque para ser respetado hay que respetar. Mi pareja no debe entrometerse en mi empleo ni en mi trabajo; no ingresa a mi computadora a cambiar mis textos o revisar y *meter mano*; quizá, si le comparto mis ocupaciones, trabajos o situaciones profesionales, me dé una excelente opinión, un buen consejo y sus palabras los enriquezcan (es más: lo hago a menudo y sus aportaciones resultan excelentes para mí, muy bienvenidas). Del mismo modo, no debo meterme en su trabajo y menos sin su consentimiento. Cuando me pregunta mi opinión sobre algún tema, respondo lisa y llanamente lo que pienso. Nuestra relación es horizontal, crítica y respetuosa. En donde nos volcamos ambos es en la educación de nuestro hijo. Él apoya mucho mis decisiones porque soy quien a diario se empeña en sus progresos, en sus tareas, problemas, rebeldías, sentimientos y en los valores compartidos que nos hemos propuesto imprimir para que sea un buen ciudadano, un buen mexicano y un hombre feliz.

Asumir un rol público a costa del esposo debe pensarse, de igual modo, teniendo en cuenta el contexto. Cada familia, cada comunidad y cada país tiene sus peculiares condiciones. Lo que yo escribo en esta parte, repito, depende de mi entorno. No hablo por otras mujeres. Afirmo que la incursión de un integrante de la familia en tan alta responsabilidad pública significa que el resto está involucrado. Entonces, más bien lo que hace falta es redistribuir la carga y buscar contrapesos. Y, en lo personal, preguntarse: ¿cuál es mi realidad y cuánto estoy dispuesta a modificarla porque mi esposo tiene ahora tal o cual responsabilidad?

Cuando miré mi realidad y mi disposición a cambiarla por las circunstancias de todos conocidas, decidí poner a mi familia en el centro. ¿La razón? Es lo que nos va a quedar a quienes la conformamos después de este periodo y no me imagino mi casa destrozada y a todos sus habitantes frustrados, enojados, enfermos, rencorosos, desanimados o victimizados. ¡No! Imagino a mi familia realizada, satisfecha, sana, orgullosa y llena de aprendizajes porque tuvimos la dicha de estar juntos, caminar juntos y aportar juntos lo que se pudo.

Asimismo, la incursión en tareas del esposo es de sopesar, en función de qué cree cada una que debe hacer, asida de qué valores y de qué intereses vitales. ¿Servir a la nación? La buena mexicana sirve a la nación todos los días. ¿Ayudar al prójimo? Las mujeres mexicanas siempre estamos ayudando al prójimo. ¿Qué tienes como meta en la vida, independientemente de las actividades de tu pareja? Esa es la respuesta que hay que encontrar.

La primera dama en México, para mí, es un anacronismo antagónico a una república democrática del siglo XXI, como lo es la nuestra. Los tiempos han cambiado, para fortuna nuestra. La mujer es independiente aun dentro de su relación personal, aunque entre los dos se tomen acuerdos; ella decide por sí misma a qué se quiere dedicar, en qué deposita sus esperanzas y sueños; cuándo es propicio tomar un laudo radical para bien suyo, en qué momento hay que dar el paso para alcanzar un objetivo que la haga feliz y le permita realizarse. Comprenderlo, asimilarlo y ejecutarlo es distinto para cada una porque cada cual tiene sus propios entornos. Llegar a ese punto es el resultado de un largo proceso; no es algo que se consigue de la noche a la mañana. La independencia de la mujer mexicana pasa por su independencia económica. Esto dificulta aún más las cosas, pero es un objetivo claro que, desde mi punto de vista, con la edad que tengo, de acuerdo con mis análisis y perspectivas, debe estar en la mente de las mujeres de mi país.

Termino este apartado con un resumen de una publicación que ha llamado mi atención sobre el tema de las primeras damas. Lo incorporo porque nunca sobra conocer qué se investiga hoy sobre ello y qué posturas han asumido algunas mujeres.

Carolina Guerrero e Ignacio Arana revisaron de 1990 a 2016 lo que llaman el «creciente» capital político de las primeras damas en Latinoamérica. Y definen:

> Se trata de mujeres que no fueron elegidas popularmente ni tienen que rendir cuentas, pero tienen un puesto privilegiado en el Poder Ejecutivo, donde gozan de una alta visibilidad mediática, pueden influir sobre la agenda del presidente y acumular capital político en beneficio propio.[43]

Entre sus conclusiones, ellos observan que el «puesto» de primera dama se ha politizado «casi en toda la región y la alta cobertura mediática de lo que ellas dicen y hacen» ha propiciado que aquellas que tienen «ambiciones políticas compitan en elecciones tras dejar el Poder Ejecutivo». Entre 1999 y 2016, sostienen, «veinte ex primeras damas fueron candidatas veintiséis veces en elecciones a la presidencia, vicepresidencia o el Congreso. Este fenómeno revela que muchas primeras damas poseen ambiciones políticas altas».[44]

En México ha cambiado el paradigma. Que sea el pueblo quien decida hasta dónde les permite avanzar en el futuro. Y, si no lo he dicho ya, sería sano que por escrito quedaran de manifiesto los alcances y acotaciones de los cónyuges y familiares de un (una) presidente. Lo que se deja a la voluntad en el ámbito público puede no resultar producente.

LA COTIDIANA CENSURA

Irina Karamanos, una mujer inteligente, honesta, que aprecio y valoro mucho, hizo un trabajo peculiar en Chile. Aceptó las responsabilidades tradicionales de la primera dama, para conocer y diagnosticar. En ese país, el «cargo», que recaía en la esposa del presidente en turno, significaba dirigir varias fundaciones con fines filantrópicos. Desde dentro, ella se encargó de gestionar que dichas organizaciones pasaran a los ministerios correspondientes: de salud, de cultura, de desarrollo social, y así. Realizada la transferencia, anunció que dejaba el cargo y se dedicaría a actividades personales. En diciembre de 2022, en una entrevista, declaró que «las formas son muy importantes, además del contenido. Las formas también estructuran. O cambiamos la forma para que la política nueva se pueda hacer o dejamos todo como está». Para ella, «la parte de primera dama» se había convertido en un «lastre» para «lo que el Gobierno vino a hacer», en referencia al mandato de su entonces compañero Gabriel Boric.[45]

Irina y yo hemos hablado largamente sobre el tema y sobre otros, porque compartimos, además, afinidades en temas académicos, sociales, de participación ciudadana, y, sobre todo, el derecho a ser nosotras mismas sin la tutela de ningún publicista, director, público y otros.

En octubre de 2022 tuvimos ocasión de reunirnos por la conmemoración de los cien años de la llegada de Gabriela Mistral a México. Ella llegó a nuestro país, por invitación del entonces secretario de Educación, José Vasconcelos, para trabajar en la alfabetización.

La fecha se prestó y acepté, no de muy buena gana, ya que tenía que dar una entrevista a una enviada de *The Washington Post*, Samantha Schmidt. Irina pensaba que era una oportunidad de compartir mi parecer sobre sus decisiones. El reportaje sobre ella se publicó un mes después con el título «La primera dama *millennial* de Chile quiere terminar el trabajo para siempre» («Chile's millennial first lady wants to end the job for good»). De tal entrevista, no recogió nada de mis respuestas de octubre de 2022. Solo una declaración antigua: «No veo por qué necesito cambiar de trabajo para acompañar a mi esposo porque él cambió de trabajo» («I didn't see why I needed to leave my job to accompany my husband who changed his job»). Remató: «Sin embargo, ella continúa representando al Gobierno mexicano en eventos diplomáticos» («But she continues to represent the Mexican government at diplomatic events»).[46]

Enseguida, la entrevista completa, realizada en castellano:

Samantha Schmidt: ¿Qué representa para México el que usted no es primera dama, digamos?

Beatriz Gutiérrez Müller: En mayo de 2018, cuando mi esposo estaba en campaña, hubo ocasión de hablar de este tema, pensando en un eventual triunfo, y me pidió que yo me posicionara sobre eso porque siempre, al cambiar un sexenio, es una pregunta. ¿Quién lo acompaña o quién es su familia?, ¿que qué va a hacer ella? Entonces, la verdad mi primer paso fue ir a revisar mi conciencia, ¿yo qué soy en esta historia?, ¿cuáles son mis imperativos éticos?

La supresión de la primera dama me pareció una buena decisión retórica, en el sentido de asumir que todas las mujeres de México somos iguales, no hay distingos; también porque el clasismo se eliminaba por lo menos no distinguiendo entre superiores y unos inferiores. Pienso que los roles que tenemos todos dentro de la sociedad y, en el caso del Gobierno, en mi caso específico con un esposo funcionario público, deben ceñirse a la ley.

Por ello, me permití incluso ir a la Suprema Corte de Justicia a hacer unos cuestionamientos sobre mi planteamiento y la respuesta más contundente que recibí de su presidente (y esta es una noticia que tú vas a publicar y nunca la había dicho) es que yo tenía a salvo todos mis derechos cívicos, todos mis derechos sociales; que la primera dama no es ilegal, no hay nada que la sustente, y que yo tendría, lo único, que soportar o lidiar con ser una persona políticamente expuesta. Pero que yo tenía que seguir pagando mis contribuciones fiscales; no había conflicto de interés con mi trabajo (soy profesora de una universidad pública y por pública se entiende que reciba recursos federales o estatales para su ejecución).

Entonces, con esas respuestas yo he guiado mi camino: las que atienden a mi conciencia, las que atienden a la Constitución y a una valoración elaborada por el presidente de la Suprema Corte.

SS: ¿Por qué usted representa al presidente o al Gobierno, o participa en actividades protocolarias?

BGM: Yo ayudo al presidente de México. También acompaño a mi esposo a algunas de sus actividades, como él a las mías. Hay algunas tareas que me encarga como a otros les da responsabilidades.

Lo que a mí me solicita podría pedírselo a otra persona; es decir, yo me asumo como una ciudadana que apoya a un presidente, a mi presidente, al Gobierno. Y si el Gobierno a mí me pide que yo le ayude en algo, yo lo hago. El presidente, en particular, me ha pedido algunas tareas, pero se las podría encargar a otra persona, repito, sea del Gobierno o no, lo cual ha hecho. Por ejemplo, hemos tenido ceremonias, muchas, el año pasado por los 200 años de la consumación de Independencia de México y ha invitado a hablar con el Gobierno o a nombre del Gobierno a personas cívicas. En esta ocasión, el presidente le solicitó acompañar a la delegación mexicana al senador Héctor Vasconcelos que pertenece a otro poder, pero resulta que es familiar de don José Vasconcelos. Él aceptó: una, por el orgullo de representar a México, y dos, porque se trataba de su padre. Es distinto, ¿me explico? Si mi presidente me pide que yo le ayude en una tarea y vaya en su representación a alguna actividad, sí, pero puede pedírselo a un académico, puede pedírselo a otras personas. Estoy a sus órdenes.

SS: **Claro, pero algunos de esos viajes han sido bastante importantes, como el de Chile...**

BGM: Sí, por el tipo de mensaje que él desea emitir. Si considera que yo conozco algo o puedo aportar en esto otro, me lo pide a mí; si no, a otra persona.

SS: **¿Por qué cree que existen aún primeras damas, sobre todo en América Latina?**

BGM: Serán reminiscencias de aristocracias pasadas, qué se yo... Cada país tiene sus propias condiciones y circunstancias. En mi caso, yo tenía un trabajo y consideré que yo no tenía por qué dejar mi trabajo para acompañar a mi esposo que cambió de trabajo. De esta forma, lo importante es decir a las mujeres que, por necesidad, por circunstancias, por sus propios deseos y anhelos, no tienen que dejar de hacer lo que les gusta o necesitan hacer, para asumir unos roles que incluso pueden ser ajenos a su voluntad o a sus deseos de cooperación.

Entonces por respeto a mí misma (por eso te hablaba de mi conciencia), yo me asumí como ciudadana, como lo que soy. No pertenezco al ámbito político, estoy desde luego en una causa política, pero tengo una ruta personal; circunstancialmente acompaño a una persona que triunfó en las elecciones y estoy en total disposición de ayudarlo, pero eso no tiene por qué cambiar mi aspiración personal.

SS: ¿Cómo aprecia usted los cambios que ha querido echar a andar Irina Karamanos con la figura de la primera dama en Chile?

BGM: Chile, no sé exactamente cuál era el proceso por el cual se encontraba. No lo conozco a detalle. Lo más importante, creo, en el caso de ella es la congruencia. Irina ofreció entrar a mirar, revisar lo que ella llama «el rol» y descubrir que pudo hacer algo como transformar estas fundaciones que dependían de la oficina de la «primera dama» y llevarlas a los ministerios correspondientes; después, retirarse. Esto lo considero un gran aporte. Tú puedes cambiar las cosas desde fuera o desde dentro y yo decidí desde el inicio proceder sin entrar siquiera a ver. Y te mencionaba que no doy entrevistas porque pienso que lo más importante no es lo que dices, sino lo que haces, esa es la congruencia.

Para cerrar este episodio, el 20 de noviembre de 2022 le escribí a Samantha un mensaje privado a través de Twitter, en relación con la entrevista de la cual solo publicó dos renglones:

BGM: Hola, Samantha... Tanto para nada. Respetuosamente, te concedí una entrevista, cosa que nunca hago, para que terminaras eligiendo un párrafo de algo que ya he dicho en el pasado. Quizá no eres tú. Pero por cuanto hace a mí, confirmo: no vale la pena gastar el tiempo concediendo entrevistas que no publican (hablo en general), que no se leen (no tuvo trascendencia ninguna) y que no discuten lo importante. Somos mujeres del siglo XXI, no del Barroco. Saludos.

Y bueno, puesto que no publicaste mi entrevista, y repito, no doy entrevistas, si me conviene en algún momento, te aviso que la daré a conocer. No lo sé aún porque no me interesa gran cosa ser pública, pero sí emitir el mensaje que te di. Suele ocurrir que los periódicos estadunidenses ven menos a los latinoamericanos. Esta entrevista mostraba algo avanzado en materia de respeto a las mujeres. A los estadunidenses les gustan las *first ladies* como periodismo rosa. Es una pena, pero así es. Con este «reportaje» publicado, hasta Irina quedó como una *millennial* indecisa y soberbia. Los cambios que ocurren en América, por esta especie de colonialismo periodístico, seguirán siendo vistos como de «segunda» irremediablemente, al parecer. Es una pena, siendo tú una dama que rompe paradigmas al dedicarse a tan noble profesión. No es personal y quedamos tan amigas como siempre. Suerte en todo.

SS (respuesta el 28 de noviembre de 2022): Hola, Beatriz. Lo siento que hasta ahora he podido responder. Estoy en Ucrania cubriendo la guerra, con muy poco internet. Lamento que no le gustó el artículo. Al final, mi editor me dio muy poco espacio en la nota, y tuve que cortar mucho de su entrevista y de mis entrevistas con Irina. Pero al final yo siento que escribí una nota completa y justa, que abre un debate importante y que ha sido recibida con mucho interés y admiración en los Estados Unidos y en otros países. Yo no estoy de acuerdo en que Irina salió indecisa y soberbia, pero gracias por ofrecer su perspectiva. Agradezco la oportunidad de haber hablado con usted, y espero que podamos cruzar caminos en otro momento. Saludos cordiales desde Ucrania.

BGM (respuesta 28 de noviembre de 2022): Cuídate. Suerte en todo.

SS: Muchas gracias, igualmente.

¿Algún lector mexicano se enteró de esta entrevista? ¿La reprodujo algún medio? No, no. Yo me enteré preguntando a Irina. La conversación con Samantha, por cierto, de nacionalidad costarricense, fue una excepción a mi regla. ¿Para qué dar entrevistas si no las publican? Acerté en mi suposición. Sin embargo, en aras de apoyar el proceso que había emprendido Irina en Chile, acepté hacer estas declaraciones. Y así es, no hay nada que me sorprenda y menos de *The Washington Post, The New York Times,* y otros medios que se oponen a cualquier proceso progresista de transformación.

Al igual que acontece con la mayoría de los medios mexicanos, la consigna es no publicar lo que favorezca al mandatario de mi país. Al contrario. Federico Arreola resumió en noviembre de 2023 la realidad de los medios con AMLO: nada bueno. Fueron amables con otros presidentes y con el actual, «insultan y calumnian» hasta a su familia. Reconoce que hay excepciones, pero hoy «las redacciones autorizan golpearlo con saña, inclusive con mentiras y ofensas que no pocas veces afectan a su esposa e hijos».[47]

De vuelta con *The Washington Post* e Irina, se publicó una simpática y aguda columna de Kate Cohen, el 21 de noviembre de 2022.[48] Cohen opina que el papel de primera dama es «sexista o antidemocrático, o ambos»; sus responsabilidades son «confusas» (se refiere a Estados Unidos, y supongo que al resto de países que usan la figura) «y no está definida por un estatuto, sino por una tradición que data de Dolley Madison», la primera estadunidense en hacer esas funciones.

Cohen describe cómo es el papel de la primera dama en la Unión Americana: es un «trabajo exigente de tiempo completo sin paga» y con propósitos ceremoniales, y quienes lo han hecho se ayudan con personal a su cargo. Por tales motivos, defendió las razones de Irina y coincidió en que con su proceder «está ejerciendo su derecho a desempeñar el papel principal en su vida en lugar de un papel secundario en la de su pareja». A la vez, se coloca del lado del derecho a recibir «remuneración económica por su trabajo».

Haya o no «primera dama», esa es la realidad: la esposa de un presidente trabaja todo el día para asistirlo en caso de necesidad. En mi caso particular, se suma mi profesión, y que ayudo aquí y allá, de manera voluntaria. Es un trabajo invisible la mayor parte del tiempo. Se piensa —quizá estoy equivocada— que en mi vivienda hay decenas de manos ayudándome a no sé qué tantas cosas. No es así. También soy ama de casa a mucha honra. Todos los días estoy trabajando en cosas domésticas. Vivimos tres y cuento con una ayudante que está conmigo desde hace más de diez años.

En México, se avizora que habrá una presidenta mujer. Estoy segura de que su esposo no tendrá más opción que ayudar, apoyar, contribuir. Será necesario. Asimismo, su camino será menos pedregoso que el mío: como es hombre, ya llevará en sí mismo la ventaja de no tener que hacer tantas aclaraciones como las hacemos las mujeres. No creo que su traje de gala en la noche del 15 de septiembre, «Día del Grito de Independencia», acapare titulares (quién lo confeccionó, quién lo maquilló, de qué marca son los zapatos), ni le reclamen tener su propio trabajo; antes bien, lo admirarán por su independencia laboral y su independencia económica, no subordinada a la esposa. Ni de broma me imagino a ese caballero redactando, al final del sexenio, una paráfrasis de este libro que se llamara «Masculinismo silencioso». Él puede ser más radical que yo: llevar al extremo su desvinculación del Gobierno porque no será funcionario público. Si acaso, se trate del esposo que sea, le recomiendo averiguar si su empleo no genera un conflicto de interés. Le irá mucho mejor que a mí. Estoy absolutamente segura de ello.

Decisión de dos

En las búsquedas sobre estos temas de la «primera dama» y las esposas de gobernantes, encontré a Soledad Quereilhac, esposa de Axel Kicillof, gobernador de Buenos Aires. No tengo el gusto de conocerlos. En febrero de 2020 Soledad compartió sus opiniones sobre estos temas y me sorprendió la coincidencia: «Yo no creo en el rol de primera dama. De ninguna manera podría pensarme como "primera" frente al resto de las mujeres de la Provincia por el solo hecho de estar casada con quien fue electo para gobernar cuatro años. Eso no es ningún mérito».

No puedo estar más de acuerdo. Casarse con el presidente municipal, con el gobernador, con el diputado, con el senador, con el presidente de la República no es ningún mérito político. Es, como ella indica, una «elección amorosa, muy feliz, por cierto. Pero no es un título. A mí nadie me votó…».

Soledad agregó en aquel año: «el término "dama" connota una discriminación de clase inaceptable».[49] Vuelvo a coincidir.

Somos mujeres y todas iguales. Leyendo sus declaraciones, supo de mi decisión en 2018 y la compartió: «sentí mucha felicidad [...] porque entendí que el inicio del ocaso de la figura tradicional de "primera dama" era sentido y nombrado por mujeres de otros países».[50]

Mi decisión marital es de dos, de nadie más. Mujeres y hombres somos iguales ante la ley mexicana. No hay, repito, mujeres de primera y de segunda, como tampoco hay hombres de primera ni de segunda. Lo que diferencia, si acaso, en el terreno político a unos y a otras es su responsabilidad pública. El presidente es quien tiene la responsabilidad más grande de entre todos los cargos de elección popular del país. Por ende, nos guste o no nos guste, sus cercanos también tenemos que actuar en consecuencia.

Con estas pocas palabras apelo al argumento de tradición o de tradicionalidad. Por tradición se pueden legitimar prácticas en desuso o comportamientos ilegales o perniciosos. Es valiosa y hay que auparla cuando tal tradición se realiza para bien de los demás; por ejemplo, para recordar los más importantes acontecimientos históricos de una nación, como nuestro famoso «Grito de Independencia» del 15 de septiembre de cada año; o ceremonias cívicas que nos recuerdan qué nación heredamos, qué o quiénes han propiciado los cambios y por qué, y a quiénes debemos honrar y agradecer. El «así era cuando llegaste» no legitima la tradición. Hay usanzas en México que no deben existir más, como aquella de manipular elecciones, sustraer a manos llenas recursos de las arcas nacionales para engrosar el peculio, utilizar cargos públicos para la promoción personal, censurar a la opinión pública, acallar a los medios con emolumentos extraordinarios, hostigar y espiar a la familia de dirigentes políticos, y un largo etcétera.

EL PACTO NO ESCRITO

Sobre el tema de las entrevistas, que evado tanto como me ha sido posible, te comparto una anécdota reciente, de enero de

2023, cuando me encontré con Sabina Berman en una reunión con mujeres en la que tuvimos como invitada especial a la doctora Jill Biden. Palabras más, palabras menos, el diálogo fue así: «¿Cuándo me das una entrevista?», me preguntó. La abracé y respondí: «No creo, querida Sabina. Lo que ustedes quieren preguntar no es necesariamente lo que yo quiero decir. Además, las entrevistas que me hacen, no sé por qué, suelen terminar en la congeladora». Agregó, sorprendida: «¡Yo no haría eso…! ¿No crees que antes podríamos ponernos de acuerdo sobre qué quieres expresar?». Rematé: «Ustedes los periodistas, tú, no tienen idea de qué preguntas sería preciso plantear para mí. Entonces, prefiero seguirme interrogando y respondiendo a mi manera».

Este libro es mi respuesta a mis preguntas. Es el producto de una profunda autoentrevista realizada a lo largo de más de cinco años de gobierno sobre un tema específico.

Aquí cabe hacer notar que los corporativos de comunicación, sus dueños, informadores y yo consumamos una especie de «pacto» no escrito: ustedes hacen como que no existo y yo también. Lo entendí más o menos en 2019. Salvo algunas excepciones, muy pocas, y por lo común para inventar (como ese García Soto), jugamos el mismo juego. ¿La razón? Desde el inicio revelaron que iban a *transferir* cualquier rostro ligado al presidente… al presidente. Que crearían todas las falacias posibles porque, no gustándoles el nuevo régimen ni el líder, habría que suponer los viejos esquemas: ella delinquirá, se postulará a cualquier cargo, la cacharemos en una movida ilegal, seguro cae con esto y aquello, lo que ella haga no deberá gustarnos, busquemos qué nos disgusta… y así. Con intuición, yo di el primer paso el 28 de mayo de 2018: no me verán en el Gobierno, ayudaré en lo que sea posible, me ceñiré a ser lo que soy (una ciudadana), no aspiraré a cargos de elección popular, continuaré mi trabajo académico y atenderé a mi familia. Y así ha sido.

Esta relación de ignorancia y desdén, bien mirada, es inverosímil en una democracia, y más aún en pleno siglo XXI. Lo mejor es que no me propuse nunca disputarles un solo encabezado noticioso. Sin embargo, en un futuro, cuando alguien revise este periodo de la historia de México, tendrá que revisar este distópico vínculo entre la esposa de un presidente y los medios de comunicación. Pero lo más importante, a mi parecer, será la discreta formalización de un nuevo pacto con el pueblo de México; en particular, con las mexicanas.

Se ha acabado, por mi parte, la disputa marido y mujer por el poder y el ejercicio indebido de funciones y de presupuestos que, dicho sea de paso, no aparecen en ninguna ley; ha terminado, para mí, un tipo de aristocracia presidencial que se beneficia del lugar que ocupa para perjudicar a los mexicanos. El Gobierno no es una élite ni la oportunidad para el lucimiento personal de la familia. Por el contrario, es una posición de alta exigencia que debe ir acorde y en consonancia con la prédica de quien sí fue elegido en las urnas.

Me propuse ser parte de la transformación del país con la actitud y los hechos, no con discursos. Ha sido un largo caminar de generaciones para lograr que gane el que tiene más votos y no el que hace más trampas; luego, con toda la intención de contribuir, aunque haya sido en una mínima parte, he hecho lo que he podido para robustecer la democracia participativa y transparente, la igualdad entre nosotras y la fraternidad de todos.

El lector, la lectora, tiene la última palabra. Todos estamos interpretando a cada segundo. El lenguaje y el silencio (que también habla) significa y define; se modifica, hay que actualizarlo. Un libro, sin embargo, debe terminarse, abrirse camino e independizarse de su autor. Dicho de otro modo, debe llegar a su fin, aunque nunca sino hasta el lecho de muerte, sea posible determinar, para ti ni para mí (autora, en este caso), la totalidad de mi ser, mi circunstancia, hoy y aquí. Juzga tú, lectora.

VIII
HUMANISMO

Este capítulo puede parecer cojo o breve. La brevedad no es en sí mala si es sustanciosa; de hecho, «ir al grano» es muy útil, aunque si así fueran todas las relaciones interpersonales, nos perderíamos de los fabulosos cortejos verbales que hacen de la vida un acontecer lingüístico bello, bueno, noble, sincero, valioso, simpático, y muchas otras cualidades. La cojera verbal no es tampoco infructuosa. Una excusa breve es que se tratan temas tan amplios, como el que aquí quiero abordar, que en sí mismos podrían constituir un solo libro o la primera parte de una colección.

Te recuerdo, lector, lectora, que quien escribe se fue por el rumbo de las humanidades como discípula y, en detalle, se dedica a trabajar con las palabras, por las palabras y a reconocer al lenguaje como el arma más poderosa para enlazarnos entre nosotros. Amo a las palabras en todas sus formas: artísticas, políticas, melódicas, callejeras, a la manera de un parloteo del que no se oye nada; aprecio los silencios, los murmullos, los susurros, los suspiros; todo es voz.

Amo la expresión de la mente humana que se manifiesta a través del lenguaje. Quise ya antes dejar claro que somos lo que hablamos, así que, *para conocer al ser,* es preciso descifrar sus códigos verbales y no verbales; su entonación, su ritmo, su énfasis, sus pausas, su función en el complejo esquema comunicativo. Para comprenderlo, es preciso conocerlo bien.

La palabra tiene tantas maneras de hablar que solo quienes no quieren escucharla se la saltan, la evaden, huyen, se hacen los sordos. Incluso me refiero a las palabras reunidas y acomodadas conforme a nuestra lengua para escribir una hipótesis, un recado, una noticia; describir una estrategia, un documento oficial, un guion cinematográfico, un aviso, ¡redactar una carta!, ¡un poema!

Para bien o para mal, según se vea, mi formación humanista ha gravitado alrededor de doctrinas, metodologías, enfoques, marcos teóricos y corrientes europeas. En mis publicaciones no predominan filosofías del lenguaje originarias de México, aunque es verdad que desde mi país y en Latinoamérica se ha hecho poco por conformar un corpus teórico regional (si se me permite usar este vocablo para un territorio tan grande) sobre el lenguaje. Esta es una deuda de los lingüistas y filósofos del lenguaje.

No ha sido mi objetivo, hasta ahora, estudiar las letras o los lenguajes particulares (idiomas, sujetos, géneros), sino, como mencioné antes en algún momento, comenzar por el acontecimiento político, social, cultural y el lenguaje que lo precede, lo acompaña y resulta, siempre con la característica de ser novedoso y con la cualidad de interrogar sobre las pretensiones, en particular, de aquel vinculado a la literatura. Creo que los sucesos relevantes son sucesos lingüísticos y en paralelo se registran sucesos estéticos (letras, artes) localizados en un lugar y un tiempo.

Tampoco he abordado los temas que investigo desde una perspectiva de género ni llevo a cabo «investigación feminista». Coincido con José Domínguez Caparrós en que «hablar de crítica [literaria] feminista es hablar de algo difícil de definir, si se quieren concretar en métodos bien precisos y tesis claramente enunciadas».[1]

Para mí la obra literaria (poética, narrativa, ensayística) es del público. No interviene ya más el autor; la obra impresa se libera de él y sigue su camino. Estudiar un discurso, un texto, por supuesto que obliga a conocer al autor o indagar sobre él (anónimo, hombre o mujer) tanto como que hay que revisar de manera exhaustiva en qué situación se verificó. Pero ese estudioso o estudiosa debe penetrar, sobre todo, en la obra y hallar el sentido de ella.

Lo anterior, en el ámbito musical, según mi interpretación, es lo que Jim Morrison trataba de decir cuando se resistía a grabar.

Al dejar una canción fija, canonizada, se ha sellado la recreación continua, la improvisación, la modificación y se ofrece una versión definitiva de ella. Sin embargo, tuvo que aceptar que las reglas del juego en la industria musical implicaban eso: grabar. Lo mismo ocurre a los autores. Algún día tienen que colocar el punto final. Cuando la obra sale impresa, la obra comienza su vida de manera independiente a su creador. Esa será la suerte de este libro, por supuesto.

Con las explicaciones precedentes y a propósito del tema «feminismo silencioso», en ningún momento puede quedar fuera de mi reflexión el humanismo porque el primero está bajo el techo del segundo.

¿Qué es el humanismo?, ¿qué es para las mujeres?, ¿qué es para una sociedad en el siglo xxi? Cuando mencionamos esa palabra, ¿qué está entendiendo cada cual o, al menos, un tipo de grupo, una comunidad, una región? Es un vocablo como muchos otros (amor, libertad, justicia) que no puede ser empleado a granel. Y aquí no podré extenderme. Desmenuzar el sentido que tiene el humanismo en mi cabeza es una cruzada que requiere muchas más páginas que las que aquí quedarán impresas.

Humanismo, para unos, será tema de estudio; para otros, un tipo de educación recibida desde la infancia; algunos más podrían asociarlo con una valiosa tarde dispensada con amistades, a pura carcajada, platicando tonterías... porque la risa es humana como las lágrimas, los miedos, las angustias. Somos animales, es preciso recordarlo. Las mujeres tenemos mucha capacidad de humanizar, en buena medida, cuando llegamos a ser madres. Puede haber, por otro lado, quien vea a esa palabra como sinónimo de un trabajo (ayuda humanitaria), por ejemplo, ligado a sucesos catastróficos o eventualidades relacionadas con la geografía, la política, la publicidad, qué se yo; sí, la lista es larga.

Pero no puedo abordar el feminismo silencioso sin aclarar que no son cosas separadas. Me limitaré a exponer la relación humanismo-maternidad (paternidad), cómo imagino a una mujer humanista y los riesgos de caer en narcisismos en el intento de hallar, a como dé lugar, distingos particulares de los seres hu-

manos si todos somos una misma humanidad que está indagando todo el tiempo las mejores maneras de vivir.

La maternidad (paternidad)

Pienso que la maternidad es el mejor camino para llegar a ser
mejores personas. Ser una buena persona es crucial. La ética no es
privativa de una clase o de un nivel educativo. Los dilemas nos
pertenecen a todos. Una distinción evidente entre hombres y
mujeres es que nosotras no tenemos todos los años del mundo
para ser madres; los hombres sí. Eso que llaman «reloj biológico»
nos emplaza. Es una orientación para los organismos vivientes;
es parte de un ciclo espaciotemporal. No lo tienen concienciado
las niñas como las adultas; es distinto para las jóvenes y para las
mayores.

Hace un par de años, cuando trabajaba en una investigación
de Gabriela Mistral, quien radicó en México de 1922 a 1924, me
sorprendió enterarme de que ya se preocupaba desde entonces
al saber que muchas mujeres huían de la maternidad. El día que
le tocó conferenciar ante estudiantes de la Escuela de Medicina
de México, el 8 de agosto de 1922, compartió algo que me sigue
haciendo reflexionar:

> En mi vida he podido observar que, en todo hombre malo o rudo,
> se descubre un hombre que no sintió los terciopelos de la ternura
> maternal. Esos hombres fueron huérfanos de niños, a pesar de
> haber tenido madre, y esta es una inevitable consecuencia de la vida
> social de la mujer actual [...] Ahora la madre, no quiere ser madre.
> [Me] he sorprendido con gran dolor [escuchar] en boca de una
> gran dama estas palabras: «Aquella mujer es una ruina»; [yo digo:]
> naturalmente, como que ha criado siete niños.[2]

Ella quería llevar a aquellas jovencitas a «resucitar el sentimiento de la maternidad» porque esa es «la misión de las médicas».
Conmueve Mistral con lo siguiente:

El hombre no olvida nunca una niñez dolorosa. Yo puedo jurar a ustedes que daría todos los años que llevo de tranquilidad y los que me resten, por haber tenido una niñez feliz. La niñez triste es la mayor desgracia. Los más grandes dolores de mi vida han sido cuando he tropezado en ella con las penas de los niños. Ellos sufren y sus espíritus guardan un imborrable dolor. Esto hay que borrarlo. El niño es un regalo de Dios que da al hombre para que haga una Humanidad mejor, más buena.[3]

Gabriela Mistral no tuvo hijos.

Por fortuna, en nuestro tiempo, la maternidad es una opción, es una posibilidad; es decir, a ninguna mujer se le obliga a tener hijos o no. Para mí, confieso, es un regalo.

Por otro lado, haber descriminalizado el aborto ha sido un paso gigante. No era sostenible que las mujeres embarazadas en México fueran señaladas con el dedo índice por prejuicios morales, luego sancionadas por la *vox populi* y encima juzgadas por la autoridad como asesinas.

Dio a luz: silencio

ya solo hablará
la lengua
de los muertos.

JETZABETH FONSECA[4]

Guiada por la querida Mistral, se trata de amar a los hijos. No es dar a luz y trabajar por ellos solo a partir de la crianza; menos aún, maltratarlos, abajarlos, no enseñarles valores o no ayudarles a construir su amor propio, extensivo a la familia y a la patria. Entregar a una criatura no deseada en adopción debe ser una de las más difíciles decisiones. Aquí se entrelazan dos mujeres: una asume que no puede cuidarlo; otra lo recibe con ilusión. Cada una sabe dentro de sí qué es lo correcto. Las circunstancias más íntimas que rodean esta escena no las conoceremos nunca. No debemos juzgar.

Para mí, la maternidad puede permitirnos ser mejores hijas también, porque al fin se entendió que nuestra mamá solo tuvo para nosotras buenas intenciones. Dudo que haya alguna que haga lo que hace —por más dañino que resulte para sus hijos— pensando en perjudicarlos con alevosía y ventaja.

Nuestras madres son tan individuas como tú o yo; cada una está en una circunstancia que ignoramos; proceden conforme a lo que consideran lo mejor, no lo peor. No vivimos dentro de su cuerpo o de su mente porque es fisiológicamente imposible. Tampoco esa madre nos sustituye o se transfiere en nosotros.

Sin duda, nos equivocamos todo el tiempo; así también nuestros padres y nosotros como padres y madres. No somos máquinas perfectas. Somos tan brillantes, amorosas, falibles, desconfiadas, severas, exageradas, descuidadas o intensas como lo fueron nuestros padres.

> Después, yo he sido una joven, y después una mujer. He caminado sola, sin el arrimo de tu cuerpo, y sé que eso que llaman la libertad es una cosa sin belleza. He visto mi sombra caer, fea y triste, sobre los campos sin la tuya, chiquitita, al lado. He hablado también sin necesidad de tu ayuda. Y yo hubiera querido que, como antes, en cada frase mía estuvieran tus palabras ayudadoras para que lo que iba diciendo fuese como una guirnalda de las dos...

«Evocación de la madre»,
GABRIELA MISTRAL[5]

UNA MUJER HUMANISTA

Si somos seres humanos, inferir que, por lo tanto, somos humanistas es una falacia. Las enseñanzas que recibimos o hacia dónde optamos por consagrar nuestros esfuerzos de vida no significan que tengamos calidad humana. En teoría, el ser humano tiende al bien. Este ha sido tema de miles de años si seguimos la pista a documentos y libros antiguos.

Una mujer humanista es consciente de sus actos y por lo tanto responsable de ellos. La conciencia de qué es el bien y cómo inclinarse a él no es un apotegma, sino un proceso vital. Cruza la línea de las creencias, de la ciencia, de los mitos, de la fe, de la familia, de los entornos y de la cultura (otra palabra que no puede ser usada como miscelánea). Asimismo, la conciencia pertenece a un lugar y a un espacio: está en un yo, en un nosotros, en un aquí y un ahora.

Cuando una mujer humanista no es consciente de sus actos, necesita ponerse a trabajar en su cabeza. Si somos lo que decimos y lo que hablamos, es imprescindible revisar una y otra vez nuestro propio comportamiento ante nosotras y los demás. Es insostenible esta contradicción: de adentro hacia afuera soy una; de afuera hacia adentro, otra. No, no.

Desde luego hay circunstancias que nos llevan a capotear los incidentes externos que nos interpelan o exigen que obremos de un modo u otro, pero volver al centro de la conciencia no puede aplazarse por mucho tiempo. Siempre hay que volver a nuestro centro.

¿Qué no puede hacer una mujer humanista? Puede tratarse de lo que llaman «políticamente incorrecto»; es decir, actuar de modo racista, clasista, soberbio y autoritario. Pero solo la comprensión de que el prójimo está en la misma lidia con la vida nos permitiría rectificar y comprender. Estudiar y cultivarse es importante.

No se puede opinar ni obrar si solo nos mueven los prejuicios y las pasiones. Para algo es el pensar. Y el racismo, el clasismo, la soberbia y el autoritarismo, entre otros, constituyen supremacías que no tienen fundamento en ningún campo de la ciencia; es decir, no hay ninguna precondición biológica ni legal, por decir lo menos, que validen la existencia de mujeres superiores o inferiores. Sí hay quienes se sienten así y así actúan, ¡claro!, ¡sí, con ese derecho se justifican las guerras! Pero somos los otros quienes debemos limitar a los demás tanto como los demás nos limitan a nosotros. Autolimitarse es imprescindible. En cada época (de vida, de la vida, de la historia), esos horizontes se abren, se estrechan, se cierran; vuelven a darnos la bienvenida, a apretujarse y luego a momificarse, así es. La autorregulación humanista pasa por la comprensión de sí y del otro, y para comprender, hay que ocupar nuestro lugar y el del otro todo el tiempo.

El feminismo humanista por el que hay que abogar hoy no difiere mucho de los principios del pasado más remoto. Es amor, igualdad y libertad. Que cada uno agregue (somos libres) el valor que pondera. No hay grupos en particular que sean mayores al humanismo que somos todos. Considero que hay que revertir la tendencia a defender microcausas para alcanzar las grandes causas. El feminismo no es una microcausa, somos la mitad del mundo.

La distracción que propicia el detenerse en microcausas es deliberada. Lo expreso claro: viene de fuera, de lejos, de caras anónimas que saben de la efectividad del «Divide y vencerás».

Aunque tengamos nuestra agenda personal o grupal y estemos poniéndola por delante, es preciso no distraerse durante la lucha por las causas cardinales. Consignar las periferias es útil también, pues señala algo concreto; por ejemplo: las mujeres que trabajan necesitan apoyo para encargar a sus hijos si no hay nadie en la familia que pueda asistirlas. Pero nos podemos quedar en el ribete para evadir, con conciencia o sin ella, el vórtice donde nace el huracán: todos somos iguales, pero no todos somos tratados como iguales.

Todorov, en el capítulo «Un humanismo bien temperado» de *Nosotros y los otros*, afirma algo muy valioso para mí: «yo prefiero la búsqueda de la verdad antes que la posesión de ella».[6] Me he hallado en estos caminos de la comprensión de mi circunstancia, del humanismo al que aspiro que vivamos en nuestro tiempo, y continúo preguntando. Hay asertos que defiendo desde hace algún tiempo; pero, como Todorov, es mejor seguirse interrogando. En las conclusiones de dicha obra afirma, como yo al inicio de este libro, que «los seres humanos no son solamente individuos que pertenecen a la misma especie; forman también parte de colectividades específicas y diversas, en el seno de las cuales nacen y actúan».[7] Para él, esa colectividad específica y poderosa es la nación. Y aclara:

> Pertenecer a la humanidad no es lo mismo que pertenecer a una nación [...] e, incluso entre estos dos aspectos, hay un conflicto latente que puede llegar a hacerse abierto el día en que nos veamos obligados a elegir entre los valores de la primera y los de la segunda.[8]

Puede ser que tenga razón, no lo avalo del todo por ahora. Sin embargo, todos somos parte de la especie humana. Duele o festejamos más, es cierto, algo que acontece en nuestra nación. Sobre lo humano, que es lo que más me interesa destacar, Todorov pone de relieve que todos los seres humanos «se ven influidos por el contexto dentro del cual vienen al mundo, y este contexto varía en el tiempo y en el espacio».

Entre otras razones, por lo que he expuesto hasta esta página, este libro hace énfasis en el aquí y en el ahora. Yo, nosotros, en nuestro tiempo, en nuestra circunstancia. Cambia el contexto y el yo se modificó. No se puede persistir en una conducta que, por decir lo menos, no ayuda a la supervivencia. Hay que ponernos en el lugar de quien juzgamos, o al menos intentarlo. Es muy fácil hacer solemnes declaraciones sobre el prójimo sin tomar en cuenta su entorno y las posibilidades o no que tenía a la mano; no se diga de grupos humanos: ¿por qué no comprender, por ejemplo, la migración hacia Estados Unidos vía México y encontrar las causas, en vez de detener esas olas humanas que buscan un mejor porvenir?

Narcisismo, un riesgo

En el humanismo no cabe la egolatría; en el humanismo feminista, menos. Cabe el ego sano que aprende, se cura, se expone de nuevo, se defiende, se vulnera, se repone, se fortalece, y así, hasta el fin de los tiempos.

La suma de individualismos exacerbados no conforma un humanismo; por el contrario, lo disuelve. Todos los que se presentan como víctimas —no dudo que lo sean, aclaro— llevan en sí, aunque sea imperceptible, algo de vanidad cuando enuncian: «Solo yo sufro» o «Yo sufro más». La vida es dura para todos.

Tampoco el narcisismo individual ni social conforman principios humanistas, como lo distinguió Fromm. Esta forma de ser —reconoce— es útil para sobrevivir, pero converge en otros riesgos. Por ejemplo, trasladarlo al narcisismo de grupo en donde «el clan, la nación, la religión, la raza, etc., sustituyen al individuo como objetos de pasión narcisista».[9]

El narcicismo individual herido, explica el famoso psicólogo, puede llevar a una «cólera explosiva»: «el mundo exterior no es un problema para él, no lo abruma con su poder, porque él consiguió ser el mundo, sentirse omnisciente y omnipotente».[10] Herido, se muestra furioso, se deprime.

El narcicismo social, a su vez, juega entonces un papel muy destacado «como fuente de violencia y de guerra». Cuando es para mal (porque hay narcisismo benigno, aclara), desata el racismo: un grupo se siente superior a otro y veta al que no sea de su estirpe.

El humanismo es más que el feminismo. Soy consciente de que mis palabras incomodarán a más de un lector. Pero las mujeres no somos minoría y humanos somos todos. Si nos asumimos iguales jurídicamente, o civilmente al menos, no cabe la petición de medidas específicas, salvo que haya situaciones especiales para auténticas minorías.

Veo bien que los diversos feminismos aboguen por derechos específicos o expongan situaciones concretas. Expreso mi apoyo a estas causas; incluso se necesitan porque, aun en los grandes sucesos como los que van a quedar inmortalizados en los libros de historia, hay quienes llevan a cabo tareas importantísimas, pero no percibidas ni valoradas a la luz de los personajes o hechos que se conmemoran o contra los cuales se protesta: alguien que vigilaba las entradas, otro que llevaba a sus lugares a los invitados (refugiados), algunos (más bien muchos) que recogían la basura, y así.

Acometer la tarea de hacer bien algo en defensa de un tema delimitado es excelente porque pondremos en ello cabeza y corazón. Pero ¿esa acción tan específicamente noble resolverá el todo problemático que se intenta abolir? Puede tomar tiempo y es imprescindible enarbolar un tema delimitado (para ello se luchó antes, supongo: por la significación de ese específico asunto para no correr el riesgo de la incomprensión de la causa). Sin embargo, verse el ombligo todo el tiempo no nos llevará a profundizar.

Profundizar y alegar sobre algo de manera crítica y responsable provoca las acciones más firmes y convincentes que puedas conocer. Debes creérmelo. A mayor conciencia sobre para qué es la lucha, menores posibilidades tenemos de contradecirnos. También creo que hay que luchar por una o dos causas nada más y, si es preciso, dar la vida por ello. ¿Cuál sería una causa superior para ti y cuán firme te sientes para enarbolarla toda la vida? ¿Morirías por ella?

Las mujeres no somos inferiores a los hombres, ni en capacidades mentales, físicas, espirituales u otras. Somos iguales. Somos diferentes en algunos procesos biológicos, pero nada de otra vía láctea. Todos somos ciudadanos del mundo. Lo que concierne a los demás también a nosotras, porque nosotras también estamos en la cabeza de los demás. La humanidad futura debe concentrarse en los antiguos temas que todavía tenemos que resolver, los cuales han sido una tarea pendiente desde hace milenios: la bondad, la caridad y la igualdad. Antes coloqué por encima otro trinomio: el amor, la libertad y la igualdad. Todos son valores o sueños que no caducan jamás.

IX
LA CONGRUENCIA

Hay que pensar antes de hablar.

Si se ha de hablar ante un público, hay que re-pensar.

La demostración de nuestros dichos está en nuestros actos.

Solo hay que hacer las cosas importantes y ya. Que ruede el mundo.

X
POSDATA

Como he tratado de explicar, nada se escribe fuera de su contexto: ya te he revelado cuál es el mío, no importará mucho mi nombre, sino qué papel he jugado en esta historia y las reflexiones que me dejó un modo de vivir durante un tiempo especial.

He escrito *durante*, no *después*.

Si vuelvo a este libro en el porvenir, como he sugerido por ahí, doy por hecho que muchas afirmaciones me harán reflexionar de nuevo, algunas serán atenuadas; otras, confirmadas o subrayadas, o, de modo llano, estas líneas me revelarán con más claridad qué se arremolinaba en mi cabeza en esta época, una estación en la que, de modo sincero y desinteresado, me concentraba en cumplir con una responsabilidad que no pedí, y que traté de asumir de manera comprometida junto con mis limitaciones humanas. Si pudiera condensar en algo *mi estar* en el sexenio, una sugerencia para ti sería escuchar *Cantus in memoriam Benjamin Britten*, de Arvo Pärt. Así he sonado por dentro al iniciar, durante y al finalizar.

Enlisto diez aprendizajes que pretenden ser una aportación para quien los quiera tomar. Acompañando a otro y con la diligencia que pude hallar, asumí un «trabajo» extraño, indescriptible, fuerte. Nadie votó por mí, pero acabé en el estrado.

México ha cambiado tanto que hemos llegado al punto de que lo gobernará una mujer. La Constitución no establece como requisito su estado civil. La Presidencia de la República no es de género ni de profesiones. Quien se encuentre en este gimnasio, en una de esas, tal vez descubra una viga más gruesa y segura por donde ejercitar el equilibrio.

PALABRAS AL OÍDO

1) LAS CIRCUNSTANCIAS ME HAN COLOCADO AQUÍ Y SERÁN ELLAS LAS QUE ME DESPEDIRÁN. «¡MUERTO EL REY, VIVA EL REY!».

2) EL CENTRO DE LA ATENCIÓN ES EL O LA PRESIDENTA POR QUIEN VOTARON. NO ERES RESPONSABLE DE SUS ACTOS, PERO SÍ DE LOS TUYOS, AUNQUE LA SUMA DE AMBOS RESULTE DE ALTA INCIDENCIA EN EL ÁMBITO PÚBLICO. ES INDISPENSABLE ASUMIRLO.

3) DESPÍDETE DE LA PRIVACIDAD. DEFIENDE CON UÑAS Y DIENTES EL PEQUEÑO ESPACIO QUE NECESITARÁS.

4) PROCURA JAMÁS PONER TUS DESAVENENCIAS O DIFICULTADES POR ENCIMA DE LAS DE TU PAREJA NI DE NADIE MÁS.

5) LA MEJOR MANERA DE AYUDAR ES NO SIENDO EL PROBLEMA.

6) LA MEJOR MANERA DE AYUDARTE ES ATENDIENDO TUS PROPIAS COMPLICACIONES DE MANERA EXPEDITA. A DIARIO HAY OBSTÁCULOS, DILEMAS Y SOLUCIONES QUE REQUIEREN RESPUESTA INMEDIATA.

7) NO ERES INDISPENSABLE. A CASI NADIE LE INTERESA QUIÉN ERES. NO VEAS ESTO COMO UN ATAQUE A TU PERSONA, SOLO QUE ES PRODUCTO DE LAS CIRCUNSTANCIAS. SERÁS TRANSFERIDO TODOS LOS DÍAS.

8) TEN A LA MANO LA MAYOR CANTIDAD POSIBLE DE MANUALES DE SOBREVIVENCIA. PARA LOS SISMOS HAY UNA MÁXIMA: «NO GRITO, NO CORRO, NO EMPUJO».

9) SOLO HAY UNA VIDA PARA REALIZARSE. INCLUSO EN CIRCUNSTANCIAS EXTREMAS, CON UN SINFÍN DE LIMITACIONES, TIENES EL DERECHO DE HACER LO QUE DESEAS O TE INTERESA.

10) CULTIVA LA AUTOESTIMA. TODAS LAS MUJERES HACEN ALGO IMPORTANTE, AUNQUE SEA INADVERTIDO, NO RECONOCIDO, NO APLAUDIDO.

11) A PESAR DE LAS CIRCUNSTANCIAS, SÉ FELIZ. NADIE AHORA, AYER O MAÑANA LO SERÁ POR TI.

12) SONRÍE Y LLORA, INCLUSO CUANDO NADIE TE VE. MEJOR AÚN.

NOTAS

INTRODUCCIÓN

[1] Antonio Machado, «Estrofa XXIX», *Campos de Castilla*, Madrid, Renacimiento, 1912.

[2] Tzvetan Todorov, *Nosotros y los otros*, Martí Mur Ubassart (trad.), México, Siglo XXI, 1991. Texto tomado de la contraportada de esta edición en castellano.

[3] Judith Butler, *El género en disputa. El feminismo y la subversión de la identidad*, María Antonia Muñoz (trad.), Barcelona, Paidós, 1999, p. 19.

[4] María Zambrano, *La razón en la sombra. Antología crítica*, Madrid, Siruela, 2004, p. 481. Este libro agrupa conferencias que ofreció en La Casa de España en México, en la Ciudad de México, en 1939.

[5] María Zambrano, *Filosofía y poesía*, México, FCE, 1996, p. 9.

[6] En Román García Fernández, «El feminismo como un proyecto antihumanista y el problema del sujeto», *Eikasía*, núm. 114, mayo-junio, 2023, pp. 138-139.

[7] Mijaíl Bajtín, *Problemas de la poética de Dostoievski*, Tatiana Bubnova (trad.), México, FCE, 2012, p. 222.

[8] Wayne C. Booth, «How Bakhtin Woke Me Up», en *The Essential Wayne Booth*, Walter Jost (ed.), Chicago, Chicago University Press, 2006, p. 141.

I. INDIVIDUO, PENSAMIENTO, LENGUAJE Y SOCIEDAD

[1] José Luis Romero, «La concepción griega de la naturaleza humana», *Humanidades*, Tomo 18, Col. 28, La Plata [1921], 1940.

<https://jlromero.com.ar/textos/la-concepcion-griega-de-la-naturaleza-humana-1940/>. (Consultado el 23 de julio de 2023).

[2] Enrique Herreras, «Eurípides: de la moral pensada a la moral vivida», *Contrastes*, vol. xvii, 2012, p. 174.

[3] Julián Marrades Millet, «El uso como vida del signo: ver a Wittgenstein a través de Aristóteles», en *Wittgenstein y la tradición clásica: los peldaños de una escalera*, Ángeles Jiménez Perona (coord.), 2010, p. 17.

[4] *Idem.*

[5] Tomás de Aquino, *Suma de Teología*, i, q. 3.

[6] *Idem.*

[7] Miguel Moreno Muñoz, «La determinación genética del comportamiento humano. Una revisión crítica desde la filosofía y la genética de la conducta», *Gazeta de Antropología*, vol. 11, núm. 6, 1995, p. 4.

[8] *Ibid.,* p. 3.

[9] Simone Weil, *Selected Essays, 1934-1943: Historical, Political and Moral Writings*, Richard Rees (sel. y trad.), Eugene, Wipf & Stock, 2015, p. 12. En 1950, en *La Table Ronde*, el artículo fue titulado «La Personnalité Humaine, le Juste et l'Injuste».

[10] Francisco Canals Vidal, «Teoría y praxis en la perspectiva de la dignidad del ser personal», *Espíritu. Cuadernos del Instituto Filosófico de Balmesiana,* vol. 25, núm. 74, 1976, p. 123.

[11] Gabriela Cantú Westendarp, *Material peligroso*, Madrid/Monterrey, Hiperión/Universidad Autónoma de Nuevo León, 2015, p. 17.

[12] Miguel de Unamuno, *El hombre de carne y hueso*, Madrid, Espasa-Calpe, 1971, p. 256.

[13] Silvana P. Vignale, «Cuidado de sí y cuidado del otro. Aportes desde M. Foucault para pensar relaciones entre subjetividad y educación», *Contrastes. Revista Internacional de Filosofía*, vol. xvii, 2012, p. 309.

[14] *Idem.*

[15] Paulo Freire, *Acción cultural para la libertad*, Claudia Schitting (trad.), Buenos Aires, Tierra Nueva, 1975, p. 7.

[16] Miguel Hernández, *Poesía*, México, Editores Mexicanos Unidos, 1989, p. 142.

[17] Gerardo Ramírez Rodríguez, Gloria Benítez King y Gerd Kempermann, «Formación de neuronas nuevas en el hipocampo adulto: neurogénesis», *Salud Mental*, vol. 30, núm. 3, mayo-junio, 2007, pp. 12-19.

[18] Émile Benveniste, *Problemas de lingüística general*, tomo II, México, Siglo XXI, 2004, p. 19.

[19] Émile Benveniste, *op. cit.*, p. 20.

[20] Simon Weil, *op. cit.*, p. 15.

[21] Peter Winch, *Simone Weil: «The Just Balance»*, Cambridge, Cambridge University Press, 1989, p. 110.

[22] No partió esta declaración sin un precedente. En el prólogo, como muchos autores, explica el surgimiento de su propia obra: «La "Gaya Ciencia": he aquí lo que anuncian las Saturnales de un espíritu que ha resistido pacientemente a una prolongada y terrible presión —paciente, rigurosa, fríamente, sin someterse, pero también sin esperanza—, y que de pronto se ve asaltado por la esperanza, por la esperanza de la salud, por la embriaguez de la curación. ¿Es de extrañar que en este estado salgan a la luz muchas cosas insensatas y locas, mucha ternura arrogante despilfarrada en problemas que tienen la piel eriza de espinas y que no se dejan acariciar ni seducir de ningún modo?». (*Die fröhliche Wissenschaft*, 1892, traducido también como *La gaya ciencia*, sección 125).

[23] Simone Weil, «La persona y lo sagrado», Alejandro Kaufman (trad.), *Nombres*, núm. 16, 2001, p. 142.

[24] *Idem.*

[25] «Critón o el deber», en Platón, *Diálogos socráticos*, vol. I, Julián de Vargas (trad.), Madrid, Dirección y Administración, 1885, pp. 73-74.

[26] Simone Weil, «La persona y lo Sagrado», p. 145.

[27] Peter Winch, *op. cit.*, p. 51.

[28] Jean-Paul Sartre, *El existencialismo es un humanismo*, Victoria Prati de Fernández (trad.), 1973, p. 9.

[29] *Idem.*

[30] *Ibid.*, p. 2.

[31] *Ibid.*, p. 3.

[32]   Mahatma Gandhi, *Sobre el hinduismo*, María Tabuyo y Agustín López (trads.), Madrid, Siruela, 2006, p. 130.

[33]   Erenst Gellner, *Lenguaje y soledad*, Carmen Ors (trad.), Madrid, Síntesis, 1998, p. 280.

[34]   Ibídem.

[35]   *Idem.*

[36]   Miguel de Unamuno, *Del sentimiento trágico de la vida*, Frankfurt, Verlag, 2022, p. 11.

[37]   Jürgen Habermas, *Conciencia moral y acción comunicativa*, Ramón Cotarelo García (trad.), Madrid, Trotta, 2008, p. 140.

[38]   El estadounidense Robert L. Selman es un filósofo conductista muy enfocado en el estudio del desarrollo infantil y adolescente; desde su lenguaje hasta sus formas de socializar con los demás y cómo se va formando juicios morales durante esa convivencia.

[39]   *Ibid.*, p. 147.

[40]   Lev Vygotsky, *Pensamiento y lenguaje*, José Pedro Tousaus Abadía (trad. del inglés *Thought and Language*), México, Paidós, 1995, p. 278.

[41]   *Ibid.*, p. 290.

[42]   Beatriz Gutiérrez Müller, «La palabra religiosa como una variante de la "palabra autoritaria", en Bajtín», *Bakhtiniana. Revista de Estudos do Discurso*, vol. 12, núm. 1, 2017, pp. 91-109.

[43]   Tzvetan Todorov, *La Conquista de América. El problema del otro*, Flora Botton Burlá (trad.), México, Siglo XXI, 1987, p. 213.

[44]   Augusto Ponzio, *La revolución bajtiniana. El pensamiento de Bajtín y la ideología contemporánea*, Mercedes Arriaga (ed. y trad.), Valencia/Madrid, Universitat de València/Cátedra, 1998, p. 105.

[45]   *Idem.*

[46]   Wayne C. Booth, «Freedom of Interpretation: Bakhtin and the Challenge of Feminist Criticism», *Critical Inquiry*, 9, septiembre, 1982, p. 51.

[47]   Jürgen Habermas, *op. cit.*, p. 146.

[48]   *Ibid.* p. 139.

[49]   Rosario Castellanos, *Poesía no eres tú*, México, FCE, 2004.

II. Las féminas, históricamente

¹ Natalia Toledo, *Deche bitoope. El dorso del cangrejo*, México, Almadía, 2016, p. 77.

² *Matrimonio, adulterio, divorcio*, Madrid, Zaragozano y Jaime, 1873. En los dos volúmenes se recoge también la obra de Alejandro Dumas (hijo) a la que hice referencia, además de *El amor y la mujer*, de Emilio de Girardin; otro anónimo *La igual de su hijo*, que va acompañado de dos cartas de Girardin; por último, *Hombres y mujeres*, de Vicente Guimerá. http://cdigital.dgb.uanl.mx/la/108007 8067/1080078067_MA.PDF

³ La traducción del francés estuvo a cargo de la vizcondesa L. P. de Kérouel. Esta polémica debe ser posterior a 1864 cuando se publicó *El amigo de las mujeres*, al que hace referencia la autora anónima, y antes de 1887, año en que falleció el destinatario, el escritor Henri Amédée Le Lorgne d'Ideville.

⁴ Alejandro Dumas (hijo), «El hombre-mujer», en *Matrimonio, adulterio, divorcio*, tomo I, Madrid, Zaragozano y Jaime, 1873, p. 4.

⁵ *Ibid.*, p. 5.

⁶ *Ibid.*, p. 6.

⁷ *Idem.*

⁸ *Ibid.*, p. 14.

⁹ Así se halla traducido.

¹⁰ *Ibid.*, p. 53.

¹¹ *Ibid.*, p. 24.

¹² *Ibid.*, p. 48.

¹³ *Ibid.*, p. 97.

¹⁴ «La mujer-hombre. Contestación de una mujer a Mr. Alejandro Dumas», en *Matrimonio, adulterio, divorcio*, tomo I, Madrid, Zaragozano y Jaime, 1873, p. 107.

¹⁵ *Idem.*

¹⁶ *Ibid.*, p. 110.

¹⁷ *Ibid.*, p. 115.

¹⁸ *Ibid.*, p. 116.

¹⁹ *Ibid.*, p. 121.

[20]   *Ibid.*, p. 126.

[21]   *Ibid.*, pp. 128-129.

[22]   *Ibid.*, pp. 138-139.

[23]   *Ibid.*, p. 143.

[24]   *Ibid.*, pp. 144-145.

[25]   «El divorcio», *La Mujer*, México, tomo i, núm. 6, 22 de mayo de 1880, p. 1.

[26]   *Idem.*

[27]   Karen Offen, «Sur l'origine des mots "féminisme" et "féministe"», *Revue d'histoire Moderne et Contemporaine*, núm. 34, vol. 3, 1987, pp. 492-496. Fragmentos traducidos por mí: «durant lesquelles les mots apparentés 'socialisme' et 'individualisme' on fait leur apparition dans le vocabulaire politique des francophones» / «pour décrire à la fois les idées qui préconiscent l'emancipation des femmes, les mouvements qui s'emploient à la réaliser et les individus qui y adhèrent».

[28]   Martha Postigo Asenjo, «El patriarcado y la estructura social de la vida cotidiana», *Contrastes. Revista Interdisciplinar de Filosofía*, vol. vi, 2001, p. 200.

[29]   Aristóteles, *Obras filosóficas*. Vol. iii: Política, Madrid, Imprenta de la Biblioteca de Instrucción y Recreo, 1975, 1254b13-15.

[30]   Hay múltiples definiciones para dogma, según las épocas, las corrientes, las iglesias, las religiones. Aquí lo tomamos en un sentido genérico, como creencias que parten de afirmaciones doctrinales que «deben ser creídas», como señala, en este caso, la constitución *Dei Filius (De Fide Catholica)*, en 1870.

[31]   Juan Pablo II, *Carta apostólica Mulieris dignitatem. Sobre la dignidad y la vocación de la mujer*, Roma, 15 de agosto de 1988. <https://www.vatican.va/content/john-paul-ii/es/apost_letters/1988/documents/hf_jp-ii_apl_19880815_mulieris-dignitatem.html>. (Consultado el 19 de septiembre de 2023).

[32]   1 Cor 11:7-9, en *La Biblia de nuestro pueblo*, Luis Alonso Schökel (ed. y trad.), México, Buena Prensa, 2009.

[33]   *Ibid.*, 1 Cor 14:34-36.

[34]   *Ibid.*, Rom 7:2-3

³⁵ Comenzando con Agustín, a quien siguió Tomás de Aquino, siempre se preferiría la castidad, que es virtud. «La palabra *castidad* indica que la concupiscencia es *castigada* mediante la razón, porque hay que dominarla igual que a un niño, según nos dice en *III Ethic*». Tomás de Aquino, *Suma de teología II-IIae*, q. 151, art. 1., p. 453. Citado por Aquino, Agustín expresa en *De perseverantia*: «Debe predicarse la pudicicia para que todo el que tenga oídos para oír se abstenga de hacer nada ilícito con sus genitales».

³⁶ *Ibid.*, 1 Cor 7:26-28 y 38.

³⁷ *Ibid.*, Rom 1:28-32.

³⁸ Francisco, «Exhortación apostólica *Evangelii Gaudium*», 29 de noviembre de 2013. <https://es.catholic.net/op/articulos/37430/cat/626/exhortacion-apostolica-evangelii-gaudium.html>. (Consultado el 19 de septiembre de 2023).

³⁹ La declaración completa y un análisis aparece en Cecilia Macón, «La "Declaración de los sentimientos" de 1848. Ciudadanía, afecto y rebelión», *Cuadernos De filosofía*, núm. 69, pp. 129-154.

⁴⁰ La *Epístola de Melchor Ocampo* completa:

El único medio moral de fundar la familia, de conservar la especie y de suplir las imperfecciones del individuo, que no puede bastarse a sí mismo para llegar a la perfección del género humano. Que este no existe en la persona sola sino en la dualidad conyugal. Que los casados deben ser y serán sagrados el uno para el otro, aun más de lo que es cada uno para sí.

Que el hombre, cuyas dotes sexuales son principalmente el valor y la fuerza, debe dar y dará a la mujer protección, alimento y dirección, tratándola siempre como a la parte más delicada, sensible y fina de sí mismo, y con la magnanimidad y benevolencia generosa que el fuerte debe al débil, esencialmente cuando este débil se entrega a él y cuando por la sociedad se le ha confiado.

Que la mujer, cuyas principales dotes sexuales son la abnegación, la belleza, la compasión, la perspicacia y la ternura, debe dar y dará al marido, obediencia, agrado, asistencia, consuelo y consejo, tratándolo siempre con la veneración que se debe a la persona que nos apoya y defiende, y con la delicadeza de quien no quiere exasperar la parte brusca, irritable y dura de sí mismo, el uno y el otro se deben y tendrán respeto, deferencia, fidelidad, confianza y ternura, y ambos procurarán que lo que el uno se esperaba del otro al unirse con él, no vaya a desmentirse con la unión. Que ambos deben prudenciar y atenuar sus faltas. Que nunca se dirán injurias, porque las injurias entre los casados deshonran al que las vierte y prueban su falta de tino o de cordura en la elección: ni mucho menos se maltratarán de obra, porque es villano y cobarde abusar de la fuerza.

Que ambos deben prepararse con el estudio y con la amistosa y mutua corrección de sus defectos, a la suprema magistratura de padres de familia, para que cuando lleguen a serlo, sus hijos encuentren en ellos buen ejemplo y una conducta digna de servirles de modelo. Que la doctrina que inspire a estos tiernos y amados lazos de su afecto hará su suerte próspera o adversa; y la felicidad o desventura de los hijos será la recompensa o el castigo, la ventura o desdicha de los padres. Que la sociedad bendice, considera y alaba a los buenos padres por el gran bien que le hacen dándole buenos y cumplidos ciudadanos y, la misma, censura y desprecia debidamente a los que, por abandono, por mal entendido cariño, o por su mal ejemplo corrompen el depósito sagrado que la naturaleza les confió, concediéndoles tales hijos.

[41] «El hombre y la mujer», *El Curro Meloja*, Monterrey, 18 de noviembre de 1911, p. 1.

[42] Felipe Arturo Ávila Espinosa, *Las corrientes revolucionarias y la Soberana Convención*, México, INEHRM, 2014, pp. 457-458.

[43] *Ibid.*, p. 459.

[44] *Ibid.*, p. 460.

[45] *El Constitucionalista. Periódico Oficial de la Federación*, Veracruz, núm. 4, 2 de enero de 1915.

[46] Citado por Marcos Celis Quintal en el LXXXVIII aniversario luctuoso de Felipe Carrillo Puerto, Mérida, 3 de enero de 2011. <https://www.poderjudicialyucatan.gob.mx/?page=iblog&n=67>. (Consultado el 2 de febrero de 2024).

[47] Óscar Cruz Barney, *Derecho privado y Revolución Mexicana*, Instituto de Investigaciones Jurídicas/UNAM, 2016, p. 166.

[48] Mario Montoya, «Cuartillas al minuto», en *El Pueblo. Diario de la Mañana*, México, 24 de enero de 1915, p. 2.

[49] Rosa María Valles Ruiz, *Hermila Galindo, sol de libertad*, México, LXIII Legislatura de la Cámara de Diputados, 2017, p. 369.

[50] *Idem.*

[51] *Ibid.*, p. 373.

[52] «Constitución política de los Estados Unidos Mexicanos», *Diario Oficial. Órgano del Gobierno Provisional de la República Mexicana*, México, tomo IV, 4.ª época, núm. 30, 5 de febrero de 1917, p. 152.

[53] *Diario de los debates del Congreso Constituyente*, 1916-1917, México, Secretaría de Cultura, INEHRM, 2016, p. 317.

[54] *Ibid.*, p. 318.

[55] Inés Malváez, «La señorita Malváez se dirige al Constituyente en el siguiente interesante escrito que, sin comentarios, reproducimos», *El Gladiador*, México, 23 de diciembre de 1916, p. 3.

[56] *Idem.*

[57] Hermila Galindo, «La razón de la sin razón de la señorita Inés Malváez sobre el derecho al voto de la mujer», *El Gladiador*, México, 26 de diciembre de 1916, p. 8.

[58] *Idem.*

[59] María Campillo, «El derecho de la mujer al voto», *El Gladiador*, México, 26 de diciembre de 1916, p. 3.

[60] *Idem.*

[61] Minerva Margarita Villarreal, *Tálamo*, Madrid/Monterrey/Ediciones Hiperión/UANL, 2013.

[62] Jürgen Habermas, *La inclusión del otro. Estudios de teoría política*, Juan Carlos Velasco Arroyo y Gerard Vilar Roca (trads.), Barcelona, Paidós, 1999, p. 195.

[63] *Idem.*

III. LA RESISTENCIA

[1] Tarcisio H. Gaitán Briceño y Catherine Jaillier Castrillón, «Apocalipsis: fe y resistencia», *Cuestiones Teológicas*, vol. 41, núm. 95, 2014, p. 103.

[2] Tarcisio H. Gaitán Briceño y Catherine Jaillier Castrillón, *op. cit.*, p. 115. Ambos encuentran muchas palabras nacidas en el horizonte político griego: Θρόνος (47 veces), mientras que βασιλεύω, tanto su raíz como en usos variados, suma 69 veces.

[3] Lucas Diel, «Análisis de los conceptos *rebaño* y *pastor* de Friedrich Nietzsche y sus influencias en el pensamiento de Michel Foucault», *Revista Nordeste. Segunda época*, núm. 31, 2012.

[4] Friedrich Nietzsche, *Más allá del bien y del mal*, sección I, § 62, e-artnow sro, 2014, p. 62.

[5] Lucas Diel, «Análisis de los conceptos *rebaño* y *pastor* de Friedrich Nietzsche y sus influencias en el pensamiento de Michel Foucault», *Revista Nordeste. Segunda Época*, núm. 31, 2012, p. 141.

[6] Simone Weil, *Oppression and Liberty*, Arthur Wills y John Petrie (trad.), Londres/Nueva York, Taylor & Francis e-Library, 1958, pp. 82-83. Traducción propia de: «he only found 82 himself up against a handful of powerful men specialized in the interpretation of the Scriptures».

[7] *Ibid.*, p. 84.

[8] Mahatma Gandhi, *Sobre el hinduismo*, María Tabuyo y Agustín López (trads.), Madrid, Siruela, 2006, pp. 26-27.

[9] José Ingenieros, *El hombre mediocre*, Madrid, Verbum, 2016, p. 15.

[10] Flor Vanessa Rubio, «Vida y obra de la mexicana Juana Belén Gutiérrez de Mendoza», *Ciencia Nicolaíta*, núm. 79, 2020, p. 15.

[11] «Vésper», *Regeneración*, México, 15 de mayo de 1901, p. 7.

[12] «Los obstruccionistas», *Regeneración*, Saint Louise, 18 de mayo de 1906, p. 1.

[13] *Idem.*

[14] «Apresuremos el paso», *Regeneración*, Saint Louis, 15 de mayo de 1908, p. 1.

[15] Alicia Villaneda, *Justicia y Libertad. Juana Belén Gutiérrez de Mendoza (1875-1942)*, México, Demac, 1994, p. 42.

[16] Alicia Villaneda, *op. cit.*, pp. 47-48.

[17] Juana Belén Gutiérrez de Mendoza, «Yo no acuso», *Vésper*, México, 15 de junio de 1910, p. 1.

[18] <https://memoricamexico.gob.mx/es/memorica/Mujeres_en_el_PLM_Indice>. (Consultado el 30 de agosto de 2023).

[19] Rosa María Valles Ruiz, *Hermila Galindo, sol de libertad*, México, LXIII Legislatura de la Cámara de Diputados, 2017, p. 396.

[20] Según el INEGI, un analfabeto es una «persona de 15 años o más de edad que no sabe leer ni escribir un recado».

[21] <https://cuentame.inegi.org.mx/poblacion/analfabeta.aspx?tema=P#:~:text=En%20M%C3%A9xico%2C%20durante%20los%20%C3%BAltimos,no%20saben%20leer%20ni%20escribir>. (Consultado el 30 de agosto de 2023).

[22] Antonia L. Ursúa, «Signos de la muerte real», *La Mujer Mexicana*, México, tomo v, núm. 4, abril de 1908, p. 3.

[23] Antonia L. Ursúa, *op. cit.*, p. 62.

[24] Mijaíl Bajtín, *Estética de la creación verbal*, Tatiana Bubnova (trad.), México, Siglo XXI Editores, 1998, p. 122.

IV. EL SILENCIO

[1] Ida Vitale, *Poesía reunida (1949-2015)*, Aurelio Major (ed.), Montevideo, Tusquets, 2017, p. 23.

[2] George Steiner, *Lenguaje y silencio. Ensayos sobre la literatura, el lenguaje y lo inhumano*, Miguel Ultorio (trad.), Barcelona, Gedisa, 2013, p. 29.

[3] *Ibid.*, p. 30.

[4] *Idem.*

[5] *Ibid.*, p. 31.

[6] Se deduce que la expresión es de larga data. Juan Huarte de San Juan, en su *Examen de ingenios para las ciencias* (1575): «La mesma razón y proporción tienen las potencias interiores con sus objetos. Y si no, pasemos aquellos cuatro humores en mayor cantidad al celebro, de manera que le inflamen; y veremos mil diferencias de locuras y disparates, por donde se dijo: *cada loco con su tema*». (Madrid, Cátedra, 1989, pp. 173-174).

[7] Susan Sontag, *Contra la interpretación*, Javier González-Pueyo (trad.), Barcelona, Seix Barral, 1969, p. 65.

[8] Javier Leoncio Taipe, «La semiótica del silencio», *Horizonte de la Ciencia*, vol. 6, núm. 11, diciembre 2016, p. 108.

[9] Martin Heidegger, *El ser y el tiempo*, Jorge Eduardo Rivera (trad.), Santiago, Editorial Universitaria de Chile, 2022, p. 167.

[10] Paulo Freire, *op. cit.*

[11] El término se ha transcrito como está citado en la obra original y la mayor parte de los autores que lo refieren lo transcriben tal cual, explicando que es casi imposible de traducir. Sin embargo, hay algo así como un consenso en que tal expresión alemana podría traducirse como un «ser en el mundo».

[12] Martin Heidegger, *El ser y el tiempo*, Jorge Eduardo Rivera (trad.), Santiago, Editorial Universitaria de Chile, 2022, p. 167.

[13] Teresa Guardans, *La verdad del silencio. Por los caminos del asombro*, Barcelona, Herder, 2009.

[14] Simone Weil, «La persona y lo Sagrado», p. 143. <file:///C:/Users/HP%2019LA/Downloads/biseticos,+Journal+manager,+12+LA+PERSONA+Y+LO+SAGRADO%20(1).pdf>.

[15] Pedro García Sanmartín, «Educar en fortalezas psicológicas para mitigar la vulnerabilidad», *Ehquidad: La Revista Internacional de Políticas de Bienestar y Trabajo Social*, núm. 13, enero-junio, 2020, pp. 121-150.

[16] Tse, Lao, *Tao Teh King*, Curro Bermejo (trad. del inglés), Málaga, Editorial Sirio, 2004, p. 123.

[17] Roland Barthes, *El susurro del lenguaje. Más allá de la palabra y la escritura*, C. Fernández Medrano (trad.), Barcelona, Paidós, 2009, p. 115.

[18] Javier Leoncio Taipe, *op. cit.*, pp. 111-112.

[19] *Ibid.*, p. 111.

[20] Baltasar Gracián, *Oráculo manual y arte de prudencia. Sacada de los Aforismos que se discurren en las obras de Lorenço Gracián.* <https://www.cervantesvirtual.com/obra-visor/oraculo-manual-y-arte-de-prudencia--0/html/fedb3724-82b1-11df-acc7-002185ce6064_2.html>. (Consultado el 12 de septiembre de 2023).

[21] Jürgen Habermas, *Conciencia moral y acción comunicativa*, Ramón Cotarelo García (trad.), Madrid, Trotta, 2008, p. 168.

V. Transferencia

[1] Eduardo Braier, «El diálogo psicoanalítico ayer y hoy. ¿Qué ha sido de la asociación libre y de la atención flotante? Primera parte: Asociación libre. La regla fundamental psicoanalítica», *Intercambios. Papeles de psicoanálisis/Intercanvis, papers de psicoanàlisi*, núm. 36, 2016, p. 11.

[2] Sigmund Freud, *Sobre la dinámica de la transferencia*, en *Obras Completas*, tomo XII, Buenos Aires, Amorrortu, 2001, pp. 93-105.

[3] Carl Gustave Jung, *Sincronicidad*, Pedro José Aguado Saiz (trad.), Málaga, ed. Sirio, 1988.

[4] Hans-Georg Gadamer, *Verdad y método. Fundamentos de una hermenéutica filosófica*, Ana Agud Aparicio y Rafael de Agapito (trads.), Salamanca, Sígueme, 1984, p. 333.

[5] *Ibid.*, pp. 334-335.

[6] *Ibid.*, p. 344.

[7] *Ibid.*, pp. 337-338.

[8] Alberto F. Roldán, «La reivindicación del prejuicio como precomprensión en la teoría hermenéutica de Gadamer», *Enfoques*, vol. XXIV, núm. 1, 2012, p. 20.

[9] José María Manzano Callejo, «El narcisismo en la política y en los políticos», *Nueva Tribuna*, 18 de septiembre de 2023, <https://www.nuevatribuna.es/articulo/sociedad/narcisismo-politica-politicos/20220130080036194978.html>. (Consultado el 18 de septiembre de 2023).

[10] J. M. Darley y B. Latané, «Intervención de transeúntes en emergencias: difusión de responsabilidad», *Revista de Personalidad y Psicología Social*, vol. 8, núm. 4, 1968, pp. 377-383.

[11] María Teresa Muñoz Sánchez, «Banalidad del mal», en *Diccionario de justicia*, Carlos Pereda (ed.), México Siglo XXI, 2022, p. 101.

[12] Tatiana Bubnova, «Prólogo», en Mijaíl M. Bajtín, *Yo también soy (fragmentos sobre el otro)*, Tatiana Bubnova (ed. y trad.), México, Taurus, 2000, p. 17.

[13] Wayne C. Booth, «Freedom of Interpretation: Bakhtin and the Challenge of Feminist Criticism», *Critical Inquiry*, 9, septiembre, 1982, p. 51.

¹⁴   Hermann Ebbinghaus fue un psicólogo experimental y filósofo que se enfocó en el estudio de la «memoria» y el «olvido». Asimismo, creó una metodología para el estudio y análisis del aprendizaje de los seres humanos. También se interesó (de ahí su pasión por el tema de la memoria) en el sentido de la vista y las ilusiones ópticas. Estudiándose a sí mismo durante 22 años, fundamentó la famosa «curva del olvido»: lo más probable es que, a los 15 días de haber memorizado sílabas sin sentido, ya no se recuerde nada. El tema de la memoria y su impronta en el alma o en el cerebro se encuentra, sin embargo, debidamente estudiado en retóricas precristianas como por ejemplo *Acerca de la memoria y la reminiscencia*, de Aristóteles. Hay importantes tratados del primer y segundo siglo de la era cristiana como las obras de Cicerón y Marco Fabio Quintiliano, además del tratado anónimo *Retórica a Herenio*.

¹⁵   Mijaíl Bajtín, *Estética de la creación verbal*, Tatiana Bubnova (trad.), México, Siglo XXI Editores, 1998, p. 104.

¹⁶   *Ibid.*, p. 136.

¹⁷   Héctor Villarreal, «Comunicación política y representación de las mujeres ministras en México: análisis de contenido de las conferencias matutinas del presidente López Obrador», en *Dimensiones de lo público y lo político en la segunda alternancia democrática. Socialización, participación alternativa y discurso político*, Jorge Alberto Hidalgo Toledo *et al.* (coords.), Aveiro, Amic/Ria Editorial, 2021, p. 66.

¹⁸   Salvador García Soto, «La compañera Beatriz y su gira por el Caribe», *El Universal*, México, 25 de abril de 2023, <https://www. eluni versal.com.mx/opinion/salvador-garcia-soto/la-companera-beatriz-y-su-gira-por-el-caribe/>. (Consultado el 5 de septiembre de 2023).

¹⁹   X, 5 de octubre de 2023, <https://twitter.com/materesaed1/status/1709957324519911438>. (Consultado el 8 de octubre de 2023).

²⁰   Citado en José Seone, «El programa lógico de Vaz Ferreira, ¿reforma o revolución?», *Revista Latinoamericana de Filosofía*, vol. 45, núm. 2, 2019, p. 248.

²¹   Hamblin, *op. cit.*, p. 27.

²²   Max Black, *Modelos y metáforas*, Madrid, Tecnos, V. Sánchez de Zavala (trad.), 1966, p. 58.

[23] El diálogo original entre Dionisodoro y Ctesipo: «—¿Tienes un perro? Dime; ¿tienes un perro? /—Sí, y muy malo. —¿Tiene perrillos? /—Muchos y tan malos como él. /—¿El perro es padre de los perritos? /—Sí, yo mismo le he visto cubrir la perra. /—¿Es tuyo el perro? /—Sí. /—El perro es padre y tuyo, luego es tu padre, y por lo tanto eres hermano de los perrillos». (Platón, *Obras completas*, tomo 3, Patricio de Azcárate (ed.), Madrid, Medina y Navarro Editores, 1871, p. 336).

[24] Charles Leonard Hamblin, *Falacias*, Hubert Marraud (trad.), Lima, Palestra editores, 2016.

[25] Mt 7:1-6 en *La Biblia de nuestro pueblo*, Luis Alonso Schökel (ed. y trad.), México, Buena Prensa, 2009.

[26] W. Wimsatt y M. C. Beardsley, «The Intentional Fallacy», en W. K. Wimsatt (ed.), *The Verbal Icon: Studies in the Meaning of Poetry*, Lexington, University of Kentucky Press, 1954, pp. 468-488.

[27] *Ibid.*, p. 469. Mi traducción de: «Intention is design or plan in the author's mind».

[28] *Ibid.*, p. 477. Mi traducción de: «Yet, there is danger of confusing personal and poetic studies; and there is the fault of writing the personal as if it were poetic».

[29] Beatriz Gutiérrez Müller, «El análisis naturalista en la crítica literaria del cubano Arturo R. de Carricarte en México (1905-1906)», *Signos Literarios*, vol. xv, núm. 30, julio-diciembre 2019, pp. 141-142.

[30] Renato Prada Oropeza, *Estética del discurso literario. El discurso narrativo-literario*, Xalapa/Puebla, Universidad Veracruzana/Benemérita Universidad Autónoma de Puebla, 2009, p. 203.

[31] *Ibid.*, p. 204.

[32] Matías Rivas, «Pablo Neruda, envuelto en silencio», *La Tercera*, Santiago de Chile, 30 de septiembre de 2023. <https://www.latercera.com/opinion/noticia/columna-de-matias-rivas-pablo-neruda-envuelto-en-silencio/FUKM6A4P5ZDQNFOQXORI57TDAI/>. (Consultado el 1 de diciembre de 2023).

[33] *Estadísticas históricas de México*, México, INEGI, 1010, p. 22.

[34] Renato Prada Oropeza, *op. cit.*, p. 325.

[35] Mijaíl Bajtín, *Problemas de la poética de Dostoievski*, Tatiana Bubnova (trad.), México, FCE, 2012, p. 133.

[36]   W. Wimsatt y M. C. Beardsley, «The Intentional Fallacy», *op. cit.*, pp. 468-488.

VI. LAS CIRCUNSTANCIAS

[1]   José Ortega y Gasset, *Meditaciones del Quijote*, Julián Marías (ed.), Madrid, Cátedra, 1984, p. 20.

[2]   Epicuro, *Máximas para una vida feliz*, Carmen Fernández (ed.), Madrid, Temas de hoy, 1998, p. 273.

[3]   Rodrigo Sebastián Braicovich, «La posibilidad de la "acción libre" en las *Disertaciones por Arriano* de Epicteto», *Revista de Filosofía*, vol. 64, 2008, p. 18.

VII. EL FEMINISMO SILENCIOSO

[1]   Hans-Georg Gadamer, *Verdad y método II*, Manuel Olasagasti (trad.), Salamanca, Sígueme, 2010, p. 203.

[2]   Miguel de Unamuno, *Del sentimiento trágico de la vida*, Madrid, Espasa-Calpe, 1971, p. 17.

[3]   Mijaíl Bajtín, *Las fronteras del discurso*, Luisa Borovsky (trad.), Buenos Aires, Las Cuarenta, 2011, p. 24.

[4]   Wayne C. Booth, «Freedom of Interpretation: Bakhtin and the Challenge of Feminist Criticism», *Critical Inquiry*, 9, septiembre, 1982, p. 51. El término *imaginación dialogística* no es de Bajtín, pero lo toma de Michael Holquist, *The Dialogue Imagination*, Michael Holquist y Caryl Emerson (trad.), Austin, University of Texas, 1981.

[5]   Mijaíl Bajtín, *Estética de la creación verbal*, Tatiana Bubnova (trad.), México, Siglo XXI Editores, 1998, p. 109.

[6]   Allan G. Johnson, *The Gender Knot. Unraveling our Patriarchal Legacy*, Philadelphia, Temple University Press, 2014, p. 18.

[7]   *Ibid.*, p. 17.

[8]   *Ibid.*, p. 21.

[9]   *Ibid.*, p. 23.

[10]   *Ibid.*, pp. 228-230.

[11]   Ibíd., p. 227.

[12]   *Ibid.*, p. 231.

[13] Martha Postigo Asenjo, «El patriarcado y la estructura social de la vida cotidiana», *Contrastes. Revista Interdisciplinar de Filosofía*, vol. VI, 2001, p. 200.

[14] Beatriz Gutiérrez Müller, «La elocuencia religiosa y aristocrática en *Apuntes de viaje*, de Isabel Pesado de Mier (1910)», *Anuário de Literatura*, vol. 28, 2023, pp. 1-19.

[15] Isabel Pesado de Mier, *Apuntes de viaje de México a Europa en los años 1870-1871 y 1872*, París, Garnier Hermanos, 1910, p. 582.

[16] Alejandra Frausto Guerrero, «Feministas de ocasión», *El Heraldo de México*, México, 23 de junio de 2023.

[17] «Anahí suelta impactantes confesiones y revela que casi muere a causa de un paro cardiaco», Telemundo, 1.º de septiembre de 2023. <https://www.telemundo.com/shows/la-mesa-caliente/famosos/anahi-suelta-impactantes-confesiones-y-revela-que-casi-muere-a-causa-d-rcna103012>. (Consultado el 27 de septiembre de 2023).

[18] *Idem*.

[19] «"Le tenía mucho miedo a la soledad", la dura confesión de Anahí al hablar de su época en RBD», *¡Hola!*, 24 de septiembre de 2020. <https://mx.hola.com/famosos/2020092434618/anahi-epoca-rbd-soledad-declaracion/>.

[20] <https://votoextranjero.ine.mx/srve_ciudadano/app/ciudadano/inicio?execution=e1s1>. (Consultado el 22 de diciembre de 2023).

[21] <file:///C:/Users/HP%2019LA/Downloads/Guia_de_Registro%20(1).pdf>. (Consultado el 22 de diciembre de 2023).

[22] Jannet López Ponce, «Solo 5% pide "estrenar" voto presencial en el extranjero del INE», *Milenio*, México, 22 de diciembre de 2023. <https://www.milenio.com/politica/elecciones/5-ciento-pide-estrenar-voto-presencial-extranjero-ine>. (Consultado el 22 de diciembre de 2023).

[23] *Idem*.

[24] «Población de 15 años y más, según actividad económica, ocupación, disponibilidad para trabajar y sexo», cuadro 1, INEGI, mayo de 2023.

[25] Encuesta Nacional de Ingresos y Gastos en los Hogares (ENIGH), 2022, 26 de julio de 2023, <https://www.inegi.org.mx/contenidos/

saladeprensa/boletines/2023/ENIGH/ENIGH2022.pdf>. (Consultado el 24 de septiembre de 2023).

[26] «The Royal Swedish Academy of Sciences has decided to award the Sveriges Riksbank Prize in Economic Sciences in Memory of Alfred Nobel 2023 to Claudia Goldin», 9 de octubre de 2023. (Consultado el 16 de octubre de 2023).

[27] Jessica Galindo Ortiz, «Integración de la perspectiva de género en la educación, tecnología y construcción», en *La voz de las mujeres científicas*, Beatriz Gutiérrez Müller y Angélica Mendieta Ramírez (coords.), México, Tirant Humanidades, 2023, p. 308.

[28] *Ibid.*, p. 318.

[29] Simone de Beauvoir, *El segundo sexo*, Juan García Puente (trad.), Penguin Random House, México, Debolsillo, p. 675.

[30] *Ibid.*, p. 676.

[31] Manon Garcia, *No nacemos sumisas, devenimos*, María Teresa Priego (trad.), México, Embajada de Francia en México/Siglo XXI Editores, 2021, p. 129.

[32] Erich Fromm, *El miedo a la libertad*, Gino Gremani (trad.), México, México, Paidós, 1991, p. 100.

[33] <https://es.statista.com/estadisticas/1141228/numero-de-usuarios-de-redes-sociales-mexico/>. (Consultado el 29 de enero de 2021). Fue publicado en julio de 2023.

[34] <https://www.way2net.com/2023/10/estadisticas-de-redes-sociales-en-mexico-2023/>. (Consultado el 29 de enero de 2024).

[35] <https://www.eluniversal.com.mx/opinion/octavio-islas/resultados-del-estudio-digital-2023-mexico/>. (Consultado el 20 de enero de 2024).

[36] <https://www.cisa.gov/sites/default/files/publications/social-media-bots-infographic-set-spanish_508.pdf>. (Consultado el 20 de enero de 2024).

[37] <https://www.abestudiodecomunicacion.com.mx/solo-1-3-de-cada-10-mexicanos-tiene-una-cuenta-en-twitter-y-8-son-usuarios-activos/>. (Consultado el 26 de septiembre de 2023).

[38] <https://www.animalpolitico.com/2011/11/todo-lo-que-hay-que-saber-de-la-esposa-de-amlo>.

[39] <https://www.sinembargo.mx/14-12-2012/458023>. (Consultado el 12 de septiembre de 2023).

[40] <https://politica.expansion.mx/presidencia/2018/07/06/ella-es-beatriz-gutierrez-muller-la-futura-no-primera-dama>. (Consultado el 12 de septiembre de 2023).

[41] <https://www.youtube.com/watch?v=QMbDz4pYFRI&t=11s>. (Consultado el 12 de septiembre de 2023).

[42] <https://www.cjf.gob.mx/organosauxiliares/contraloria/resources/infografias/infografiaConflictoInteres_01092020.pdf>. (Consultado el 14 de noviembre de 2023).

[43] Carolina Guerrero Valencia e Ignacio Arana Araya, «Las primeras damas como miembros de la élite política», *América Latina Hoy. Revista de Ciencias Sociales*, 81, 2019, p. 32.

[44] *Ibid.*, p. 36.

[45] Ileana Arduino, Romina Reyes Ayala y María Belén Medina, «La última primera dama», Anfibia, Santiago de Chile, 29 de diciembre de 2022. <https://www.revistaanfibia.com/la-ultima-primera-dama/>. (Consultado el 23 de junio de 2023).

[46] Samantha Schmidt, «Chile's Millennial First Lady Wants to End the Job for Good», *The Wahington Post*, 13 de noviembre de 2022, <https://www.washingtonpost.com/world/2022/11/13/irina-karamanos-chile-first-lady/>.

[47] Federico Arreola, «AMLO convence, Salinas Pliego no tanto», SDPNoticias, 4 de noviembre de 2023. <https://www.sdpnoticias.com/opinion/amlo-convence-salinas-pliego-no-tanto/>. (Consultado el 15 de diciembre de 2023).

[48] Kate Cohen, «Si yo fuera primera dama de Chile también renunciaría», *The Washington Post*, 21 de noviembre de 2022. <https://www.washingtonpost.com/es/post-opinion/2022/11/21/irina-karamanos-renuncia-primera-dama-chile/>. (Consultado el 3 de noviembre de 2023).

[49] Daniela Gian, «Soledad Quereilhac: cómo ser una anti primera dama», *Noticias*, Buenos Aires, 15 de febrero de 2020.

[50] *Idem.*

VIII. Humanismo

¹ José Domínguez Caparrós, *Teorías literarias del siglo XX*, Madrid, Editorial Centro de Estudios Ramón Areces, 2011, p. 311.

² *«México es cosa mía». Antología Gabriela Mistral en la memoria de México*, México, SRE, 2022, p. 49.

³ *Ibid.*, p. 50.

⁴ Jetzabeth Fonseca, *Círculos de sombra*, Georgina Navarro y Carl Lacharité (trads.), Guadalajara, Mantis Editores, 2018, p. 69.

⁵ «México es cosa mía», *op. cit.*, p. 81.

⁶ Tzvetan Todorov, *Nosotros y los otros*, México, Siglo XXI, Martí Mur Ubassart (trad.), 1991, p. 431.

⁷ *Ibid.*, p. 432.

⁸ *Idem.*

⁹ Erich Fromm, *El miedo a la libertad*, Gino Gremani (trad.), México, Paidós, 1991, p. 82.

¹⁰ *Ibid.*, p. 84.

ACERCA DE LA AUTORA

Beatriz Gutiérrez Müller (México, 1969) es escritora y académica. Literatura, historia y filosofía están presentes en su trabajo de investigación, centrado en estudiar los textos, crónicas y obras que derivaron de la llamada «Conquista de México», los que se publicaron con fines de propagación religiosa durante el Barroco y los que llevaron a la imprenta los precursores de la Revolución mexicana. Asimismo, participa activamente en programas de lectura como la Estrategia Nacional de Lectura, dirigida a jóvenes de secundaria en escuelas públicas. Y es miembro del Sistema Nacional de Investigadores (nivel II) del Consejo Nacional de Humanidades, Ciencia y Tecnología.